Linguagem e fenômeno religioso

SÉRIE PANORAMA DAS CIÊNCIAS DA RELIGIÃO

inter
saberes

Linguagem e fenômeno religioso

Alfredo dos Santos Oliva

inter saberes

Rua Clara Vendramin, 58 | Mossunguê | CEP 81200-170 | Curitiba | PR | Brasil
Fone: (41) 2106-4170 | www.intersaberes.com | editora@editoraintersaberes.com.br

Conselho editorial Dr. Ivo José Both (presidente) | Drª Elena Godoy | Dr. Neri dos Santos | Dr. Ulf Gregor Baranow ‖ *Editora-chefe* Lindsay Azambuja ‖ *Gerente editorial* Ariadne Nunes Wenger ‖ *Assistente editorial* Daniela Viroli Pereira Pinto ‖ *Preparação de originais* Arte e Texto ‖ *Edição de texto* Floresval Nunes Moreira Junior | Arte e Texto ‖ *Capa* Sílvio Gabriel Spannenberg (*design*) | robert_s e Rayyy/Shutterstock (imagens) ‖ *Projeto gráfico* Sílvio Gabriel Spannenberg ‖ *Diagramação* Charles L. da Silva ‖ *Designer responsável* Charles L. da Silva ‖ *Iconografia* Regina Claudia Cruz Prestes

---

Dados Internacionais de Catalogação na Publicação (CIP)
(Câmara Brasileira do Livro, SP, Brasil)

Oliva, Alfredo dos Santos
  Linguagem e fenômeno religioso/Alfredo dos Santos Oliva. Curitiba: InterSaberes, 2021. (Série Panorama das Ciências da Religião)

  Bibliografia.
  ISBN 978-65-5517-890-6

  1. Fenomenologia 2. Linguagem e línguas – Aspectos religiosos 3. Religião – Filosofia I. Título. II. Série.

20-52773   CDD-210

Índices para catálogo sistemático:
1. Linguagem e fenômeno religioso: Ciência da religião   210

Cibele Maria Dias – Bibliotecária – CRB-8/9427

1ª edição, 2021.

Foi feito o depósito legal.

Informamos que é de inteira responsabilidade do autor a emissão de conceitos.

Nenhuma parte desta publicação poderá ser reproduzida por qualquer meio ou forma sem a prévia autorização da Editora InterSaberes.

A violação dos direitos autorais é crime estabelecido na Lei n. 9.610/1998 e punido pelo art. 184 do Código Penal.

SUMÁRIO

9 | Apresentação
13 | Como aproveitar ao máximo este livro

16 | **1 Linguagem do fenômeno religioso com base em Carl Gustav Jung**
18 | 1.1 Visão panorâmica da teoria de Carl Gustav Jung
33 | 1.2 Linguagem do fenômeno religioso e o inconsciente coletivo
40 | 1.3 O inconsciente coletivo e as mandalas

53 | **2 Linguagem do fenômeno religioso e os símbolos**
55 | 2.1 Símbolos religiosos com base em Clifford Geertz
63 | 2.2 Símbolos religiosos com base em Carl Gustav Jung
73 | 2.3 Os símbolos de Cristo e do diabo no cristianismo primitivo

96 | **3 Linguagem do fenômeno religioso e os mitos**
100 | 3.1 Mitologia com base em Julien Ries
106 | 3.2 Mitologia com base em Carl Gustav Jung
114 | 3.3 Narrativas míticas na Antiguidade

125 | **4 Linguagem do fenômeno religioso e os ritos**
128 | 4.1 Ritos religiosos com base em Julien Ries
136 | 4.2 Ritos religiosos com base em Carl Gustav Jung
143 | 4.3 Alguns ritos do cristianismo primitivo

155 | **5 Linguagem do fenômeno religioso, os dogmas e a ética**
159 | 5.1 Dogmas e ética com base em Michel Foucault
178 | 5.2 A prática da *parrhesia* no cristianismo primitivo

207 | **6 Linguagem do fenômeno religioso e a arte**
211 | 6.1 Arte com base em Carl Gustav Jung
219 | 6.2 A espiritualidade de Vincent van Gogh

240 | Considerações finais
244 | Referências
252 | Bibliografia comentada
255 | Respostas
257 | Sobre o autor

Dedico este livro à minha esposa, Marcia de Mello Oliva, e aos meus filhos, Filipe de Mello Oliva e Isabelle de Mello Oliva, meus amores persistentes.

Ao meu irmão, Salvador Oliva Júnior, interlocutor de sempre e um artista muito talentoso, por ser uma fonte de cumplicidade para mim e, acima de tudo, por ter me ensinado a criar.

Aos meus alunos/as e orientandos/as da Universidade Estadual de Londrina, meus amigos e seara para plantar novas ideias sempre.

À Universidade Estadual de Londrina, pela minha manutenção financeira e, sobretudo, por ser um lugar onde amo estar.

APRESENTAÇÃO

Da forma mais simples possível, *linguagem* é um conjunto de símbolos, gestos, imagens e ações que permitem às pessoas se comunicarem entre si. Com ela, é possível que seres humanos compartilhem conceitos, ideias, percepções e sentimentos. Há uma variedade imensa de formas e modos de linguagem, dentre os quais será dado destaque, no decorrer deste livro, ao fenômeno religioso, o que pressupõe que estar no interior de uma religião significa partilhar os sentidos e significados que as pessoas que pertencem a tal comunidade elaboram e fazem circular entre si o tempo todo.

Acontece que os sentidos e significados que um grupo religioso divide entre si são experimentados como algo natural ou objetivo. Mas, de fato, as significações são construídas culturalmente e reelaboradas o tempo todo, de modo que as pessoas se acostumam tanto com elas que se esquecem que são elaborações humanas, e não fenômenos naturais.

Um dos papéis dos estudiosos da religião é lembrar às pessoas que sua religião é uma forma de linguagem cultural e socialmente construída. O pesquisador do fenômeno religioso atua como um tradutor, no sentido mais comum do termo: uma pessoa que decodifica uma linguagem e a verte para outra, de modo que ambos os interlocutores possam entender um conjunto de símbolos que não lhes era compreensível antes do ato de tradução.

Comparando, é possível dizer que, quando um auditório compreende apenas português, mas está diante de um palestrante que fala em inglês, é necessária a presença de um intérprete, que cumpre o papel de traduzir para o português o que o falante profere em inglês. Desse modo, todos passam a compreender o que o comunicador diz.

Um estudioso da religião traduz para as pessoas de uma comunidade externa o que apenas os adeptos daquele sistema de crenças são capazes de compreender facilmente. E isso é realizado à custa de esforço e observação atenciosa e persistente. Quando entrei pela primeira vez em uma comunidade neopentecostal, precisei de meses de observação até que começasse a compreender o que diziam e faziam. Se eu tivesse um intérprete, certamente teria entendido muitas coisas em apenas minutos ou segundos. Depois de quase dois anos observando uma comunidade neopentecostal, produzi uma dissertação de mestrado que traduz para o público acadêmico conceitos, ideias e ritos presentes em seu interior no dia a dia. As pessoas das universidades poderiam compreender algo daquela igreja local graças ao meu trabalho de observação, registro por escrito e interpretação em diálogo com conceitos do campo da antropologia. Posso dizer que o que fiz foi verter uma linguagem que se manifesta de forma espontânea em uma comunidade religiosa para uma outra forma de comunicação, aquela que é falada, escrita e compreendida por membros da vida universitária.

Assim, creio ser possível afirmar que este livro pretende traduzir algumas das linguagens da religião para uma outra que seja mais acessível ao público universitário ou acadêmico. Este escrito parte do pressuposto de que há muita proximidade entre o modo como o fenômeno religioso se expressa e outros aspectos ou dimensões da vida humana. Por exemplo, ao estudar o psiquiatra suíço Carl Gustav Jung (1875-1961), você verá que existe uma linguagem do inconsciente e que ela é muito parecida com o idioma religioso. Observará também o que é um *símbolo* e que este é uma das formas preferidas de expressão do fenômeno sagrado. Além disso, verá que os ritos, os dogmas e a ética também fazem parte do modo como sujeitos religiosos se comunicam entre si e com o mundo. Por fim, serão abordadas situações que pretendem demonstrar que há muito em comum entre a linguagem da arte e a da religião.

Para levar a termo este projeto, o presente livro é dividido em seis capítulos. O primeiro capítulo vai abordar as afinidades entre as linguagens do inconsciente e da religião e terá como base o pensamento de Jung. O segundo vai explorar o mundo dos símbolos e se baseará, de novo, em Jung, mas vai dialogar também com a obra do antropólogo estadunidense Clifford Geertz (1926-2006). O terceiro abordará o tema dos mitos com base em Jung e no historiador da religião Julien Ries (1920-2013). O quarto tratará dos ritos baseando-se nos escritos de Jung e de Ries. No quinto capítulo serão discutidos os dogmas e as éticas religiosos com base no filósofo francês Michel Foucault (1926-1984). No último capítulo, serão abordadas as afinidades existentes entre a linguagem da religião e a da arte tendo como referência a obra de Jung.

Os capítulos estabelecerão conexões com os referidos teóricos, mas também procurarão explorar exemplos práticos ou situações que possam ilustrar os conceitos apresentados: a conexão das mandalas com a linguagem do inconsciente, os símbolos de Cristo e do diabo no cristianismo primitivo, a mitologia antiga, alguns ritos do cristianismo primitivo e a espiritualidade de Vincent van Gogh (1853-1890) expressa em suas cartas e em suas obras visuais. O objetivo é que essa estratégia argumentativa faça com que os debates filosóficos se tornem mais amenos e acessíveis.

Penso que você irá aproveitar melhor este livro se ler com calma cada capítulo e, de tempos em tempos, fizer uma pausa para refletir sobre as questões levantadas ao longo da argumentação. Esta obra não foi escrita para ser apenas lida, do início ao fim, de uma vez por todas. Foi elaborada para ser estudada, meditada, refletida, enfim, para produzir uma experiência subjetiva sobre o modo como você encara a religião.

No início de cada capítulo, é apresentado, de forma sucinta, o conteúdo que será desenvolvido de modo mais amplo no decorrer do texto. Também são indicados os objetivos de cada tópico e, depois de apresentado o conteúdo previsto, é feita uma síntese por meio de quadros sinóticos. Ao final, são feitas indicações de obras diversas relacionadas ao conteúdo discutido e propostas atividades.

Quanto mais você estiver comprometido com a resolução das atividades, práticas e teóricas, propostas, mais intenso e profundo será seu aprendizado. Além disso, buscamos expor o que há de mais elementar em cada item, o que não significa que você deva parar por aí. Por isso, são apresentadas ideias para que você se aprofunde por conta própria no tema. Também são indicados livros, artigos eletrônicos, filmes ou outras atividades que forem oportunas, a fim de que você encontre formas de ir além do texto que constitui esta obra.

Se tiver condições de comprar livros para melhorar seu conhecimento sobre os temas específicos dos capítulos, ótimo. Se não puder, serão indicados alguns artigos eletrônicos, de modo que, sem ter de investir mais valores ou sair de casa, você possa se aprofundar nas questões que mais lhe chamarem a atenção.

Na verdade, este livro é um roteiro inicial que pretende lhe conduzir a águas mais profundas. Ajudá-lo a nadar na superfície com segurança é minha tarefa primária. Mergulhar dezenas de metros a fundo dependerá de sua disponibilidade e de seu desejo. Meu papel é o de disponibilizar os recursos para que isso seja possível, mas você tem de querer imergir!

COMO APROVEITAR AO MÁXIMO ESTE LIVRO

Empregamos nesta obra recursos que visam enriquecer seu aprendizado, facilitar a compreensão dos conteúdos e tornar a leitura mais dinâmica. Conheça a seguir cada uma dessas ferramentas e saiba como elas estão distribuídas no decorrer deste livro para bem aproveitá-las.

Uma religião não é composta de apen bolos. Ao lado de fenômenos de ordem mencionados no exemplo a seguir, apa como é o caso dos ritos. É verdade que de muitos conceitos, mas elas també outras coisas que precisam ser feitas momento adequado, entre as quais es
Neste capítulo, vamos explorar o in dos ritos das religiões. Para isso, vamo

Introdução do capítulo
Logo na abertura do capítulo, informamos os temas de estudo e os objetivos de aprendizagem que serão nele abrangidos, fazendo considerações preliminares sobre as temáticas em foco.

Exemplo prático
Tenho uma experiência pessoal para aqui. Há alguns anos, fui ao Masp (para ver uma exposição de obras d Portinari. Estava maravilhado dia pinturas. Mas algo arrebatador acon painel *Criança morta*: ao olhar por u a tela, comecei a chorar compulsiva por que isso estava acontecendo. Tal frente com um quadro famoso de Por em reproduções nos livros didáticos,

Exemplo prático
Nesta seção, articulamos os tópicos em pauta a acontecimentos históricos, casos reais e situações do cotidiano a fim de que você perceba como os conhecimentos adquiridos são aplicados na prática e como podem auxiliar na compreensão da realidade.

Síntese
Neste capítulo, analisamos mais um as[pec]-
gem da religião. Tal como fizemos ante[s com]
e os mitos, agora abordamos os ritos. [...]
elementos mais significativos da ling[uagem...]
 Para falar do rito, procedemos co[mo...]
orientamos pelos escritos de Julien R[ies...]
 Com base em Ries, definimos os [ritos, as-]
como suas definições e possíveis fu[nções...]
que o rito pode ser "um ato ou um g[esto...]
realizado em vista de um resultado [...]
empírico" (Ries, 2020, p. 281) e que u[...]

Síntese
Ao final de cada capítulo, relacionamos as principais informações nele abordadas a fim de que você avalie as conclusões a que chegou, confirmando-as ou redefinindo-as.

Indicações culturais
JUNG, C. G. **O livro vermelho**: liber novu[s...]
 A. Titton e Gustavo Barcellos. Petrópol[is...]

Infelizmente, esse livro é bastante ca[ro...]
apenas por curiosidade, mas vale a pe[na...]
biblioteca que tenha um exemplar dis[ponível...]
há duas versões do mesmo livro: uma [...]
com o texto e Jung, e outra, em form[a...]
acrescido de muitos desenhos. Esco[lha...]
encontrar uma biblioteca que tenha [...]
imagens na internet. Você ficará en[...]

Indicações culturais
Para ampliar seu repertório, indicamos conteúdos de diferentes naturezas que ensejam a reflexão sobre os assuntos estudados e contribuem para seu processo de aprendizagem.

Atividades de autoavaliação
1. Quais questões sobre a vida de var[...]
 passado, mas que estão sendo quest[...]
 do presente?
    a) Sua genialidade e sua compulsã[o...]
    b) Sua timidez e sua compulsão p[...]
    c) Sua pobreza, sua loucura e seu [...]
    d) Seu fracasso no amor, sua tim[idez...]
     bebidas alcoólicas.
    e) Sua amizade com o irmão e sua c[...]
2. Indique se as afirmações a seguir s[ão...]

Atividades de autoavaliação
Apresentamos estas questões objetivas para que você verifique o grau de assimilação dos conceitos examinados, motivando-se a progredir em seus estudos.

ATIVIDADES DE APRENDIZAGEM

Questões para reflexão
1. Você gosta de cinema, de literatur[a]... nhos? Quais são os temas e persona[gens]... Por que acha que os admira? Você[...] especial para gostar de tais persona[gens]... poderiam revelar sobre sua person[a]...
2. Quais são os mitos da sua religião[...] quais são os mitos laicos que norte[iam]... religião ou laicidade lida com os mi[tos]... com os próprios mitos?

Atividades de aprendizagem
Aqui apresentamos questões que aproximam conhecimentos teóricos e práticos a fim de que você analise criticamente determinado assunto.

BIBLIOGRAFIA COM[ENTADA]

BRANDÃO, J. de S. **Dicionário mítico**[-etimológico da mitologia] **grega**. Petrópolis: Vozes, 2014.
Livro muito interessante de um aut[or...] estudos clássicos. Texto fundament[al...]

BROWN, R. **Introdução ao Novo Test**[amento]. [Tradução de] F. Valério. São Paulo: Paulinas, 200[4].

Bibliografia comentada
Nesta seção, comentamos algumas obras de referência para o estudo dos temas examinados ao longo do livro.

1
LINGUAGEM DO FENÔMENO RELIGIOSO COM BASE EM CARL GUSTAV JUNG

Há algumas divergências entre as ideias de Sigmund Freud (1856-1939) e as de Carl Gustav Jung (1875-1961), mas existem também alguns pontos em comum na forma de pensar de ambos. Um deles é o de que a psique humana é constituída de duas dimensões: uma consciente e outra inconsciente. Essa afirmação pode parecer banal, mas ela reage a um dogma partilhado por muitas pessoas desde a Idade Moderna: o de que o ser humano é livre, autônomo e dono do seu destino. A filosofia usa a expressão *sujeito autocentrado* para designar a concepção de que uma pessoa pode planejar e realizar o que deseja como bem quiser. Sabemos, pela experiência prática, que as coisas não são bem assim. Muitas vezes, há obstáculos externos às nossas ações: planejamos trabalhar em uma determinada profissão, mas não conseguimos uma oportunidade para exercê-la. Outras vezes, nos deparamos com limites internos: queremos ficar alegres e desfrutar da vida, mas, involuntariamente, ficamos deprimidos. A descoberta de que há muitos fatores que atuam de forma autônoma e, portanto, de forma alheia à nossa vontade, é uma grande conquista da psicologia do inconsciente, e Freud e Jung são duas figuras de suma importância na compreensão e na difusão desse preceito.

Jung era um pouco mais novo que Freud e chegou a ser uma espécie de discípulo do pai da psicanálise. A admiração de Jung não era meramente servil, de modo que ele começou a desenvolver ideias próprias e passou a se distanciar das ideias de seu mestre. De qualquer forma, manteve o conceito fundamental desenvolvido por Freud, de que a vida subjetiva é composta por camadas distintas, sendo uma conhecida pelas pessoas (consciência) e outra ignorada (inconsciente).

Em meio a essas duas camadas, devemos considerar a presença da religião. Sabemos que ela pode chegar a ser bastante racionalista, de modo a se transformar em algo rigorosamente dogmático, mas essa não parece ser a regra predominante. O que é mais comum é que a experiência religiosa esteja mais conectada ao inconsciente, sendo, portanto, mais intuitiva e emocional. Mesmo que o protestantismo tenha pendido para o racionalismo – se comparado ao catolicismo romano, mais ritualístico e intuitivo –, ele também suscitou reações tardias mais conectadas ao inconsciente, como é o caso do pietismo, do pentecostalismo e do neopentecostalismo. O contrário também é verdade, pois, mesmo o catolicismo romano, geralmente uma expressão religiosa com boa dose de mistério, possui um sistema dogmático muito complexo e racionalista.

Neste capítulo, apresentamos uma forma mais detalhada da teoria de Jung de modo que se torne mais fácil a sua compreensão a respeito da conexão que pode existir entre a experiência religiosa e o inconsciente. Também vamos apresentar uma exemplificação da teoria de Jung mediante uma análise da presença das mandalas na vida interior e nas expressões religiosas. Aliás, essa será uma estratégia que usaremos ao longo de todo o livro, que consiste em empregar exemplos ao final de cada capítulo, de modo que sirvam de ilustração e tornem as reflexões teóricas mais próximas da sua realidade.

Outros objetivos deste capítulo são: construir uma visão panorâmica da teoria de Jung, de modo que ela possa servir de base para o tópico seguinte, que demonstrará as conexões existentes entre o fenômeno religioso e o inconsciente; e ilustrar, por meio de uma reflexão sobre o simbolismo das mandalas, aquilo que foi abordado nos tópicos anteriores.

Para começar nossa reflexão, convidamos você a pensar sobre algumas questões: 1) Quem foi Carl Gustav Jung? 2) Que teoria Jung desenvolveu? Qual a relevância de suas proposições? 3) De que modo podemos nos apropriar dos conceitos de Jung para pensar a experiência religiosa? 4) O que é uma mandala? De que modo as mandalas se manifestam na vida inconsciente, pessoal e coletiva? Como elas se apresentam nas religiões? O que elas representam?

1.1 Visão panorâmica da teoria de Carl Gustav Jung

Jung viveu na passagem do século XIX para o XX. Nasceu quase no fim do século XIX e viveu até ultrapassar a metade do século XX. Formou-se em Medicina no ano de 1900, quando, então, passou a fazer residência na área de psiquiatria.

Jung era um pouco mais novo que Freud, de modo que, quando era um jovem recém-formado em Medicina, tomou conhecimento dos escritos sobre a, então nascente, psicanálise. Leu uma primeira vez *A interpretação dos sonhos*, de Freud, obra publicada em 1900, sem compreender muito o que tinha em mãos. Retomou a leitura um pouco mais tarde com grande proveito e entusiasmo. Começou a se interessar bastante pelos escritos do pai da psicanálise, de modo que tomou a iniciativa de se corresponder com ele. Com o passar do tempo, se conheceram e acabaram se tornando amigos.

A amizade, que durou alguns anos, redundou em colaborações acadêmicas e viagens. Tiveram alguns encontros e trocaram muitas informações. Algumas divergências afastaram Jung de Freud, que acusava o mestre de querer um discípulo por demais subserviente, de exagerar nas explicações baseadas nas suas teorias sexuais e, enfim, de apresentar uma perspectiva que relegava a religião a um papel quase exclusivamente negativo.

Jung (2016) escreveu um livro que poderia ser identificado como uma autobiografia, denominado *Memórias, sonhos, reflexões*, em que dedica um capítulo, cujo título é *Sigmund Freud*, à sua relação com Freud e no qual dá sua extensa versão sobre o rompimento da amizade entre ambos. Mas um trecho em especial descreve o ponto exato em que a separação se consolidou, consistindo em uma espécie de marco ou rito de passagem de um estado de proximidade para o de distanciamento:

> Freud teve um sonho, cujo conteúdo não posso revelar. Interpretei-o mais ou menos, acrescentando que poderia talvez adiantar algo mais, se ele me desse alguns detalhes suplementares, relativos à sua vida particular. Tal pedido provocou em Freud um olhar estranho – cheio de desconfiança – e disse: "Não posso arriscar minha autoridade!" Nesse momento, entretanto, ele a perdera! Esta frase ficou gravada em minha memória. Prefigurava já, para mim, o fim iminente de nossas relações. Ele punha sua autoridade pessoal acima da verdade. (Jung, 2016, p. 200)

Mas, a despeito do rompimento afetivo entre eles, alguns pontos em comum permaneceram, dentre os quais, a concepção de que a psique humana é constituída de consciente e inconsciente. Com o distanciamento de Freud, Jung passou a se sentir mais à vontade para assumir posicionamentos próprios sobre a constituição e o funcionamento da psique. Ele mesmo explica os aspectos em que sua teoria diverge e aqueles em que ela converge em relação à de Freud:

Enquanto para Freud o inconsciente é uma função da consciência, eu o considero como uma função psíquica independente, anterior e oposta à consciência. Segundo esta concepção, o inconsciente pode ser dividido em **pessoal** e **coletivo**. Este último é uma disposição psíquica, independente de tempo e raça, para um funcionamento regular. Seus produtos podem ser comparados aos "motivos mitológicos". (Jung, 2011d, p. 93, grifo do original)

Tenha isso em mente o tempo todo: ambos partilhavam a convicção de que a psique humana tem uma dimensão consciente e outra inconsciente, embora pensassem que a relação entre as duas funções variava. Para Jung, o inconsciente mantinha autonomia em relação à consciência. O que temos de destacar, agora, é que consciência "fala" uma linguagem racional, linear e argumentativa. O inconsciente, por sua vez, é intuição, emoção, instinto e se expressa por meio de símbolos e imagens. O consciente diz respeito ao que conhecemos sobre nós mesmos, enquanto o inconsciente significa que não sabemos muitas coisas sobre aquilo que somos ou sentimos.

O **eu** ou **ego** é o elemento estruturador ou organizador do consciente, núcleo de informações que são conhecidas e admitidas por nós. Um dos aspectos que distingue a psicologia de Jung da de Freud é que o primeiro afirmava que o inconsciente possuía não apenas uma camada, mas duas: uma pessoal e outra impessoal. Vejamos uma descrição dessa distinção nas palavras do próprio autor:

> Essa descoberta significa mais um passo à frente na interpretação, a saber: a caracterização de **duas camadas do inconsciente**. Temos que distinguir o inconsciente **pessoal** do inconsciente **impessoal** ou **suprapessoal**. Chamamos este último de inconsciente **coletivo**, porque é desligado do inconsciente pessoal e por ser totalmente universal; e também porque os seus conteúdos podem ser encontrados em toda parte, o que obviamente não é o caso dos

> conteúdos pessoais. O inconsciente pessoal contém lembranças perdidas, reprimidas (propositalmente esquecidas), evocações dolorosas, percepções que, por assim dizer, não ultrapassaram o limiar da consciência (subliminais), isto é, percepções dos sentidos que por falta de intensidade não atingiram a consciência e conteúdos que ainda não amadureceram para a consciência. Corresponde à figura da **sombra**, que frequentemente aparece nos sonhos. (Jung, 2012b, p. 77, grifo do original)

O inconsciente pessoal é povoado por complexos, sistemas autônomos com um núcleo afetivo bastante intenso, formado a partir das experiências pessoais do sujeito. O inconsciente *coletivo*, como o nome diz, é uma camada comum a todo gênero humano, uma dimensão da psique onde constelam inúmeros arquétipos, "pessoas" arcaicas, algo como tipos ideais de personagens que balizam condutas e sentimentos.

Se tomarmos o exemplo de um arquétipo, entre tantos outros, como o da sombra, para ilustrar o que estamos dizendo, conseguiremos entender melhor a psicologia de Jung. Se ele estiver correto em sua teoria, chegaremos à conclusão de que uma pessoa pode alegar razões nobres para seu ofício, mas ainda estar inconsciente de tantas outras motivações para o que faz. O que uma pessoa desconhece sobre si não está totalmente projetado sobre o arquétipo da sombra, mas este é o principal personagem sobre o qual lançamos aquilo que não queremos ou não podemos admitir sobre as motivações de nossas ações. Observe uma descrição mais detalhada da sombra, sob o ponto de vista de um terapeuta junguiano da atualidade:

> Aqueles aspectos desagradáveis e imorais de nós mesmos que gostaríamos de fingir que não existem ou que eles não têm efeitos sobre nossa vida – nossas inferioridades, nossos impulsos inaceitáveis, nossos atos e desejos vergonhosos – formam um lado

sóbrio de nossa personalidade que é difícil e doloroso de assumir. Ele contradiz aquela pessoa como a qual gostaríamos de nos ver, a qual gostaríamos de parecer sermos aos olhos dos outros. Nossa percepção egoísta de nós mesmos, nossa autonomia e nossa probidade sentem sua autoridade desafiada por essa sombra e sente a proximidade da sombra como uma ameaça, um irmão ou uma irmã tenebrosos continuamente nos nossos calcanhares, inconvenientes, irritantes, causadores de ansiedade e vergonhosos.
(Hopcke, 2012, p. 95)

Assim, esperamos que você tenha percebido que um arquétipo é um tipo, algo como um personagem, que tem uma base inata, biológica ou genética. Está conectado aos nossos instintos e, portanto, não pode ser controlado pelo consciente e, muitas vezes, acaba por ser conscientizado ou conhecido apenas de forma parcial. Por exemplo, podemos dizer que há um arquétipo da mãe, o que permite a uma criancinha recém-nascida intuir qual será a pessoa que exercerá os primeiros cuidados sobre a sua vida. Essa realidade inconsciente se manifesta historicamente por meio de desenhos, pinturas e escritos, como é o caso do tipo de representação visual ou literária que denominamos *pietà* – uma mulher acalentando e ou amamentando uma pequena criança no colo. Assim como há o arquétipo da mãe, há inúmeros outros "personagens" que povoam o nosso inconsciente, muitas vezes exercendo forte influência ou determinando nosso comportamento. Dentre esses personagens, um dos mais conhecidos é o da sombra, conforme mencionado.

Tudo aquilo que identificamos conscientemente, formando uma luz, projeta, ao mesmo tempo, uma sombra no inconsciente. Identidade diz respeito a tudo aquilo que queremos ser e a sombra, o seu inverso. Esse segundo termo não se refere, necessariamente, a algo sombrio, no sentido de ser algo amedrontador ou ameaçador, mas de uma instância desconhecida, portanto, sem luz.

A identidade aponta para o arquétipo da *persona*, um ser que age de acordo com aquilo que um sujeito acredita que as demais pessoas ao seu redor desejam dele. Seu inverso dá forma ao arquétipo da sombra, uma síntese de tudo aquilo que um sujeito acha que os outros não gostam nele. Por exemplo, um homem identificado como uma pessoa boa pode ter uma sombra que incorpora valores egoístas ou ameaçadores, enquanto um outro, que se assumiu como assassino perigoso, pode ter uma sombra altruísta e dócil.

A sombra, na maioria das vezes, só pode ser experimentada mediante uma projeção sobre outra pessoa. Via de regra, nossa sombra é lançada sobre as pessoas que achamos que fazem coisas que odiamos ou não podemos suportar. Pensemos, por exemplo, na figura de um conselheiro, alguém com a intenção de ajudar uma pessoa em situação de sofrimento. Ele pode, inconscientemente, estar querendo controlar ou exercer poder sobre aquele que tenta ajudar. Procurar estar consciente de nossa sombra é o maior desafio para qualquer um de nós que tenha como tarefa ajudar o próximo. Quando isso não acontece, o aconselhamento pode facilmente se deteriorar em abuso espiritual. Em outros termos, mesmo bem-intencionados, podemos provocar males terríveis, inconsciente e involuntariamente, a outras pessoas. Cuidar para que a sombra não nos "pegue de surpresa" é o maior desafio de qualquer pessoa que exerça uma função de ajuda humanitária – seja um sacerdote, seja um médico, seja um psicólogo ou um assistente social. Veja que interessante a observação de um terapeuta junguiano em um livro cujo título, *O abuso de poder na psicoterapia: e na medicina, serviço social, sacerdócio e magistério*, ilustra bem o que afirmamos:

> Todos os que atuam nas profissões sociais, trabalhando para "ajudar a humanidade", apresentam motivações psicológicas extremamente ambíguas para as suas ações. Em sua própria consciência e diante do mundo, o assistente social vê-se forçado a encarar o

desejo de ajudar como sendo sua motivação primordial. Mas nas profundezas de sua alma o oposto simultaneamente se constela – não o desejo de ajudar, mas o de ter poder e sentir alegria em despontecializar o "cliente". (Guggenbühl-Craig, 2018, p. 19)

Dissemos que nossa mente racional fala uma linguagem linear, argumentativa e conceitual. O inconsciente, por sua vez, se expressa por meio de imagens e símbolos. Quando sonhamos, rompemos as barreiras do tempo, do espaço e da racionalidade. Por isso, os sonhos parecem tão estranhos à nossa consciência. Aliás, nossa consciência fica intrigada com quase tudo que é manifestação do inconsciente. Em muitos casos, esse estranhamento é tão veemente que desemboca em uma negação da própria existência do inconsciente. Mas não podemos nos livrar de nosso inconsciente. Isso não é possível, nem saudável.

Não podemos nos desconectar do inconsciente porque ele faz parte de cada de um de nós desde o nascimento. Ele é a nossa totalidade até que, com alguns poucos anos de vida, no meio do caos do inconsciente, começa a emergir a nossa consciência. Por isso não nos lembramos dos anos iniciais de nossas vidas. O fato é que o inconsciente é anterior à consciência, mas quando esta começa a se formar, muitas pessoas desenvolvem a tendência de achar que ela é a única coisa que existe. Sujeitos assim podem desembocar em algo que poderíamos chamar de *racionalismo*, uma tendência a valorizar de forma demasiada a consciência e sua principal função, o argumento lógico. Para ele, tudo que existe é a razão e o que é razoável. Pessoas assim podem desenvolver neuroses racionalistas. Muitas vezes, vemos indivíduos com esse perfil psicológico sendo, de forma inesperada, tragados por um ímpeto emocional, seja de tristeza, seja de choro ou mesmo uma explosão de ira.

Essas coisas acontecem porque, assim como o consciente se manifesta no dia a dia, também o inconsciente precisa de espaço para se expressar. Há algo como que uma sabotagem do consciente pelo inconsciente, de modo que possa demonstrar para a pessoa que, mesmo que ela negue, as emoções, a intuição e os instintos continuam a existir como sistemas autônomos. Ainda que pessoa ache ou pense que não existe nada além da razão, o intuitivo e o emocional persistem e não podem ser controlados, sobretudo se sua existência ou direito de existir forem negados. De acordo com Jung, a sombra não deve ser recusada, e sim ser aceita e integrada à psique da pessoa. Admitir desejos que nós ou as pessoas ao nosso redor acham reprováveis é um bom caminho para que eles deixem de nos controlar inconscientemente e de forma alheia à nossa vontade.

Prolongando a exemplificação, podemos tomar o caso de pessoas com algum potencial suicida. Claro que um desejo suicida é algo perigoso para uma pessoa, mas o mais grave é quando esse acometimento age de forma inconsciente. Se a pessoa não sabe ou nega de forma veemente que possui um desejo de suicidar, ela pode ser tragada por um impulso e pôr fim à sua vida. Mas, se sabe ou admite que tem um desejo suicida, ela tem alguma chance de pedir ajuda ou gerir seu desejo.

Exemplo prático

Ilustro essa situação com um caso que vivenciei: uma pessoa que passava por uma crise depressiva bastante aguda ligou pedindo ajuda a uma amiga psicóloga, que lhe solicitou ir até o seu consultório para poderem conversar. O paciente disse que estava tão mal que poderia se jogar no trilho do trem, meio mais óbvio e barato para se deslocar até o consultório psicológico. A terapeuta, então, pediu que a pessoa chamasse um táxi para que a conduzisse até o seu consultório, o que foi feito com sucesso. Como o paciente tinha consciência de seu desejo suicida, pôde comunicar isso a outra pessoa, agindo no sentido de tomar providências para que seu desejo não fosse concretizado.

Conseguir admitir um desejo suicida é algo raro e doloroso para qualquer pessoa, mas estamos convictos de que esse contato acolhedor de nossa sombra pode salvar nossas vidas em muitas situações. Onde há consciência de nossos impulsos, há alguma possibilidade de administrá-los ou solicitar ajuda de outra pessoa quando nos sentimos incapazes de agir. No entanto, se negamos o fato – afinal há muitos preconceitos que internalizamos, inclusive religiosos, em torno dos suicidas ou das pessoas com desejos suicidas –, perdemos toda a possibilidade de agir preventivamente. O mesmo pode ser aplicado a outras instâncias das nossas vidas: se admitimos desejos de realizar coisas que a sociedade não permite, não podemos agir para impedir que nossos impulsos atuem de forma autônoma.

A negação da importância da consciência e sua razoabilidade também pode se transformar em um problema. Um sujeito com um inconsciente bastante expressivo e aflorado, sem um consciente bem estruturado que o compense, rompe facilmente com a realidade e pode começar a delirar. Se a unilateralidade da razão não é boa, o mesmo vale para tendência do exclusivismo da emoção ou intuição. Se racionalismo pode pender para uma forma neurótica, o inconsciente pode nos levar ao delírio ou ao devaneio. As emoções são sistemas autônomos e, muitas vezes, agem de forma aleatória para com a realidade. Mas nós tendemos a acreditar na veracidade do que sentimos. Novamente, vamos exemplificar com uma situação que conhecemos.

Exemplo prático

Certa vez entrei no estacionamento de um supermercado. Era fim de ano e o estabelecimento estava muito cheio, razão por que havia poucas vagas de estacionamento. Depois de circular muito, achei um espaço disponível. Enquanto manobrava para entrar de ré, um outro motorista esperto estacionou no meu lugar. Não foi um engano. Ele podia perceber que eu estava manobrando para entrar no espaço. Ele estava errado e eu certo, mas senti uma raiva tão grande que horas depois ainda estava indignado com a situação. Quando parei para analisar as circunstâncias, pude perceber que havia razão para estar bravo, mas minha raiva era desproporcional ao que aconteceu. Só quando admiti isso a indignação começou a se dissolver.

Não é porque senti uma raiva imensa que tinha razão para estar assim. Se não confrontamos nossa raiva com nossa consciência e passarmos a indagar por que estamos nos sentindo assim, podemos acreditar que estamos totalmente certos e os outros inteiramente errados. Você pode dizer que o que a pessoa fez estava errado e que eu tinha razões para estar com raiva. Eu diria que sua afirmação está correta, mas que minha ira foi desproporcional aos fatos, afinal, estacionei e fiz as compras que desejava. Não havia mais qualquer razão para destilar ira. A situação já havia sido resolvida, mas ela ainda reverberava dentro de mim.

Temos de tomar cuidado com situações como a que descrevemos. As pessoas estão fazendo coisas absurdas em situações banais. Recentemente, houve uma notícia em que uma mulher feriu outra gravemente por causa da fila do banheiro de um bar. Meses atrás, houve outra notícia de que uma mulher matou outra em função de um desentendimento de trânsito. Todos nós ficamos aborrecidos quando roubam nossa vez em um fila ou quando levamos uma fechada no trânsito, mas o que vamos fazer com nossa raiva ou indignação? Claro que matar ou ferir gravemente são ações desproporcionais a algum prejuízo que eventualmente tenhamos sofrido. Talvez essas ações venham de pessoas que não conseguiram parar alguns segundos para pensar no que estavam sentindo e se aquilo era razoável diante da situação que estavam vivendo. Certamente, depois que se acalmaram, elas puderam perceber que fizeram algo terrível. Certamente, estariam muito mais satisfeitas se pudessem refletir antes de fazer algo irreparável, como tirar a vida de outra pessoa. Assim, a melhor forma de lidar com as emoções é admitir que elas existem, mas que podem, eventualmente, não corresponder exatamente ao que está acontecendo no mundo externo. Não é porque sentimos algo que aquilo que experimentamos tem de ser verdadeiro.

Jung pensava na psique como um fenômeno dinâmico que sempre está em busca de equilíbrio. Para ele, alguém só pode ser saudável se suas duas dimensões estiverem equilibradas e tiverem oportunidades iguais de se expressar. Ele designava esse estado de equilíbrio dinâmico entre as duas dimensões como *transcendência*, expressão que tem sentido diferente do mais comumente utilizado no campo religioso. Para Jung (2011b) "transcender" é acessar o estado em que um sujeito não está identificado nem com o consciente, tampouco com o inconsciente, mas com o si-mesmo (*self*), uma instância que abrange a ambos, portanto os transcende.

> Por "função transcendente" não se deve entender algo de misterioso e por assim dizer suprassensível ou metafísico, mas uma função que, por sua natureza, pode-se comparar com uma função matemática de igual denominação, e é uma função de números reais e imaginários. A função psicológica e "transcendente" resulta da união dos conteúdos **conscientes** e **inconscientes**". (Jung, 2011b, p. 13, grifo do original)

Assim, "transcender" é resultado de um estilo de vida em busca da saúde psíquica. E, para aprender a viver assim, é preciso compreender que consciente e inconsciente têm, cada um, linguagens e expressões próprias. O consciente fala a linguagem da razão, que é conceitual, argumentativa, lógica e linear. O inconsciente fala um idioma permeado por imagens, símbolos e tônus emocional. Exemplificamos essa situação com outra experiência pessoal.

Exemplo prático

Em minha infância e adolescência, eu era muito impulsivo, com expressão intensa de sentimentos e emoções. Do início da juventude em diante, desde quando ingressei na vida acadêmica, passei a me tornar mais racional, o que foi muito bom, inicialmente. Mas, com o passar do tempo, me tornei muito racionalista, de modo que um dia tive de aprender a lidar com esse racionalismo à força. Foi quando experimentei uma crise de ansiedade. Não podia controlar minhas emoções e impulsos e isso me levou a um estado extremamente doloroso. Embora a crise tenha sido muito dura para mim, a médio e longo prazo foi bastante frutífera, pois comecei a reaprender a lidar com minhas emoções e sentimentos. Continuei a dar valor à razão e à racionalidade, afinal de contas, preciso muito delas em minha vida profissional, uma vez que trabalho com docência universitária. Mas comecei a tentar equilibrar as coisas cultivando outras atividades que pudessem compensar meu racionalismo: passei a ler mais poesia e literatura para desenvolver a imaginação e a fantasia; comecei a valorizar mais a experiência religiosa e mística como formas de me entregar a algo sobre o qual não tenho controle; iniciei a compra e a leitura de livros sobre artes visuais; e também dei os primeiros passos na pintura de telas e objetos.

É possível colocar esse exemplo pessoal em linguagem junguiana. O que estamos tentando mostrar é que precisamos equilibrar nossa vida em torno das linguagens do consciente e do inconsciente. Cada um tem sua forma de expressão linguística e, em vez de escolhermos apenas uma delas, podemos aprender e cultivar ambas. Claro, sempre vamos pender para um dos lados em momentos diferentes da vida. Jung chamava esse movimento pendular de *princípio da enantiodromia*, um conceito da física, mas que, para o psiquiatra suíço, era cabível também para explicar o movimento da psique humana. Para ele, tanto na vida pessoal como na coletiva, a ênfase em um aspecto conduz, a médio e longo prazos, ao seu oposto. Por exemplo, um ateu militante pode se tornar um religioso fundamentalista e vice-versa; ou uma onda social de conservadorismo pode gerar o seu inverso pouco tempo depois. Para Jung, o melhor seria não acentuar demais crenças e ênfases, de modo que não precisássemos passar para o lado oposto de maneira tão radical também.

> O velho Heráclito, que era realmente um grande sábio, descobriu a mais fantástica de todas as leis da psicologia: **a função reguladora dos contrários**. Deu-lhe o nome de *enantiodromia* (correr em direção contrária), advertindo que um dia tudo reverte em seu contrário. [...] A cultura racional dirige-se necessariamente para o seu contrário, ou seja, para o aniquilamento irracional da cultura. Não devemos nos identificar com a própria razão, pois o homem não é apenas racional, não pode e nunca vai sê-lo. Todos os mestres da cultura deveriam ficar cientes disso. O irracional não deve e não pode ser extirpado. Os deuses não podem e não devem morrer. Há pouco, dizia que sempre parece haver algo como um poder superior na alma humana. Se não é a ideia de Deus, é o estômago, para empregar a expressão de Paulo. Com isso pretendo deixar expresso o fato de sempre haver um impulso ou um complexo qualquer que concentra em si a maior parcela da energia psíquica, obrigando o eu a colocar-se a seu serviço. Habitualmente, é tão intensa a força de atração exercida por esse foco de energia sobre o eu que este se identifica com ele, passando a acreditar que fora e além dele não existe outro desejo ou necessidade. É assim que se forma uma mania, monomania, possessão ou uma tremenda unilateralidade que compromete gravemente o equilíbrio psíquico. (Jung, 2012b, p. 83-84, grifo no original)

Observemos uma situação que pode ilustrar como podemos tirar proveito de ambas as linguagens – a do consciente e a do inconsciente – para realizar uma tarefa tão importante das nossas vidas de estudantes, que é a de escrever. Na nossa vida de docente universitário, lidamos constantemente com jovens que estão começando a aprender a escrever, e uma de nossas tarefas é a de orientá-los. Uma das coisas a se fazer é dizer que, para escrever bem e com fluência, é preciso desenvolver as duas linguagens ou funções: com o inconsciente aprendemos a criar e com o consciente a organizar o que escrevemos. Por isso, primeiro precisamos inventar, mesmo que as coisas comecem de forma caótica e intempestiva. Momentos depois (horas ou dias), teremos a chance de ordenar o que produzimos. Jovens escritores tendem a querer começar a escrever de forma organizada e bloqueiam a função fecunda do inconsciente. Quando estamos criando, o inconsciente está em primeiro plano e, como ele se manifesta por meio de uma linguagem mais imagética e simbólica, começa a haver um conflito com a função consciente, que quer ordenar tudo que está sendo criado em regras gramaticais e da pesquisa acadêmica. O conflito das duas funções obstrui o trabalho de escrita. A saída é criar e, somente depois, ordenar o que foi criado de forma impulsiva, eliminando o conflito das duas funções ou linguagens.

Outra situação que explica bem as dificuldades que muitos alunos enfrentam o tempo todo na sua tarefa de se tornarem escritores está ligada à alternância entre trabalho e descanso. Muitos estudantes pensam que, para serem bem-sucedidos na vida acadêmica, devem apenas estudar e fazer isso dia e noite. Essa, no entanto, é a melhor forma de se tornar academicamente estéril. Sem diversão e lazer, nossa mente para de criar. Um hábito que temos adotado e que tem nos ajudado bastante na tarefa de escrita é intercalar uma atividade lúdica e criativa com a escrita acadêmica. Ninguém menos que Haruki Murakami (1949-) – talvez o maior nome da literatura japonesa da atualidade, cujos livros vendem milhões de exemplares apenas em suas tiragens de lançamento – alterna períodos de escrita com descanso como estratégia para manter a fluência e a qualidade de seus escritos.

> Quando termino de escrever a primeira versão do original, dou um tempo (a duração varia, mas geralmente descanso cerca de uma semana) e então começo a primeira revisão. [...] Depois dessa fase, costumo descansar por um bom tempo. Procuro deixar o romance guardado na gaveta por quinze dias ou um mês e até esqueço que ele existe. Naturalmente o tempo que uso para escrever é importante, mas o tempo em que não faço nada também é. (Murakami, 2017, p. 81-83)

EXEMPLO PRÁTICO

Ao longo da produção deste livro, intercalei o tempo de escrita com pintura de telas e criação de peças artesanais. Assim, tentei manter um equilíbrio entre a função consciente (escrita acadêmica) e a inconsciente (pintura e artesanato). Não podemos nos esquecer de que escrever é, primordialmente, uma atividade de criação e não apenas de capacidade de argumentação racional e lógica. Sei como é trabalhoso ler um livro redigido apenas com a função consciente, como é o caso de algumas obras de filosofia ou historiografia racionalista. Para escrever bem, é preciso viver com alegria e prazer no dia a dia, além de exercitar a linguagem do inconsciente por meio de atividades que estão conectadas à criatividade e ao campo simbólico. Tenho sugerido isso a estudantes de graduação, especialização, mestrado e doutorado, e eles têm conseguido melhorar sua atividade de escrita, além de aumentar a sua criatividade.

Vejamos agora como os conceitos e ideias de Jung podem funcionar no campo da religião. Observe como há uma confluência entre a linguagem da religião e a do inconsciente, pessoal e coletivo, e de que maneira a psicologia de Jung nos ajuda a compreender as linguagens das religiões.

1.2 Linguagem do fenômeno religioso e o inconsciente coletivo

A ideia fundamental que será desenvolvida nesta seção é a de que há uma afinidade entre a linguagem do inconsciente e a da religião. Claro, há religiões que são muito mais racionais ou racionalistas que outras e, além disso, a dimensão lógica nunca está totalmente ausente da experiência mística. Mas, geralmente, sobrenatural e inconsciente falam um idioma muito parecido: aquele que se expressa por intermédio de símbolos.

Para Jung, um símbolo é sempre parcialmente lógico e racional e, simultaneamente, afetivo, intuitivo e metafórico. Sigamos as palavras do próprio autor na descrição do que é um símbolo:

> O símbolo é sempre um produto de natureza altamente complexa, pois se compõe de dados de todas as funções psíquicas. Portanto, não é de natureza racional e nem irracional. Possui um lado que fala à razão e outro inacessível à razão, pois não se constitui apenas de dados racionais, mas também de dados irracionais fornecidos pela simples percepção interna e externa. A carga de pressentimento e de significado contida no símbolo afeta tanto o pensamento quanto o sentimento, e a plasticidade que lhe é peculiar, quando apresentada de modo perceptível aos sentidos, mexe com a sensação e a intuição. (Jung, 2012c, p. 491)

Por exemplo, um símbolo de fé, como é o caso da doutrina da Trindade (que foi estudada de forma extensa por Jung), é, parcialmente, lógico-racional, mas, em grande parte, indescritível e ilógico. Pensemos que é possível explicar como Deus é um e três ao mesmo tempo de uma forma apenas um tanto quanto limitada.

Na verdade, a Trindade reserva em seu interior uma dose bem grande de mistério. Aliás, é assim que linguagem teológica do cristianismo se refere à tri-unidade divina: como um "mistério da fé". Se não fosse assim, não seria um símbolo, pois sua principal característica é a de não ser plenamente lógica, mas, sobretudo, intuitiva e metafórica.

Não vamos prolongar agora o debate sobre o que é um símbolo para Jung porque esse assunto será o foco do Capítulo 2, inclusive com um subitem sobre a concepção do psiquiatra suíço. O que importa no momento é destacar que um símbolo é uma realidade que comporta uma forma de linguagem que dá expressão tanto ao consciente como ao inconsciente. E, para avançarmos um pouco no debate, precisamos nos lembrar de que, para Jung, o inconsciente é formado por duas camadas: uma pessoal e outra impessoal ou coletiva. A segunda dimensão, a *coletiva*, é, como o próprio termo supõe, algo comum a todo gênero humano, portanto, inato. Isso significa que nascemos com certas predisposições genéticas para a formação de determinadas imagens, que Jung denominava *arquétipos*.

Aqui começamos a definir e a discutir o que são os arquétipos – uma realidade tão importante quanto controversa. Claro, precisamos fazer isso com base nos escritos do próprio Jung:

> Mencionamos anteriormente o fato de o inconsciente conter como que duas camadas: uma pessoal e outra coletiva. A camada pessoal termina com as recordações infantis mais remotas; o inconsciente coletivo, porém, contém o tempo pré-infantil, isto é, **os restos da vida dos antepassados**. As imagens das recordações do inconsciente coletivo são imagens não preenchidas, por serem formas não vividas pessoalmente pelo indivíduo. Quando, porém, a regressão da energia psíquica ultrapassa o próprio tempo da primeira infância, penetrando nas pegadas ou na herança da vida

> ancestral, aí despertam os quadros mitológicos: os arquétipos. Abre-se então um mundo espiritual interior, de cuja existência nem sequer suspeitávamos. (Jung, 2012b, p. 89, grifo do original)

Dessa citação, é importante destacar o fato de que os arquétipos (1) fazem parte do inconsciente coletivo, portanto, são inatos; e (2) não são imagens com uma forma específica, mas a predisposição para a formação de determinadas imagens, algo como um molde para que elas se formem. Enfatizamos isso porque as pessoas tendem a confundir os arquétipos com as próprias imagens, mas eles são apenas predisposições, o que significa que precisam se tornar experiência de uma pessoa em uma determinada cultura, situada no tempo e no espaço. Por exemplo, há uma predisposição genética para a formação do arquétipo da sombra, mas o modo como ele se concretiza em uma cultura, ou seja, a forma dele, vai depender de uma série de fatores, internos e externos. Em nossa cultura brasileira, afro-indígena-católica, a forma mais comum do arquétipo da sombra se manifestar é sob a forma do diabo. Sobre esse personagem, projetamos muitas das nossas falhas e desejos perversos. Certamente, em uma outra cultura, sem os mesmos traços que a nossa, o arquétipo da sombra iria assumir alguma outra forma. Assim, podemos dizer que em um arquétipo há sempre uma dimensão inata ou genética e outra histórica e cultural.

> Logo, neste estágio mais adiantado do tratamento, em que as fantasias não repousam mais sobre as reminiscências pessoais, trata-se da manifestação da camada mais profunda do inconsciente, onde jazem adormecidas as imagens humanas universais e originárias. Essas imagens ou motivos, denominei-os *arquétipos* (ou então "dominantes"). (Jung, 2012b, p. 77, grifo do original)

Etimologicamente, o termo aponta para formas (*tipos*) arcaicas (*arché*). Assim, devemos destacar, mais uma vez, que o inconsciente é povoado por imagens que são formadas em função de predisposições genéticas. Isso explicaria como muitas delas são frequentes na história da humanidade – e isso acontece em momentos distintos e em localidades variadas. Mas, que fique bem claro, Jung nunca afirmou que as próprias imagens são genéticas, mas apenas as predisposições para formá-las. Assim, a imagem arquetípica dos irmãos rivais ocorre em função de uma predisposição inata, mas o modo como ela vai ser atualizada depende de cada cultura historicamente situada. Há apenas um motivo dos irmãos rivais, mas muitas maneiras desse tema se manifestar, de acordo com tempo, espaço e cultura locais.

> As imagens primordiais são as formas mais antigas e universais da imaginação humana. São simultaneamente sentimento e pensamento. Têm como que vida própria, independente, mais ou menos como a das **almas parciais**, fáceis de serem encontradas nos sistemas filosóficos ou gnósticos, apoiados nas percepções do inconsciente como fonte de conhecimento. A ideia dos anjos e arcanjos, dos "tronos e potestades" de Paulo, dos arcontes dos gnósticos, das hierarquias celestiais em *Dionysius Areopagita* etc., derivam da percepção da relativa autonomia dos arquétipos. (Jung, 2012b, p. 78, grifo do original)

Esse trecho traz uma série de elementos interessantes para analisarmos. Primeiramente, Jung menciona que os arquétipos são imagens primordiais e que são as formas mais antigas e universais da imaginação, o que significa que eles estão presentes entre nós (ou mesmo em nós) desde que existimos como gênero humano. Se podemos imaginar um tempo em que não éramos ainda racionais ou, pelo menos, de uma racionalidade menos intensa que a que possuímos na atualidade, ainda assim nossa capacidade imaginativa já estava presente e se manifestava por meio de arquétipos. Depois, Jung afirma que eles são, simultaneamente, sentimento (função do inconsciente) e pensamento (função do consciente), o que implica que os arquétipos estejam enraizados no inconsciente coletivo ou profundo, mas que também tenham uma dimensão consciente e racional. Ele ainda sustenta que os arquétipos têm vida própria, ou seja, são sistemas autônomos, inconscientes, portanto, não podem ser totalmente controlados pela razão. Por fim, Jung destaca que eles podem ser encontrados em sistemas filosóficos ou gnósticos, assim como em personagens religiosos do mundo antigo. Isso é um aspecto interessante sobre o modo de pensar de Jung, pois ele acreditava que sua psicologia, embora fosse um fenômeno relativamente recente (passagem do século XIX para o XX), encontrava raízes em alguns fenômenos antigos, como a alquimia, a cabala, o gnosticismo ou mesmo o cristianismo antigo. Para ele, por exemplo, quando os alquimistas antigos ou medievais falavam em mistura de substâncias, não estavam apenas falando de um experimento químico, mas também projetando sobre eles realidades que estavam ocorrendo em suas camadas profundas do inconsciente. Jung se preocupava em encontrar raízes históricas para a sua psicologia analítica e acreditava tê-las encontrado em várias experiências religiosas e filosóficas de épocas anteriores. Ele pensava que havia nessas expressões uma psicologia *avant la lettre*.

Outro aspecto que precisamos destacar sobre os arquétipos é seu caráter numinoso ou sobrenatural. Para Jung, tudo que acontece no inconsciente, sobretudo em sua camada mais profunda – aquela que ele definiu como *coletiva* –, pode ser experimentado como algo divino. Isso porque tanto o mundo sobrenatural como o inconsciente têm uma característica comum: são desconhecidos pelo sujeito ou apenas conhecidos e experimentados por ele de forma parcial. Por isso, inconsciente e religião se manifestam por meio de uma linguagem muito parecida. E, como consciente e inconsciente funcionam de forma compensatória, nossa necessidade de religião também pode ser interpretada como uma demanda por uma contrapartida da função racional ou consciente. Vejamos as palavras de Jung (2011b, p. 154, grifo do original) sobre o assunto:

> Quer dizer, os arquétipos, quando surgem, têm um caráter pronunciadamente **numinoso**, que poderíamos definir como "espiritual", para não dizer "mágico". Consequentemente, este fenômeno é da maior importância para a psicologia da religião. O seu efeito, porém, não é claro. Pode ser curativo ou destruidor, mas jamais indiferente, pressupondo-se, naturalmente, um certo grau de clareza. Este aspecto merece a denominação de "espiritual" por excelência. Isto é, acontece não raras vezes que o arquétipo aparece sob a forma de **espírito** nos sonhos ou nos produtos da fantasia, ou se comporta inclusive como um fantasma. Há uma aura mística em torno de sua numinosidade, e esta exerce um efeito correspondente sobre os afetos.

Prolonguemos nossa análise sobre o tema. Deus pode ser "definido" como aquele é totalmente distinto de nós, como uma realidade transcendente e sobrenatural. Acontece que também o inconsciente pode ser visto da mesma forma. Aliás, Jung foi muitas vezes acusado de reduzir o divino à dimensão psíquica do sujeito, mas ele sempre reagiu e contestou as acusações com a afirmação de que era um psicólogo e um empírico, ou seja, ele não podia dizer nada sobre a existência ou não existência de Deus. Ele se sentia apto apenas para se pronunciar sobre aspectos palpáveis, como a psique humana, que, para ele, era acessível mediante uma metodologia de cunho científico.

> Os maiores e melhores pensamentos da humanidade são moldados sobre imagens primordiais, como sobre a planta de um projeto. Muitas vezes já me perguntaram de onde provêm esses arquétipos ou imagens primordiais. Suponho que sejam sedimentos de experiências constantemente revividas pela humanidade. Parece

que a explicação não pode ser outra. [...] Nada nos impede de supor que certos arquétipos já estejam presentes nos animais, pertençam ao sistema da própria vida e, por conseguinte, sejam pura expressão de vida, cujo modo de ser dispensa qualquer outra explicação. Ao que parece, os arquétipos não são apenas impregnados de experiências típicas, incessantemente repetidas, mas também se comportam empiricamente como **forças** ou tendências à repetição das mesmas experiências. Cada vez que um arquétipo aparece em sonho, na fantasia ou na vida, ele traz consigo uma "influência" específica ou uma força que lhe confere um efeito **numinoso** e fascinante ou que impele à ação. (Jung, 2012b, p. 81, grifo do original)

Observemos atentamente o que se afirma sobre os arquétipos: "sedimentos de experiências constantemente revividas pela humanidade" (Jung, 2012b, p. 81). Tomemos o exemplo de um arquétipo específico, o da mãe, que é, majoritariamente, representado sob a forma de uma mulher que acolhe uma frágil criança no colo e a alimenta no seio. Como uma imagem assim, que está presente em nossos desenhos e pinturas à exaustão, inclusive no âmbito da religião como algo sagrado, teria sido impregnada na mente e no corpo dos seres humanos? A resposta é simples: desde que existe o gênero humano, existe uma mulher que acalenta e alimenta a criança em seu colo – imagem que foi sendo fixada na vida humana por repetição exaustiva. Foi, inclusive, sacralizada por meio da figura de Nossa Senhora, no âmbito do catolicismo romano, uma forma de expressão religiosa presente no mundo inteiro.

Em síntese, poderíamos dizer que uma das formas de explicar o sucesso das religiões se deve ao fato de falarem um "idioma" que está conectado ao inconsciente e que é, portanto, simbólico-metafórico.

> **Exemplo prático**
> Trabalhei muitos anos em escolas teológicas. Quando precisava discutir alguns conceitos teológicos, muitos estudantes reagiam de forma irracional às indagações. Muitos chegavam a ficar extremamente irritados e indignados. Em algumas situações, cheguei a ser ameaçado fisicamente por alunos.

Essa atitude do exemplo se deve ao fato de que boa parte da experiência religiosa permanece inconsciente, portanto, inacessível à compreensão das pessoas. Elas constroem sentido para suas vidas por meio da religião, e não estão muito dispostas a renunciar a isso quando as indagações começam a surgir. Ficam dispostas a defender de forma irracional a veracidade da experiência que tiveram. Por que deveria ser diferente?

1.3 O inconsciente coletivo e as mandalas

Mandalas são figuras geométricas – redondas, quadradas, triangulares ou retangulares – com a característica de serem sempre simétricas. Na maior parte das vezes, formam círculos e são multicoloridas, mas também podem ser monocromáticas.

O interessante sobre as mandalas é que podem ser uma forma de passatempo. Em épocas recentes, tivemos uma proliferação de livros com imagens de mandalas para serem coloridas. No entanto, as mandalas estão muito ligadas à religião. Funcionam como forma de meditação para os monges budistas, que as elaboram sobre o chão com areia colorida para simbolizar o desapego e o caráter efêmero de todas as coisas. Também aparecem com frequência na arquitetura católica romana, na forma de rosetas presentes em muitas igrejas e catedrais.

> **Exemplo prático**
>
> Jung pintou muitas e belas mandalas. Isso pode ser visto em seu *Livro vermelho* (Jung, 2014), uma obra feita por ele como estratégia de autoconhecimento, sem intenção de que fosse divulgada, mas que acabou vindo a público em 2009 em uma versão fac-similar. Teve tradução para o português em uma versão que conta com o fac-símile do original. A condição para que os descendentes de Jung concordassem com a publicação foi a de que ela preservasse o formato original de texto manuscrito e ilustrado, mesmo nas versões traduzidas para outros idiomas. Tenho um exemplar em minha biblioteca. É um belo livro. Em tamanho grande (30,2 cm × 39,8 cm × 4,5 cm), manuscrito e ricamente ilustrado, revela a paciência e a habilidade artística de Jung. Ele também era muito coerente: a primeira fonte de seus experimentos psicológicos era sua própria pessoa. Pensava que a melhor fonte de conhecimento psicológico era estar atento aos processos internos em andamento. No *Livro vermelho* é possível ver que a figura mais desenhada por Jung é a da mandala.

Havia uma razão para Jung pintar mandalas. Ele acreditava que era uma figura que representava o arquétipo do si-mesmo, um perfil que representava a totalidade da psique humana, o que significava que era capaz de englobar o consciente e o inconsciente. Como, para Jung, o ego (eu) é apenas um dos aspectos do nosso consciente, embora tenhamos a ilusão de que ele expresse nossa totalidade, ele criou um novo termo que poderia designar essa realidade mais ampla e transcendente. Para ele, não devemos estar identificados com o eu, algo limitado, mas com uma totalidade mais ampla, o si-mesmo, que é uma síntese ou conjunção entre consciente e inconsciente.

Acontece que a mandala representa também o divino, o ser absoluto e que transcende todas as coisas e, por isso, é igualmente um símbolo religioso bastante importante. Talvez por haver essa coincidência de a mandala representar tanto a totalidade intrapsíquica quanto o ser divino e absoluto é que algumas pessoas pensassem que Jung reduzia Deus a um fato ou a uma experiência psicológica, o que ele fazia questão de rebater dizendo que era um empírico e que não fazia afirmações sobre o ser divino, conforme mencionamos anteriormente.

> Só pouco a pouco compreendi o que significa propriamente a mandala: "Formação – Transformação, eis a atividade eterna do eterno sentido". A mandala exprime o si mesmo, a totalidade da personalidade que, se tudo está bem, é harmoniosa, mas que não permite o autoengano. Meus desenhos de mandalas eram criptogramas que me eram diariamente comunicados acerca do estado de meu "Si Mesmo". Eu podia ver como meu "Si Mesmo", isto é, minha totalidade, estava em ação. É verdade que inicialmente só podia compreender tal processo intuitivamente; entretanto os desenhos já me pareciam possuir o mais alto significado e eu os guardava como pérolas raras. Tinha o claro pressentimento de algo de central e, com o tempo, adquiri uma representação viva do Si Mesmo. Ele me aparecia como a mônada que sou e que é o meu mundo. A mandala representa esta mônada e corresponde à natureza microcósmica da alma. (Jung, 2016, p. 242)

As mandalas representam o anseio humano pelas divindades, assim como pelo equilíbrio psicológico entre consciente (razão) e inconsciente (instinto). Lembremos que a palavra *transcender*, para Jung, não tem uma dimensão religiosa, mas psicológica. Implica em estar além de algo, no caso, estar identificado com uma totalidade que represente nossas duas dimensões intrapsíquicas. Isso porque, como também já mencionamos, consciente e inconsciente atuam de forma compensatória. Pessoas muito identificadas com os instintos e as emoções ficam com demanda reprimida de expressão de sua racionalidade e vice-versa.

> **EXEMPLO PRÁTICO**
>
> Em minha experiência pessoal, a de pender mais para o racional, isso precisa ser compensado por atividades que me deem oportunidade de expressão para a intuição e as emoções.

O equilíbrio entre as duas funções é o ideal de vida psicológica saudável para Jung, fator que pode ser auxiliado pela experiência religiosa, pois, como já destacamos, ela "fala" a linguagem do inconsciente. Vejamos uma interessante citação do autor sobre equilíbrio, si-mesmo e mandalas:

> Este quatérnio [bom-mau, espiritual-material/ctônico] caracteriza o si-mesmo psicológico, pois, como totalidade, ele deve *per definitionem* (por definição) incluir também os aspectos luminosos e obscuros, da mesma forma que o si-mesmo abrange, sem dúvida, os aspectos masculino e feminino, sendo por isto simbolizado pelo quatérnio de matrimônios. Isto de modo algum constitui uma nova descoberta, mas já se encontra entre os naasenos de Hipólito. É por este motivo que a individuação é um *mysterium coniunctionis* (mistério da unificação), dado que o si-mesmo é percebido como uma união nupcial de duas metades antagônicas e representado como uma totalidade composta, nos mandalas que se manifestam espontaneamente. (Jung, 2011a)

Realidades como a que está sendo expressa de forma argumentativa e racional por Jung podem ser representadas de forma simbólica e inconsciente por meio da religião e da arte. Um belo exemplo disso é a poesia e representação gráfica de William Blake. O título de um de seus poemas (Blake, 2010) é bastante sugestivo: *O casamento do céu e do inferno*. Céu é símbolo do alto e luminoso (consciente) e inferno, do baixo e escuro (inconsciente). Parece que apenas alguém com a sensibilidade de um poeta seria capaz de captar uma realidade tão ampla e, ao mesmo tempo, sintética como é o caso de *O casamento entre o céu e o inferno*. Observe que ele não fala de *oposição*, como normalmente o fazem os textos ou sujeitos religiosos, mas de casamento entre as duas dimensões. Como sabemos, um casamento é uma síntese entre duas coisas distintas e os filhos são a melhor expressão daquilo que resulta dessa conjunção. Mas ainda há um outro poema de nome bastante sugestivo: *Milton* (Blake, 2014). Ele reaproveita o personagem de um épico da literatura inglesa do século XVII para tratar de idas e vindas ao céu e ao inferno em seu poema, além de produzir belas e intrigantes ilustrações para seus poemas, o que inclui mandalas, representando uma instigante síntese entre dimensões tão distintas e, ao mesmo tempo, confluentes, como é o caso de nossa consciência e inconsciência.

Não podemos finalizar essa discussão sem mencionarmos um dos exemplos de totalidade que nos é bastante familiar: a pessoa de Jesus Cristo, símbolo máximo do cristianismo ocidental. Ele também é representado de forma mandálica ou como o componente central de diversas mandalas. Sabemos que a figuração que fica no centro da mandala é a que tem maior importância, e também Jung estava atento para esse símbolo: "Como *Logos*, Filho do Pai, *Rex gloriae* (Rei da Glória), *Judex mundi* (Juiz do mundo), *Redemptor et Salvator* [Redentor e Salvador], Jesus é o próprio Deus, uma **totalidade universal**, expressa iconograficamente, como a própria definição da divindade, pelo círculo, o **mandala**" (Jung, 2012c, p. 60, grifo do original).

Temos um exemplo igualmente interessante em um texto antigo, Atos apócrifos de João, um texto do segundo século da nossa era.

> Antes de cair nas mãos dos ímpios judeus, governados por uma serpente sem lei, reuniu todos nós e nos disse: "Antes que eu seja entregue a estes, entoemos um hino ao Pai, e saiamos em direção ao que me espera." Ordenou-nos, pois, formar um círculo, e que déssemos as mãos entre nós. Colocando-se no meio disse: "Respondam-me com o amém".
>
> Começou então a entoar o seguinte hino:
>
> Glória a ti, Pai.
>
> Nós o rodeamos em círculo e lhe respondemos: Amém. [...]. (Piñero; Cerro, 2004, p. 341-343, tradução nossa)

O que é interessante nesse exemplo é que a mandala não é formada por um desenho, como convencionalmente acontece, realizado sobre uma superfície, mas pelos próprios corpos das pessoas. Outra característica dessa mandala é que Jesus está no centro, o que evidencia que ele é o elemento mais importante do cristianismo. Embora o escrito faça parte do que se convencionou chamar *textos apócrifos*[1], portanto não canônicos ou oficiais, ao menos nesse aspecto ele se mostra muito em sintonia com os ramos legítimos do cristianismo. Claro, nesse caso, sua expressão é totalmente espontânea, o que significa que é um ato totalmente inconsciente.

Exemplo prático

Também tenho exercitado a criação e a pintura de mandalas. Tenho feito mandalas em telas usando tinta acrílica e uma caneta especial para os contornos. A experiência de pintar grandes mandalas é algo instigante, pois exige paciência para os detalhes, destreza

---

1 Nesta obra, iremos nos referir a esses textos como *Atos apócrifos*. Entre esses textos estão os *Atos apócrifos de João* (ou *Atos de João*), *Atos apócrifos de Paulo* (ou *Atos de Paulo*), *Atos apócrifos de Tomé* (ou *Atos de Tomé*), *Atos apócrifos de André* (ou *Atos de André*) e *Atos apócrifos de Pedro* (ou *Atos de Pedro*).

para fazer os contornos sinuosos e muita capacidade de concentração para ficar horas e horas em uma mesma atividade. Mas garanto que todo esforço é bastante compensador, pois produz belos quadros que podemos colocar nas paredes e, principalmente, proporciona uma experiência incrível de autoconhecimento e de desenvolvimento de foco e concentração. Espero que você não se conforme em apenas ler este relato, mas que se sinta encorajado a ter sua própria experiência com as mandalas.

Síntese

Neste capítulo, estudamos a linguagem religiosa com base nos escritos do psiquiatra suíço Cal Gustav Jung. Começamos com uma visão panorâmica de sua teoria, que é ampla, complexa e bastante interessante. Essa visão panorâmica inicial tem o objetivo de ser uma porta de entrada para um estudo da linguagem do inconsciente e suas afinidades e convergências com o campo religioso, nosso principal objeto de estudo.

Seguimos tratando especificamente da linguagem da religião e do inconsciente coletivo, conceito desenvolvido amplamente por Jung. Vimos que, embora a religião não use apenas linguagem conectada ao inconsciente, este é o seu principal modo de expressão. Isto implica que a religião se expresse, com frequência, por meio de uma linguagem simbólica, com tônus emocional acentuado e dê vazão a conteúdos arquetípicos.

Terminamos o capítulo explorando o mundo das mandalas, um exemplo de linguagem simbólica que as religiões e o inconsciente usam como forma de expressão. Além de explorarmos o pensamento de Jung sobre esse assunto, citamos exemplos em que as mandalas aparecem de forma espontânea na vida das pessoas.

Indicações culturais

JUNG, C. G. **O livro vermelho**: liber novus. Tradução de Edgar Orth, Gentil A. Titton e Gustavo Barcellos. Petrópolis: Vozes, 2014.

Infelizmente, esse livro é bastante caro para que alguém o compre apenas por curiosidade, mas vale a pena fazer uma consulta em uma biblioteca que tenha um exemplar disponível. Mas preste atenção: há duas versões do mesmo livro: uma em formato pequeno, apenas com o texto e Jung, e outra, em formato bem grande, com o texto acrescido de muitos desenhos. Escolha a segunda opção. Se não encontrar uma biblioteca que tenha o livro, faça uma busca pelas imagens na internet. Você ficará encantado com o que vai ver e, além disso, vai entender melhor por que afirmamos que Jung era um artista muito habilidoso.

MURAKAMI, H. **Romancista como vocação.** Tradução de Eunice Suenaga. São Paulo: Alfaguara, 2017.

Murakami é um escritor fantástico e estimulante. Esse livro é muito útil, pois dá muitas e interessantes dicas de como escrever bem e de forma criativa. Se tiver oportunidade de comprar um exemplar e ler, faça isso sem pensar.

HOPCKE, R. H. **Guia para a obra completa de C. G. Jung**. Tradução de Edgard Orth e Reinaldo Orth. 3. ed. Petrópolis: Vozes, 2012.

Esse livro mapeia e define os principais conceitos das obras de Jung. Além disso, indica quais seriam os volumes da coleção *Obra Completa* em que podemos encontrar textos do psiquiatra suíço sobre o verbete que estamos lendo. Se você se interessou pela obra de Jung e quer estudar o autor, comece por esse livro.

UM MÉTODO perigoso. Direção: David Cronenberg. São Paulo: Swen Filmes, 2012. 99 min.

Filme muito interessante sobre o trabalho de Jung como terapeuta. Uma boa introdução à psicologia analítica, com a ressalva de que se trata de uma megaprodução, cujo principal objetivo é o entretenimento. Por exemplo, o filme mostra Jung em um envolvimento afetivo com uma de suas pacientes, o que é bastante discutível ou improvável.

FERREIRA, A. C.; SILVEIRA, L. H. L. Do Círculo de Eranos à construção do simbólico, em Carl Gustav Jung. **Psicologia USP**, v. 26, n. 2, p. 259-268, ago. 2015. Disponível em: <http://www.scielo.br/pdf/pusp/v26n2/0103-6564-pusp-26-02-00259.pdf>. Acesso em: 12 nov. 2020.

Um artigo interessante sobre um assunto aludido no presente capítulo e que será tema central do próximo: a questão dos símbolos.

RAFFAELLI, R. Jung, mandala e arquitetura islâmica. **Psicologia USP**, São Paulo, v. 20, n. 1, p. 47-66, jan./mar. 2009. Disponível em: < https://www.scielo.br/pdf/pusp/v20n1/v20n1a04.pdf>. Acesso em: 12 nov. 2020.

Outro artigo interessante que, nesse caso, trata do tema enfatizado no presente capítulo, quando tratamos das mandalas em Jung.

Atividades de autoavaliação
1. A respeito de Carl Gustav Jung, assinale a alternativa correta:
   a) Foi um neurologista suíço que viveu entre 1875 e 1961 e se tornou um dos pioneiros da psicologia.
   b) Foi um psiquiatra alemão que viveu entre 1875 e 1961 e se tornou um dos pioneiros da psicologia.
   c) Foi um psiquiatra suíço que viveu entre 1856 e 1839 e se tornou um dos pioneiros da psicologia.

D] Foi um psiquiatra suíço que viveu entre 1875 e 1961 e se tornou um dos pioneiros da psicopatologia.
E] Foi um psiquiatra suíço que viveu entre 1875 e 1961 e se tornou um dos pioneiros da psicologia.

2. Qual das alternativas a seguir apresenta aspectos **incorretos** com relação às mandalas?
   A] São figuras geométricas, redondas, quadradas, triangulares ou retangulares e simétricas.
   B] Suas formas podem corresponder ao arquétipo da sombra em algumas situações, mas, em outras, pode designar o arquétipo da mãe.
   C] Têm sido usadas como forma de passatempo e, em tempos recentes, tivemos uma proliferação de livros com imagens de mandalas para colorir com lápis de cor ou canetas hidrográficas.
   D] Têm uma importante conexão com a religião, pois funcionam como forma de meditação para os monges budistas.
   E] Na maior parte das vezes, formam círculos e são multicoloridas, mas também podem ser monocromáticas.

3. Em relação ao *Livro vermelho*, de Carl Gustav Jung, assinale a alternativa **incorreta**:
   A] Trata-se uma obra feita por ele como estratégia de autoconhecimento.
   B] Jung não tinha intenção de que o livro fosse divulgado ou publicado.
   C] O livro é uma autobiografia de Jung.
   D] O livro acabou vindo a público em 2009 em uma versão fac-similar.
   E] O livro está traduzido em nosso idioma em uma versão fac-similar junto com o texto da versão em português.

4. Leia a seguinte citação:

> Mencionamos anteriormente o fato de o inconsciente conter como que duas camadas: uma pessoal e outra coletiva. A camada pessoal termina com as recordações infantis mais remotas; o inconsciente coletivo, porém, contém o tempo pré-infantil, isto é, **os restos da vida dos antepassados**. As imagens das recordações do inconsciente coletivo são imagens não preenchidas, por serem formas não vividas pessoalmente pelo indivíduo. Quando, porém, a regressão da energia psíquica ultrapassa o próprio tempo da primeira infância, penetrando nas pegadas ou na herança da vida ancestral, aí despertam os quadros mitológicos: os arquétipos. Abre-se então um mundo espiritual interior, de cuja existência nem sequer suspeitávamos. (Jung, 2012b, p. 89, grifo do original)

5. Identifique a alternativa a seguir que não contém nenhum aspecto do que é mencionado nesse trecho:
   A] Inconsciente coletivo.
   B] Mitologia.
   C] Arquétipos.
   D] Mandalas.
   E] Vida interior.

6. Releia a seguinte citação de Jung presente neste capítulo:

> Freud teve um sonho, cujo conteúdo não posso revelar. Interpretei-o mais ou menos, acrescentando que poderia talvez adiantar algo mais, se ele me desse alguns detalhes suplementares, relativos à sua vida particular. Tal pedido provocou em Freud um olhar estranho – cheio de desconfiança – e disse: 'Não posso arriscar minha autoridade!' Nesse momento, entretanto, ele a perdera! Esta frase ficou gravada em minha memória. Prefigurava já, para mim, o fim iminente de nossas relações. Ele punha sua autoridade pessoal acima da verdade. (Jung, 2016, p. 200)

Qual das alternativas a seguir pode ser considerada uma interpretação adequada no texto citado?

A] Carl Gustav Jung (1875-1961) e Sigmund Freud (1856-1839) se conheceram, se tornaram amigos e colaboradores, mas, por divergências na forma de compreender a psicologia e por questões de disputa por poder, romperam seu relacionamento.

B] Carl Gustav Jung (1875-1961) e Sigmund Freud (1856-1839) nunca se conheceram, mas mantiveram farta correspondência, e, por divergências sobre a condução da psicanálise, romperam seu relacionamento.

C] Carl Gustav Jung (1875-1961) e Sigmund Freud (1856-1839) não puderam manter uma amizade porque o segundo era muito autoritário.

D] Carl Gustav Jung (1875-1961) e Sigmund Freud (1856-1839) não puderam manter uma amizade porque o primeiro era muito sensível afetivamente.

E] Carl Gustav Jung (1875-1961) e Sigmund Freud (1856-1839) não puderam manter uma amizade porque ambos eram esquizofrênicos.

Atividades de aprendizagem

Questões para reflexão

1. Você frequenta algum templo religioso? Há alguma imagem de mandala no seu interior? Mesmo que você não frequente um templo religioso, o que você sente quando está diante de uma mandala?

2. Quais são os símbolos de sua religião? O que você sente e pensa quando está diante deles? Se não for religioso, reflita sobre símbolos não religiosos que fazem parte da sua vida: O que você sente e pensa quando está diante deles?

3. Como você se definiria: como alguém mais racional ou mais intuitivo? Por que pensa assim? Quais são as vantagens e desvantagens em ser como é? O que você faz para compensar seu modo de ser?
4. Você considera as concepções oriundas da psicologia de Jung úteis para analisar o fenômeno religioso? Argumente a favor ou contra a psicologia junguiana.
5. Por que inconsciente e religião se encontram em uma linguagem similar?

Atividade aplicada: prática

1. Compre uma tela tamanho 50 × 50cm. Se preferir, compre maior ou menor, isso é apenas uma sugestão inicial. Procure na internet uma imagem de uma mandala que tenha apenas contornos. Vá a uma gráfica de impressão rápida e imprima a figura do mesmo tamanho da tela que você comprou. Adquira também tinta acrílica nas cores que desejar pintar sua mandala e uma caneta preta do tipo marcador permanente. Use papel carbono para transferir a mandala para a tela, depois pinte-a de acordo com seu gosto e, finalmente, use o marcador permanente para reforçar os contornos. Registre em um arquivo eletrônico o que sente e experimenta em cada uma das fases do ato de desenhar e pintar sua mandala.

Se seus recursos materiais e/ou de tempo não permitirem fazer e pintar uma mandala em uma tela, experimente uma versão mais barata e simples. Imprima em papel A4 uma mandala que encontrar na internet que tenha apenas contornos e pinte-a com as cores e tons que achar melhor. Não pense ou ensaie muito o uso das cores, apenas faça o que sentir vontade de forma bastante intuitiva. Faça dessa atividade um ato espontâneo. Não se esqueça de registrar em um arquivo eletrônico seus sentimentos e impressões acerca da atividade.

2
LINGUAGEM DO FENÔMENO RELIGIOSO E OS SÍMBOLOS

O último romance de Haruki Murakami, *O assassinato do comendador*, mostra um interessante diálogo do protagonista com um personagem cuja natureza é difícil de ser identificada e descrita; para não entregar informações demais a quem ainda não leu a história, podemos dizer apenas que o segundo personagem é o comendador. Em um dado momento da narrativa, ele diz para o personagem principal, cujo nome ainda não foi revelado (e isso não será revelado até o fim do segundo volume, que encerra a história):

> A verdade é apenas um símbolo, e os símbolos são a verdade. O melhor a fazer é engolir de uma vez só os símbolos que encontrar, do jeito que eles estiverem. Nos símbolos não há lógica, nem fatos, nem umbigo de porco, nem testículos de formiga. Quando as pessoas tentam alcançar a compreensão por outros caminhos, é como se tentassem fazer uma peneira boiar na água. (Murakami, 2018, p. 319)

Trata-se de uma obra de ficção e de um personagem, como já mencionamos, muito estranho: algo misterioso que poderíamos identificar como uma entidade espiritual. Misteriosas também são as suas palavras sobre o que é um símbolo: "a verdade é apenas um símbolo", "os símbolos são a verdade", "o melhor a fazer é engolir os símbolos que encontrar, do jeito que eles estiverem" e "nos símbolos não há lógica" (Murakami, 2018, p. 319). E, ainda, o caráter enigmático se prolonga em expressões metafóricas, pois, quando se trata de símbolos não há "umbigo de porco", "nem testículos de formiga"; quando estamos diante de um símbolo e tentamos ir além deles, é como se tentássemos "fazer uma peneira boiar na água" (Murakami, 2018, p. 319).

Que podemos aprender sobre os símbolos com o trecho citado e parcialmente analisado? No nosso modo de entender, a frase mais elucidativa sobre o assunto é a que afirma que nos símbolos não há lógica. No capítulo anterior vimos que, de acordo com a psicologia analítica de Jung, somos seres bidimensionais: somos, ao mesmo tempo, conscientes e inconscientes; e que cada função "fala" por meio de uma linguagem distinta: o consciente se expressa de forma lógica e argumentativa, enquanto o inconsciente utiliza o idioma da intuição e das emoções. Dizer que um símbolo não tem lógica, segundo o ponto de vista que assume a psicologia junguiana, é afirmar que ele não fala a linguagem do consciente, mas do inconsciente, ao menos de forma predominante.

Se os símbolos não são lógicos, eles podem expressar emoções, intuições ou realidades misteriosas. Por isso, quando estamos diante de um símbolo, o melhor a fazer é deixá-los como estão, ou seja, não devemos tentar explicá-los, e sim aceitar que expressam realidades que não podemos apreender, mas que se comunicam com nossa intuição e nossos sentimentos. Um umbigo de porco ou um testículo de formiga não designam algo literal, mas apenas simbolizam algo, o que implica em dizer remetem a algo distinto do que são. Por isso, devemos engoli-los do modo que os encontramos.

Como podemos notar, este capítulo está voltado para a descrição e a análise dos símbolos religiosos. Para melhorar nossa narrativa inicial sobre os símbolos, vamos considerar dois autores: o antropólogo norte-americano Clifford Geertz e o psiquiatra suíço Carl Gustav Jung – autores de tempos e lugares distintos, mas com ideias muito interessantes sobre os símbolos e o modo como atuam na vida das pessoas, sobretudo no âmbito religioso.

Os objetivos deste capítulo são analisar o modo como os dois autores mencionados descrevem e conceituam o sentido e o modo de funcionamento dos símbolos, de uma forma geral, e os símbolos religiosos, de forma mais específica. Além disso, como nem sempre apreendemos totalmente o sentido de algo apenas com definições e descrições, vamos utilizar a exemplificação dos símbolos de Cristo e do diabo no cristianismo primitivo, com o propósito de tornar mais explícito o que apontamos, inicialmente, de forma mais teórica.

Vamos começar com algumas indagações: 1) Afinal, o que é um símbolo? 2) Se os símbolos não são lógicos, como, então, podemos descrever ou definir o que é um símbolo? 3) Como um símbolo funciona no âmbito religioso? 4) Que exemplos de símbolos você conhece? 5) Como a intuição atua para que um símbolo exerça alguma influência sobre nossa vida? 6) Qual é o papel da razão na elucidação do que é um símbolo?

2.1 Símbolos religiosos com base em Clifford Geertz

Neste tópico, propomos um diálogo com ao pensamento do antropólogo norte-americano Clifford Geertz. Usaremos de forma especial seu livro *A interpretação das culturas*, com destaque para o quarto capítulo, "A religião como sistema cultural" (Geertz, 2008). Acreditamos que o melhor ponto de partida para uma compreensão do que é um símbolo para Geertz é a sua definição-descrição do que é a religião:

> Portanto, sem mais cerimônias, uma religião é: (1) um sistema de símbolos que atua para (2) estabelecer poderosas, penetrantes e

duradouras disposições e motivações nos homens através da (3) formulação de conceitos de uma ordem de existência geral e (4) vestindo essas concepções com tal aura de fatualidade que (5) as disposições e motivações parecem singularmente realistas. (Geertz, 2008, p. 67)

A estratégia do autor é simples e interessante. Ele não define exatamente o que é a religião, como fizeram muitos pesquisadores do passado, caracterizando o que ficou convencionado chamar de *perspectiva essencialista*. Daniel Pals (2019), em sua obra *Nove teorias da religião*, cujo título indica aquilo que o livro discute, apresenta diversos autores que poderiam ser enquadrados como defensores de uma visão essencialista: Edward Burnett Tylor, James George Frazer, Sigmund Freud, Émile Durkheim, Karl Marx e Mircea Eliade. Esse modo de ver a religião só seria superado em autores como Max Weber, William James, E. E. Evans-Pritchard e, finalmente, Clifford Geertz. O que podemos chamar de perspectiva essencialista da religião é a visão teórica que acredita ter encontrado um (apenas um!) aspecto que explicaria sua origem e/ou seu modo de funcionamento. Perspectivas assim precisam ser refutadas em função do seu reducionismo. Claro, a religião é um fenômeno complexo e clama por uma abordagem multidimensional, o que, de fato, acreditamos que Geertz faz. Ele elabora uma espécie de descrição paradigmática do que ela é, em um parágrafo, e, depois, ao longo do capítulo, passa a detalhar cada uma de suas afirmações – isso tudo sem ser reducionista.

Como podemos notar, o parágrafo inicial aborda cinco aspectos que definem o que é uma religião, ou melhor dizendo, seus tópicos demonstram como a religião funciona na vida cotidiana das pessoas. Em síntese, a religião é (1) um sistema de símbolos, (2) produz motivações duradoras sobre as pessoas, (3) elabora conceitos de ordem geral, (4) reveste esses conceitos de uma aura de fatualidade e (5) atribui *status* de realidade aos conceitos. Analisamos o conceito-paradigma em outra ocasião[1], nesta obra, por motivos óbvios, vamos nos deter apenas na primeira desse conceito, que trata da religião como um sistema simbólico.

Comecemos com a definição inicial de Geertz (2008, p. 67-68) do que é um símbolo:

> Para alguns, ele é usado para qualquer coisa que signifique uma outra coisa para alguém – as nuvens escuras são as precursoras simbólicas de uma chuva que vai cair. Para outros é usado apenas em termos de sinais explicitamente convencionais de um ou outro tipo – uma bandeira vermelha é um símbolo de perigo, uma bandeira branca, de rendição. Para outros, ainda, limita-se a algo que expressa de forma oblíqua e figurativa aquilo que não pode ser afirmado de modo direto e lateral; assim, há símbolos em poesia, mas não em ciência, e é errado falar em lógica simbólica. Para outros, entretanto, ele é usado para qualquer objeto, ato, acontecimento, qualidade ou relação que serve como vínculo a uma concepção – a concepção é o "significado" do símbolo – e é essa abordagem que seguirei aqui.

Como podemos perceber, no trecho citado, o autor apresenta algumas definições de símbolo e localiza a que adota nessa constelação. Vamos a uma visão sintética das suas definições de símbolo: 1) um objeto que significa alguma outra coisa; 2) sinais convencionais usados para designar algo; 3) expressão figurativa do que não pode ser dito de forma direta; e 4) qualquer objeto, ato, acontecimento, qualidade ou relação que sirva como vínculo a uma concepção. Ele descarta as três primeiras concepções e adota a quarta. Nas páginas seguintes de seu escrito, Geertz se dedica à tarefa de explicitar e justificar sua escolha.

---

1 Ver Oliva (2020, p. 26-29; 87-94).

As exemplificações que aparecem na sequência tornam sua definição e descrição do funcionamento dos símbolos mais explícita:

> O número 6, escrito, imaginado, disposto numa fileira de pedras ou indicado num programa de computador, é um símbolo. A cruz também é um símbolo, falado, visualizado, modelado com as mãos quando a pessoa se benze, dedilhado quando pendurado numa corrente, e também é um símbolo a tela "Guernica" ou o pedaço de pedra pintada chamada "churinga", a palavra "realidade" ou até mesmo o morfema "ing". Todos eles são símbolos, ou pelo menos elementos simbólicos, pois são formulações tangíveis de noções, abstrações da experiência fixada em formas perceptíveis, incorporações concretas de ideias, atitudes, julgamentos, saudades ou crenças. Iniciar o estudo da atividade cultural – uma atividade na qual o simbolismo forma o conteúdo positivo – não é abandonar a análise social em troca de uma caverna de sombras platônicas, entrar num mundo mentalista de psicologia introspectiva ou, o que é pior, de filosofia especulativa, e lá vaguear eternamente numa neblina de "Cognições", "Afeições", "Volições" e outras entidades nebulosas. Os atos culturais, a construção, apreensão e utilização de formas simbólicas, são acontecimentos sociais como quaisquer outros; são tão públicos como o casamento e tão observáveis como a agricultura. (Geertz, 2008, p. 68)

Entendemos que Geertz, no fragmento citado, afirma que um símbolo pode ser uma infinidade de coisas (objetos, atos, acontecimentos, qualidades ou relações), desde que funcione para veicular alguma concepção. Essa definição é bastante coerente com o que encontramos em outras partes de seu livro. Geertz pensa a cultura como uma teia de símbolos que são significativos e, portanto, podem ser interpretados por um nativo ou observador externo dessa cultura. A vantagem do nativo está no fato de que está familiarizado com sua cultura, logo, ele possui um estoque de conhecimento sobre os significados dos símbolos que circulam o tempo todo nela. Já o observador externo precisa, primeiro, acumular sentidos e significados acerca dessa cultura para que os símbolos passem a fazer algum sentido para ele, e isso deve ser feito por intermédio de uma observação densa (longa, persistente e minuciosa).

Sua concepção de cultura pode ser definida como *interpretativa*, o que implica que ela seja repleta de símbolos que significam e que devem ser interpretados. A veiculação de sentidos, via símbolo, é uma necessidade vital, uma vez que poucas coisas são definidas por nossa genética, então precisamos da cultura para nos orientar em nosso cotidiano. Vejamos isso nas palavras do próprio autor:

> No que concerne aos padrões culturais, isto é, os sistemas ou complexos de símbolos, o traço genérico de primordial importância para nós, aqui, é que eles representam fontes extrínsecas de informações. Com "extrínseco" eu quero dizer que – ao contrário dos genes, por exemplo – eles estão fora dos limites do organismo do indivíduo e, como tal, nesse mundo intersubjetivo de compreensões comuns no qual nascem todos os indivíduos, no qual eles seguem carreiras separadas e que persiste após sua morte. Com "fontes de informação" eu quero dizer apenas que – com os genes – eles fornecem um diagrama ou gabarito em termos do qual se pode dar forma definida a processos externos a eles mesmos. Assim como a ordem das bases num fio de ADN forma um programa codificado, um conjunto de instruções ou uma receita para a síntese de proteínas estruturalmente complexas que modelam o funcionamento orgânico, da mesma maneira os padrões culturais fornecem tais programas para a instituição dos processos social e psicológico que modelam o comportamento público. Embora o tipo de informação e o modo da sua transmissão sejam inteiramente diferentes nos dois casos, esta

comparação do gene com o símbolo representa mais do que uma simples analogia da espécie familiar de "hereditariedade social". (Geertz, 2008, p. 68)

Em suma, precisamos de padrões culturais para podermos sobreviver na vida social. Como os significados não são transmitidos geneticamente, precisamos passar por um processo de aculturação, o que implica em nos familiarizarmos com o estoque de sentidos que estão presentes no dia a dia de uma cultura. Mas os significados estão atados aos símbolos (objetos, pessoas, situações, expressões), assim, temos de decodificar a variedade de sentidos que eles têm. Isso é uma espécie de compensação cultural para o fato de nossa genética deixar a maior parte de nossos comportamentos não condicionados. Vejamos a comparação que o autor faz entre o mundo animal, que é mais determinado pela genética, e o universo humano, mais condicionado pelo aprendizado cultural e, portanto, simbólico:

> Trata-se, na verdade, de uma relação substancial; precisamente porque os processos geneticamente programados são tão generalizados nos homens, quando comparados aos animais inferiores, é que os processos culturalmente programados são tão importantes. Como o comportamento humano é tão frouxamente determinado por fontes de informações intrínsecas, as fontes extrínsecas passam a ser vitais. Para construir um dique, o castor precisa apenas de um local apropriado e de materiais adequados – seu modo de agir é modelado por sua fisiologia. O homem, porém, cujos genes silenciam sobre o assunto das construções, precisa também de uma concepção do que seja construir um dique, uma concepção que ele só pode adquirir de uma fonte simbólica – um diagrama, um livro-texto, uma lição por parte de alguém que já sabe como os diques são construídos, ou então através da manipulação de elementos gráficos ou linguísticos, de

forma a atingir ele mesmo uma concepção do que sejam diques e de como construí-los. (Geertz, 2008, p. 68-69)

Observe como é interessante o conteúdo dessa citação. Como os animais são orientados por sua genética, fator intrínseco, não precisam de elementos externos para saberem como elaborar algo. Com os humanos se dá exatamente o oposto: como há pouca determinação intrínseca ou biológica, ele precisa de um mapa externo que o orienta na construção de algo. Um joão-de-barro não faz sua casa como resultado de um aprendizado, mas por condicionamento genético, enquanto um ser humano só pode construir sua habitação se o modo de a fazer estiver codificado culturalmente em uma forma que possa ser decifrada e transformada em um modo de "saber como fazer". Por isso, o ser humano poderia ser adequadamente definido como um animal simbólico, pois cabe a ele veicular os significados de que precisa para orientar sua vida em diversas tarefas, sejam práticas, sejam espirituais.

Vejamos um outro trecho em que Geertz descreve o papel dos padrões culturais na vida dos seres humanos:

> Este ponto aparece, algumas vezes, sob a forma do argumento de que os padrões culturais são "modelos", de que eles são conjuntos de símbolos cujas relações uns com os outros "modelam" as relações entre as entidades, os processos ou o que quer que seja nos sistemas físico, orgânico, social ou psicológico "fazendo paralelos", "imitando" ou "estimulando-os". Entretanto, o termo "modelo" tem dois sentidos – um sentido "de" e um sentido "para" – e, embora estes sejam dois aspectos de um mesmo conceito básico, vale a pena diferenciá-los para propósitos analíticos. No primeiro caso, o que se enfatiza é a manipulação das estruturas simbólicas de forma a colocá-las, mais ou menos próximas, num paralelo com o sistema não simbólico preestabelecido, como ocorre quando

apreendemos como funciona um dique desenvolvendo uma teoria de hidráulica ou construindo um mapa de fluxo. A teoria ou o mapa modela as relações físicas de tal maneira – isto é, expressando a sua estrutura numa forma sinóptica – que poderão ser apreendidas; trata-se de um modelo **da** "realidade". No segundo caso, o que se enfatiza é a manipulação dos sistemas não simbólicos, em termos das relações expressas no simbólico, como quando construímos um dique de acordo com as especificações contidas em uma teoria hidráulica ou as conclusões tiradas de um mapa de fluxo. Aqui, a teoria é um modelo sob cuja orientação são organizadas as relações físicas – é um modelo **para** a "realidade". (Geertz, 2008, p. 69, grifo do original)

Não podemos nos esquecer de que até agora nossa análise se deteve apenas no início de um capítulo do livro de Geertz, dedicado a uma abordagem que vê a dimensão sobrenatural como um sistema cultural e que todo seu debate sobre o que é um símbolo e como ele funciona é apenas o primeiro de cinco aspectos de sua caracterização da religião. Ou seja, o autor discute símbolo em um contexto em que está tratando da religião. Ao abordar o símbolo, está pensando em símbolo religioso. Podemos concluir que, para ele, a religião cumpre um papel simbólico importante ao lado de tantos outros fenômenos culturais. Em sua abordagem, vimos que ele enfatiza a dimensão externa ao sujeito. No próximo tópico, abordaremos outro autor, mais preocupado com aspectos subjetivos e intrínsecos. Passemos, então, ao pensamento de Jung e sua visão do papel dos símbolos religiosos na vida psicológica dos sujeitos que vivem em uma determinada cultura. Cremos que a confrontação da visão de ambos os estudiosos nos ajudará a construir uma visão interessante e complementar sobre símbolo religioso.

2.2 Símbolos religiosos com base em Carl Gustav Jung

Jung já foi bastante discutido neste livro. Já estivemos na companhia dele no capítulo anterior. Inclusive, mencionamos e começamos a analisar, ainda que superficialmente, uma descrição sua do que é um símbolo. Vamos voltar a esse autor com todo o nosso foco neste capítulo, iniciando com uma definição de *símbolo* de um terapeuta junguiano: "O símbolo que com isso se torna visível e vivenciável, porém, não é uma imagem fixa, mas a melhor forma possível de representação, que se serve do repertório de 'requisitos' conhecidos e formados culturalmente" (Roth, 2016, p. 181). Esse ponto de vista é atestado pelo próprio Jung (2012c, p. 486-487): "O símbolo, no entanto, pressupõe sempre que a expressão escolhida seja a melhor designação ou fórmula possível de um fato relativamente desconhecido, mas cuja existência é conhecida ou postulada". Estamos no campo das possibilidades. Enquanto nosso consciente anseia por uma linguagem precisa e clara, nosso inconsciente, que "fala" melhor a linguagem das emoções e da intuição, só pode nos entregar algo um tanto quanto vago. Assim, temos de nos conformar com uma definição inicial de que um símbolo é sempre algo cuja natureza apenas podemos apreender de forma limitada por meio da consciência e da razão. Sua riqueza está, exatamente, no fato de ser impreciso por estar conectado ao inconsciente, que, por definição, diz respeito ao que desconhecemos.

Podemos, assim, destacar a expressão que afirma que o símbolo é a melhor forma possível de representação. Como na psicologia junguiana um símbolo pertence, ao mesmo tempo, à linguagem do consciente e à do inconsciente, ele, necessariamente, não pode ser a expressão precisa de algo. Se assim fosse, não poderia ser um símbolo. Sua imprecisão se deve ao fato de ter uma conexão importante com o inconsciente. É interessante a distinção que Jung faz entre expressão semiótica e simbólica, insistindo que certa imprecisão sempre acontecerá quando se tratar de um símbolo que está conectado ao inconsciente:

> Toda definição que explica a expressão simbólica como analogia ou designação abreviada de algo conhecido é **semiótica**. Uma concepção que explica a expressão simbólica como a melhor formulação possível, de algo relativamente desconhecido, não podendo, por isso mesmo, ser mais clara ou característica, é **simbólica**. (Jung, 2012c, p. 487)

Como já argumentamos, é da natureza do inconsciente ser impreciso de modo a compensar a precisão racional do consciente. Aliás, a necessidade de precisão é uma demanda da linguagem racional da consciência. Em função dos motivos expressos aqui, precisamos ter em vista que não chegaremos a uma definição ou descrição muito precisa do que é um símbolo em Jung. Faremos várias considerações, mas elas vão sempre ter alguns limites. Vejamos ainda uma narrativa mais extensa de Wolfgang Roth (2016, p. 193) sobre o tema:

> O símbolo é a melhor expressão pictórica possível de uma situação emocional significativa, cuja origem está ancorada arquetipicamente no inconsciente. Os símbolos podem ser compreendidos também como a linguagem imagética da psique. São mensageiros do inconsciente e, nessa função, eles têm dois significados fundamentais. Por um lado, servem para trazer conteúdos inconscientes para o consciente. Nisso está seu caráter expressivo, pelo qual se expressa pictoricamente um acontecimento intrapsíquico. Esse processo não se desenrola de forma neutra, mas vem carregado de emoção e acompanhado de uma energia psíquica característica. É aqui onde se fundamenta o caráter influente dos símbolos, na

medida em que emocionam e fascinam a partir de seu conteúdo de sentido e da emocionalidade que acompanha os mesmos.

Há vários aspectos interessantes no fragmento citado. É surpreendente que um parágrafo possa conter tanta informação relevante para o nosso tema. Vamos começar listando alguns aspectos: 1) os símbolos são, por natureza, expressões imprecisas de algo; 2) estão conectados aos arquétipos, que "habitam" o nosso inconsciente; 3) fazem parte da linguagem imagética da psique; 4) servem para trazer conteúdos do inconsciente para o consciente; e 5) têm um acentuado tônus emocional. A imprecisão apontada por Roth (2016) é atestada por Jung (2011c, p. 245):

> Os símbolos não possuem apenas uma, mas várias interpretações; às vezes apresentam mesmo um par de opostos como, por exemplo, a *Stella matutina* (estrela da manhã) ou Lúcifer (o que carrega a luz), que é um símbolo de Cristo e, ao mesmo tempo, o demônio. O mesmo vale para o leão. A interpretação correta depende do contexto, isto é, das associações ligadas à imagem onírica e do estado de espírito efetivo do sonhador.

A imprecisão dos símbolos se deve ao fato de que estão ligados ao mundo do inconsciente. Temos de lembrar que, quando estamos com nossa função consciente em primeiro plano, falamos uma linguagem argumentativa, linear e racional. Mas, durante a vigília, nos defrontamos com uma outra linguagem, a do inconsciente, que, por sua vez, é simbólica, imagética e emocional. Lembremo-nos dos sonhos. Sabemos que sonhamos com frequência, mas, nem sempre nos lembramos dessa atividade onírica. Nas vezes em que nos recordamos, quase sempre temos a atitude de pensar que as coisas eram muito estranhas.

> **Exemplo prático**
> Ainda nesta semana sonhei que um amigo do trabalho estava comigo na cidade em que morei quando criança. Isso é bem característico dos sonhos. Pessoas, lugares e temporalidades que confluem de uma forma impossível para nossa mente racional.

Outro fato bastante comum sobre os sonhos é que eles alteram nosso estado emocional, mesmo quando não nos lembramos deles. Muitas vezes acordamos com uma tristeza imensa, mesmo que ainda seja cedo demais para que qualquer coisa possa nos ter desagradado. Além disso, os sonhos "falam" uma linguagem imagética, o que implica que um homem idoso com quem sonhamos não é, quase sempre, apenas uma pessoa de idade avançada, mas talvez um símbolo arquetípico – nesse caso, poderia ser o arquétipo do velho sábio.

> O símbolo vivo formula um fator essencialmente inconsciente e, quanto mais difundido este fator, tanto mais geral o efeito do símbolo, pois faz vibrar em cada um a corda afim. Uma vez que o símbolo, de um lado, é a melhor expressão possível e insuperável do que ainda é desconhecido para determinada época, deve provir do que existe de mais diferenciado e complexo na atmosfera espiritual daquele tempo. E, como de outro lado, o símbolo vivo tem que conter em si o que é comum a um grupo humano bem grande para, então, atuar sobre ele, deve abarcar exatamente o que pode ser comum a um grupo humano bem amplo. Jamais poderá ser algo muito diferenciado e inefável, porque isto só o entende e alcança a minoria, mas tem que ser algo tão primitivo cuja onipresença esteja fora de dúvida. Só quando o símbolo alcançar isto e o apresentar como a melhor expressão possível, terá eficácia geral. Nisto consiste a eficácia poderosa e, ao mesmo tempo, salvífica de um símbolo totalmente vivo. (Jung, 2012c, p. 489-490)

O escritor japonês Haruki Murakami, em seu livro *Romancista como vocação*, no qual relata sua experiência como criador de narrativas ficcionais, ilustra bem esse conflito entre as linguagens do consciente e do inconsciente:

> Em minha opinião, escrever romances não é um trabalho apropriado para pessoas muito inteligentes e de mente afiada. Naturalmente é necessário certo nível de esperteza, cultura e conhecimento para escrevê-los, e acho até que sou dotado de um nível mínimo desses fatores. Provavelmente. É, talvez. Mas se alguém me perguntar, "É mesmo? Tem certeza?", vou ficar na dúvida. (Murakami, 2017, p. 12)

Se atribuirmos uma linguagem junguiana às considerações sobre a escrita de narrativas ficcionais de Murakami, ele está se referindo ao fato de que pessoas que aprenderam a usar mais sua função racional – portanto, são muito inteligentes – terão dificuldades para se dar bem no campo da inventividade. Se sabem usar uma linguagem direta e precisa, por que se prestariam a rodeios e criações infinitas? Assim, o que é uma desvantagem para escrever ficção, é de suma importância para a vida acadêmica e vice-versa. Vejamos o inverso, ainda nas palavras do escritor japonês:

> As pessoas com vasto conhecimento não precisam escolher um "recipiente" confuso e estranho como a narrativa. Nem precisam ter o trabalho de criar do zero um cenário imaginário. Elas podem combinar, de forma lógica, os vários conhecimentos que possuem e verbalizá-los para convencer e impressionar facilmente os outros. (Murakami, 2017, p. 13)

Murakami (2017) considera a narrativa um recipiente confuso e estranho. Atente para os adjetivos que o autor usa para designar um texto ficcional, pois é exatamente como descrevemos nossos sonhos, situação em que a linguagem do inconsciente aparece da forma mais pura ou espontânea possível. Novamente, se interpretarmos a fala de Murakami em linguagem junguiana, podemos afirmar que as pessoas inteligentes (aquelas com a função racional mais desenvolvida) terão dificuldades de abrir mão de seu modo de expressão em detrimento de outra, que ele chama de *confusa* e *estranha* (exatamente como atua a linguagem do inconsciente).

> Os símbolos, como os sonhos, são produtos da natureza, mas eles não aparecem só nos sonhos; podem surgir em qualquer forma de manifestação psíquica: existem pensamentos, sentimentos, ações e situações simbólicos, e muitas vezes parece que não só o inconsciente mas também objetos inanimados se arranjam de acordo com modelos simbólicos. (Jung, 2011c, p. 479)

Murakami encontrou uma saída interessante para seu ofício: traduzir, literalmente, o que escrevia de seu idioma nativo para uma segunda língua e, assim, começou a ganhar mais clareza e precisão. De novo, em linguagem junguiana, ele colocou suas duas funções ou linguagens para funcionar em harmonia, sem que concorram e uma atrapalhe a outra. Interessante, não é? Vejamos a descrição nas palavras do próprio autor:

> Como eu era japonês nascido no Japão, e vinha usando a língua japonesa desde pequeno, o meu interior estava cheio de palavras e expressões em japonês. Quando eu tentava colocar por escrito o sentimento ou o cenário que havia na minha cabeça, as palavras e as expressões dentro de mim trafegavam a alta velocidade e acabavam colidindo. Mas isso não acontecia quando eu escrevia o texto em uma língua estrangeira, porque as palavras e as estruturas gramaticais eram limitadas. [...] Resumindo, percebi que **não havia necessidade de usar palavras difíceis nem belas expressões para impressionar as pessoas**. (Murakami, 2017, p. 28, grifo do original)

A língua japonesa faz parte do inconsciente de Murakami e, por isso, jorra do seu interior com muita velocidade. Assim, quando ele tinha de traduzir para um idioma não nativo, era obrigado a colocar sua função racional e consciente em primeiro plano e a fazer concessões ao seu conhecimento limitado da nova língua. Assim ele colocou consciente e inconsciente para trabalharem juntos, produzindo uma escrita inventiva e, ao mesmo tempo, simples e clara. O resultado você terá de provar lendo uma de suas obras de ficção. Garantimos que você terá uma experiência muito interessante. Por ora, sigamos com nossa análise dos símbolos.

Os símbolos podem exercer um papel importante na tarefa de transcendência. Conforme já indicamos anteriormente, a palavra *transcendência* não tem um sentido religioso na psicologia de Jung, mas apenas designa um estado em que não estamos identificados com o consciente nem com o inconsciente, mas nos vemos como algo que está além de ambos. Anteriormente, dissemos que Jung designou essa instância, que está além do estado de consciência e inconsciência, de arquétipo do *si-mesmo*. Ou, dito de outra forma, a nossa desidentificação apenas com o consciente ou com o inconsciente nos conduz a uma situação em que nos vemos como uma totalidade mais ampla e cujas dimensões podem agir de forma a colaborar umas com as outras, tal como aconteceu no exemplo que citamos de Murakami.

> Frente a este plano de fundo, os símbolos podem ser compreendidos como objetos que dão suporte a essa função transcendental, na medida em que, enquanto "mensageiros" do inconsciente, carregados de energia, não apenas transportam para a consciência conteúdos desconhecidos, mas, em virtude de sua sobrecarga de libido, proveem numa conscientização e integração desses conteúdos. Nesse contexto, a transcendência não deve ser compreendida como um fenômeno sobrenatural ou suprassensível em sentido

filosófico, mas refere-se simplesmente a uma função psíquica no sistema dinâmico entre inconsciente e consciente. Possibilita o "transporte" de conteúdo do campo de atuação arquetípico do inconsciente coletivo para o consciente e para isso serve-se dos símbolos. Com isso, a função transcendente exerce uma função de mediação entre os contrapostos que surgem dos conteúdos inconscientes e das representações conscientes. Ali ela ajuda no desnível de energia que surge dessa contraposição. (Roth, 2016, p. 196-197)

Essa falta de harmonia pode ser muito prejudicial à saúde psíquica do ser humano, a tal ponto que o terapeuta junguiano Anthony Stevens (2012, p. 143) afirma o seguinte: "A que atribuía Jung a 'neurose geral da nossa era'? A uma 'perda de alma' coletiva: a perda de contato com os grandes símbolos místicos e religiosos da nossa cultura, o surgimento das instituições sociais que nos alienam de nossa natureza arquetípica". Essa é uma visão que está em plena harmonia com o que pensava Jung, como podemos notar na seguinte citação: "Estas coisas entram fundo e não é de admirar que as pessoas fiquem neuróticas. A vida é racional demais, não há existência simbólica em que sou outra coisa, em que desempenho um papel, o meu papel, como um ator no drama divino da vida" (Jung, 2011c, p. 292). É interessante esse ponto de vista, pois, enquanto para Freud a religião poderia ser uma fonte de neurose, Jung pensava o contrário, o que implicava que algumas neuroses se desenvolviam em função de um distanciamento da herança religiosa familiar. Jung (2016) narra um caso interessante de uma paciente de família judaica que foi aconselhada por ele a se reconciliar com sua herança religiosa para que sua neurose fosse resolvida, o que, de fato aconteceu.

Outro caso que envolve a presença do simbólico no campo religioso foi narrado por Jung como advertência para os riscos que o afastamento dessa realidade pode acarretar sobre nossa saúde psíquica:

> A pessoa humana precisa de vida simbólica. E precisa com urgência. Nós só vivemos coisas banais, comuns, racionais ou irracionais – que naturalmente também estão dentro do campo de interesse do racionalismo, caso contrário não poderíamos chamá-los irracionais. Mas não temos vida simbólica. Onde vivemos simbolicamente? Em parte alguma, exceto onde participamos do ritual da vida. Mas quem de muitos de nós participa do ritual da vida? Muitos poucos. E quando se olha para a vida ritual da Igreja protestante ela é quase nula. Até mesmo a comunhão foi racionalizada. Falo isso do ponto de vista suíço: na Igreja suíça de tradição zwingliana, a sagrada comunhão não é uma comunhão, mas um memorial. Também não há missa, não há confissão, não há ritual nem vida simbólica. (Jung, 2011c, p. 291)

No trecho citado, Jung compara a experiência religiosa protestante com a católica romana. A primeira é pobre de símbolos e a segunda, muito mais rica. Sabemos que Jung era de formação protestante, então não estava fazendo uma crítica externa. Além disso, sua opinião era baseada na visão da sua psicologia analítica, que, por sua vez, tinha como um de seus fundamentos a ideia de que era preciso equilibrar as funções consciente e inconsciente. Desse ponto de vista, o catolicismo poderia ser visto como muito melhor, pois, no seu interior, havia espaço para expressões simbólicas, muito mais que no protestantismo.

Por fim, outro aspecto que ainda podemos destacar da visão de Jung sobre os símbolos é que ele fazia uma distinção entre aqueles que ele considerava naturais e os que via como culturais. Entendemos que essa diferenciação é importante porque, inclusive, vai nos ajudar a compreender melhor o debate em relação à visão de Geertz sobre o assunto.

> Quando um psicanalista se interessa por símbolos, ocupa-se, em primeiro lugar, dos símbolos **naturais**, distintos dos símbolos **culturais**. Os primeiros são derivados dos conteúdos inconscientes da psique e, portanto, representam um número imenso de variações das imagens arquetípicas essenciais. Em alguns casos, pode-se chegar às suas origens arcaicas – isto é, a ideias e imagens que vamos encontrar nos mais antigos registros e nas mais primitivas sociedades. Os símbolos culturais, por outro lado, são aqueles que foram empregados para expressar "verdades eternas" e que ainda são utilizados em muitas religiões. Passaram por inúmeras transformações e mesmo por um longo processo de elaboração mais ou menos consciente, tornando-se assim imagens coletivas aceitas pelas sociedades civilizadas. (Jung, 2008, p. 117)

Os símbolos naturais são assim designados porque estão conectados ao inconsciente, sobretudo à sua camada mais profunda, o que Jung denominava *inconsciente coletivo*, onde constelam os arquétipos. Eles estão integrados à natureza biológica ou genética do ser humano e, portanto, independem do contexto cultural, embora interajam e se atualizem historicamente por meio da experiência cultural dos sujeitos. Percebemos que há uma distinção de foco entre Jung e Geertz. O primeiro está mais voltado para as questões subjetivas e o segundo, para o contexto cultural. Cremos que com a interação do pensamento de ambos podemos construir uma síntese interessante e bastante apropriada para a nossa análise dos símbolos. Esperamos que os exemplos que serão explorados no próximo item tornem os conceitos dos autores mais claros e mais acessíveis a uma aplicação prática.

2.3 Os símbolos de Cristo e do diabo no cristianismo primitivo

Vamos começar com o símbolo de Cristo. As primeiras passagens sobre Jesus que queremos trazer para análise se encontram nos *Atos de João*. Piñero e Cerro (2004) afirmam, inicialmente, que estes foram compostos no fim do século II d.C., e, mais adiante, afirmam que a sua época de composição poderia ser a década de 160 d.C. para a parte principal e mais "ortodoxa", enquanto os capítulos que trazem uma teologia que se aproxima do gnosticismo valentiano teriam sido escritos um pouco depois: "Por conseguinte, devemos situar os *Atos de João*, que são o modelo dos de Pedro, em 160 d.C. mais ou menos. A teologia original dos *Atos de João*, seu valentinianismo não rígido, seu encratismo talvez moderado e seu modalismo doceta são apoios para esta datação" (Piñero; Cerro, 2004, p. 287, tradução nossa).[2]

Para os pesquisadores mencionados, a intenção do autor dos *Atos de João* teria sido a de elaborar uma obra não polêmica, de caráter propagandístico e que poderia entreter e instruir, de forma agradável, ouvintes de tipo médio. O elemento novelesco se destacaria nos relatos, que têm um tom erótico e amoroso. O responsável pela redação de *Atos de João* é desconhecido, mas pode ter sido alguém com uma cuidadosa formação retórica (Piñero; Cerro, 2004).

Para os mencionados autores, há muitas dificuldades para classificar os *Atos de João* de um ponto de vista literário, mas é notável a sofisticação de sua educação literária. Para eles, há uma

---

2 O valentinianismo era uma das vertentes de uma expressão religiosa que atravessava o judaísmo e o cristianismo antigos, cuja marca principal seria um conhecimento experiencial que os iniciados tinham e que os distinguia dos "forasteiros". O encratismo é a valorização da pureza e da abstinência sexual. O modalismo é uma forma de conceber Deus em modos distintos; Jesus não seria participante da tri-unidade divina, mas um dos modos de ser Deus. Por fim, o docetismo era a concepção de que Jesus tinha apenas um corpo aparente e não real.

estreita relação entre *Atos de João* e a Bíblia, especialmente com o Novo Testamento (Piñero; Cerro, 2004). O texto dos pesquisadores e editores dos *Atos apócrifos* faz uma bela análise do conteúdo doutrinal de *Atos de João*, com especial atenção para as relações existentes entre esse texto e o gnosticismo valentiano (Piñero; Cerro, 2004). Além disso, eles fazem uma síntese muito interessante do sistema de crenças do gnosticismo e indicam que no Livro I de "Contra os hereges", de Irineu de Lyon, há uma exposição do gnosticismo valentiano (Piñero; Cerro, 2004). Acrescentam que o autor (ou autores) presumido dos *Atos de João* não é totalmente gnóstico, mas também não se apresenta como um católico ortodoxo ou inserido no catolicismo eclesiástico (Piñero; Cerro, 2004).

A identidade do autor de *Atos de João* é desconhecida, assim como a de um possível redator final do texto. Os eruditos espanhóis apresentam um debate sobre a localidade de composição de *Atos de João*. Afirmam que poderia ser a Ásia Menor, o Egito ou a Síria, sendo que acreditam que esta última é a mais provável (Piñero; Cerro, 2004).

Vamos ao texto dos *Atos de João*. A passagem é toda interessante, mas, do nosso ponto de vista, salta aos olhos o fato do apóstolo declarar que ele foi *iluminado* por Jesus. O que ele queria dizer com isso? Que Jesus irradiava luz, por isso ele foi iluminado? Ou que, ao se defrontar com Jesus em uma situação-limite, João teve a experiência de iluminação, como a que Buda teve?

> Amadíssimos, depois desta dança conosco, o Senhor saiu. Mas nós, como vagabundos e sonolentos, corremos cada um para o seu lado. Eu, com efeito, vendo-o padecer, não pude aguentar seu sofrimento, então corri para o Monte das Oliveiras, chorando pelo que acontecia. E quando chegou a sexta-feira quando ele seria pendurado, na hora sexta do dia, trevas caíram sobre toda a terra. Mas o Senhor, estando em pé no meio da caverna e me iluminando,

> me disse: "João, ali embaixo, em Jerusalém, sou crucificado pela multidão, me atravessam com lanças e juncos, e me dão de beber vinagre e fel. A você falo, e ouve o que digo. Eu mesmo lhe sugeri subir a esta montanha para que ouça o que deve aprender um discípulo de seu mestre, e um ser humano de seu Deus". (Piñero; Cerro, 2004, p. 357-359, tradução nossa)

Em outro texto dos *Atos de João*, o tema da abundância da luz aparece de novo, mas desta vez é a cruz que irradia todo o seu brilho. Certamente, o madeiro no qual o Messias foi executado é tomado no texto como uma metáfora que designa a pessoa de Jesus. Tanto é que, na sequência, a passagem dispara uma série de qualificativos ou atributos do Mestre.

> Depois de me dizer isto, me mostrou uma cruz brilhante, bem fixada, e ao redor dela uma grande multidão, que não tinha uma forma única. Mas na cruz havia uma única imagem e uma figura semelhante. Por cima dela vi ao Senhor, sem imagem, somente com voz, mas não aquela a que estávamos acostumados, e sim outra, doce, gentil e verdadeiramente divina, que me dizia: João, é necessário que um ouça de mim estas coisas. Preciso de um que me escute. Por sua causa a cruz brilhante é chamada por mim algumas vezes de Verbo; outras, mente; outras, Jesus; outras, Cristo, porta, caminho, pão, semente, ressurreição, Filho, Pai, Espírito, vida, verdade, fé, e outras, graça. Assim se chama em consideração aos seres humanos. Na realidade, todavia, o que é em si mesma, por si mas expressa por vocês, é a delimitação do Todo, a firme elevação de todo que é estável a partir do que é instável, e a harmonia da Sabedoria. E uma vez que a Sabedoria está em harmonia existem destros e sinistros, potestades, soberanias, principados, demônios, forças, ameaças, fúrias, calúnias, Satanás, a raiz inferior da que nasceu da natureza do que foi criado. (Piñero; Cerro, 2004, p. 359-365, tradução nossa)

A profusão de designações dirigidas a Jesus a fim de demonstrar sua luminosidade e numinosidade é contrastada com o mundo das trevas, povoado por potestades, soberanias, principados, demônios, forças, ameaças, fúrias, calúnias e, enfim, pelo próprio diabo. Outro fato que chama a atenção é a oposição entre direito e esquerdo (sinistro).

Parece que os *Atos de João* têm importantes relações com os círculos gnósticos ou platônicos, nos quais uma visão dualista de mundo era, talvez, mais intensa que nos meios cristãos que formaram a Grande Igreja. Por isso, tinham mais sensibilidade para perceber o excesso de luminosidade e bondade do símbolo Jesus e vissem a necessidade de que este fosse complementado pelo seu oposto, de modo que pudesse produzir uma totalidade perfeita, incorporando o bem e o mal na sua representação, como perfeitamente percebeu Jung (2012c, p. 77, grifo do original):

> A ideia de uma quaternidade dos princípios divinos foi combatida com a maior veemência pelos santos padres, quando se tentou, por exemplo, adicionar a **essência** de Deus como quarto elemento às três pessoas divinas. Esta cerrada oposição é tanto mais estranha, quando se sabe que o símbolo central do Cristianismo, a **Cruz**, é evidentemente uma quaternidade.

O símbolo da cruz, presente no texto de *Atos de João*, também pode ser visto como um substituto de Cristo, uma vez que é uma quaternidade e, assim, uma representação mais adequada do todo do que a própria Trindade, conforme já assinalamos ao citarmos a posição de Jung a respeito.

Vamos avançar em nossa análise e, para isso, olharemos para outros *Atos apócrifos*, embora ainda permaneçamos na discussão sobre o símbolo *Cristo*. Assim, apresentamos algumas palavras iniciais sobre os *Atos de Paulo* para, em seguida, citar um trecho dessa obra com o objetivo de discutirmos o modo como Jesus é nele representado.

Dissemos que os *Atos apócrifos* teriam sido escritos nessa ordem cronológica: André, João, Pedro, Paulo e Tomé. André seria o texto mais antigo e Tomé o mais recente da primeira geração. Assim, o livro que nos interessa agora, os *Atos de Paulo*, teria sido o penúltimo. Ressaltamos que as datas não são absolutas, apenas estimadas com base em um longo debate. Com um pouco mais de precisão, os mesmos autores, agora no segundo volume, afirmam que o texto poderia ser datado no final do século II, mais provavelmente entre 185 e 195 d.C. (Piñero; Cerro, 2005).

A mesma data é confirmada por Trevijano (2009, p. 368): "Não somente pelo testemunho de Tertuliano, mas pela mesma obra, se deduz que seu lugar de origem foi a Ásia Menor. Por sua dependência em relação aos AtPe [*Atos de Pedro*], podemos situar a época de composição entre os anos 185 e 195".

Com uma pequena variação, Marguerat e Rebell (2012, p. 128) ratificam o fim do segundo século como o contexto dos *Atos de Paulo*:

> Quanto à datação, o tratado *Sobre o batismo* [de Tertuliano, que faz alusão aos Atos de Paulo] foi escrito entre 198 e 206. Os *Atos de Paulo* nasceram antes dele, e como talvez sejam dependentes dos *Atos de Pedro* (o fato, porém, é contestado) situamos sua redação num período que vai de 180 a 195. Eles descortinam diante de nós a devoção de um cristianismo popular do fim do século II.

O dado adicional dos autores, que salta aos olhos nesse fragmento, é a relação que fazem entre o escrito e o cristianismo popular do fim do século II d.C. Talvez essa associação se deva ao fato de o texto colocar em um grande bloco literário uma mulher como protagonista, Tecla, além de mencionar a atividade intensa de outros personagens secundários de sexo feminino. A perspectiva que dá destaque às mulheres certamente rivaliza com círculos ortodoxos que estavam em vias de dar origem à Grande Igreja e tratavam de expurgar de sua hierarquia as descendentes de Eva. Além disso, Tecla era uma mulher "autorizada" por Paulo a ensinar e que batizou a si mesma em um episódio em que estava na arena para ser executada como ameaça por seus contemporâneos e se defrontou com água suficiente para receber o "selo" que imprimia a identidade cristã. Tendo visto a oportunidade, não hesitou em ser autora e destinatária do batismo, fato que teria deixado o Pai da Igreja, Tertuliano, indignado.

Para terminar as questões iniciais, temos de mencionar o aspecto heterogêneo do conjunto literário denominado *Atos de Paulo*.

> Em seu estado atual, o texto se compõe de três partes, relativamente independentes uma da outra. A primeira contém a história de Paulo e Tecla; a segunda apresenta a correspondência de Paulo com os coríntios, também chamada de *Terceira carta aos coríntios*; a última parte é consagrada ao martírio de Paulo. Reunidas, essas três sequências articulam-se como um longo itinerário de uma viagem que leva o apóstolo de Damasco a Roma, passando por Jerusalém, Antioquia, Icônio, Sidônia, Tiro, Éfeso, Filipos, Corinto e outras paradas ainda. (Marguerat; Rebell, 2012, p. 127)

O texto apresenta várias lacunas e também deixa evidências de ter sido uma compilação de fontes distintas, como se pode notar pela citação. Há três grandes blocos literários: um dedicado a Paulo e Tecla, quando a personagem feminina chega a suplantar o apóstolo no protagonismo das ações; outro conjunto que reúne a correspondência de Paulo com a igreja de Corinto, sendo considerada uma terceira epístola aos gregos; e, por fim, outro bloco literário heterogêneo, que compila tradições sobre o martírio de Paulo.

Temos agora um relato sobre o corpo de Jesus que não está limitado pela morte. Mesmo após sua execução, já dentro da tradição canônica, Jesus não cessou sua atuação. Ele apareceu redivivo diante de muitos de seus seguidores e também a Paulo, em uma visão que fez com que deixasse de ser um perseguidor para se tornar um ferrenho adepto do cristianismo. Essa perspectiva presente nas *Cartas paulinas* e nos *Atos dos apóstolos* (canônicos) teve continuidade nos *Atos apócrifos*.

> Quando Paulo embarcou em meio às orações dos irmãos, se fazia presente Artemão, o capitão da embarcação. Ele havia sido batizado por Pedro e saudou Paulo, alegre pelo fato do Senhor haver confiado que embarcasse com ele.
>
> Depois da embarcação partir, Artemão com Paulo louvavam ao Senhor Jesus Cristo pela graça de Deus que havia preparado tudo previamente para o apóstolo. Quando se encontraram em alto mar com o vento calmo, Paulo dormiu, fatigado pelas muitas vigílias e jejuns junto com os irmãos. O Senhor veio até Paulo caminhado sobre o mar, moveu-o um pouco e lhe disse:
>
> – Levante-se e olhe.
>
> Paulo despertou e disse:
>
> – Tu és meu Senhor Jesus Cristo, rei dos céus. Por que estás entristecido e cabisbaixo, Senhor? Se estás com pena de alguém, me dizes, Senhor, pois me preocupa muitíssimo vê-lo assim.
>
> O Senhor disse a Paulo:
>
> – Paulo, vou ser crucificado de novo.
>
> Replicou o apóstolo:
>
> – Que tal coisa não ocorra diante de meus olhos!
>
> O Senhor, porém, acrescentou:
>
> – Paulo, levante-se, vai a Roma e exorta aos irmãos, que permaneçam na vocação do Pai.

> E o Senhor seguiu manifestando-se, e os conduzia adiante, caminhando sobre as águas, e lhes mostrava a rota como uma estrela. Quando acabou a navegação, Paulo desembarcou com o rosto totalmente entristecido. (Piñero; Cerro, 2005, p. 823-825, tradução nossa)

Cremos que a chave para interpretar essa passagem está condicionada ao modo como vemos a frase enigmática de Jesus: "Paulo, vou ser crucificado de novo". Como se trata de um conjunto literário sobre o martírio de Paulo, podemos pensar que ela significa que, quando o apóstolo fosse executado em Roma, como de fato os *Atos de Paulo* dizem ter acontecido, Jesus estaria sendo crucificado de novo.

Se for assim, a narrativa não apenas fala do corpo sem limites de Jesus, que não pôde ser suplantado ou limitado nem mesmo pela morte, mas também aborda a mutação do físico de Paulo. Talvez o autor dos *Atos de Paulo* estivesse pensando que o apóstolo tivesse alcançado um novo patamar espiritual ao ascender ao *status* de Jesus. Enfim, o apóstolo estava sendo representado como o portador de uma corporalidade que transitava entre o mundo dos vivos e dos mortos.

Essa hipótese é reforçada pelo fato de que, depois de sua execução, a pedido de Nero, Paulo retornou para pronunciar o juízo de Deus sobre o imperador romano. Vejamos este exemplo, que está conectado com o anterior:

> E aquele lhe olhou, e enquanto se admirava muitíssimo e estava perplexo, veio Paulo [que já havia sido martirizado] na hora nona quando estavam com o imperador muitos filósofos e o centurião, se colocou diante de todos e disse:
>
> —César: aqui está Paulo, o soldado de Deus. Não estou morto, mas vivo no meu Deus. Dentro de muitos dias te sobrevirão muitos males e um grande castigo, desgraçado, porque tens vertido sangue de justos.

E, depois de haver pronunciado essas palavras, Paulo desapareceu do seu lado. Nero, perturbado, ordenou que libertassem aos presos, como Patroclo e aos companheiros de Barsabás. (Piñero; Cerro, 2005, p. 845, tradução nossa)

O tema do confronto entre Paulo e Nero é amplamente explorado nos *Atos de Paulo*. Um grande debate entre os dois é narrado antes do relato sobre o martírio do apóstolo. Alguns pesquisadores importantes acreditam que, de fato, Paulo teria sido executado a pedido de Nero. Lembremos que, de acordo com Koester (2005), Nero foi imperador entre os anos de 54 e 68.

Passaremos aos *Atos de Tomé*, texto em que há uma interessante passagem sobre a pessoa de Cristo. Há uma interdependência entre *Atos de Paulo* e *Atos de Tomé*: o primeiro é originário da Ásia Menor e o segundo da Síria, assim, a data de ambos deve ser próxima. Ou seja, se o primeiro texto foi escrito, provavelmente, entre 185 e 195 d.C., presume-se que o segundo pode ter sido composto entre o fim do século II e o início do III (Piñero; Cerro, 2005).

O espaço geográfico em que a maior parte das ações dos *Atos de Tomé* se desenvolve é a Índia. O livro indica que Tomé chegou à Índia, prometeu construir um palácio para o rei e revelou seu estilo de vida (Piñero; Cerro, 2005), afirmando que o edifício só poderia ser visto na próxima vida, razão por que o monarca mandou prendê-lo, crendo se tratar de um charlatão que estava desviando seu dinheiro (Piñero; Cerro, 2005). Entretanto, o irmão do rei morreu e viu, na outra vida, o palácio celestial que Tomé construiu. Como lhe foi concedido retornar ao mundo dos vivos, o irmão do rei pôde atestar que Tomé falava a verdade (Piñero; Cerro, 2005).

Há um trecho interessante em que Tomé conversa com uma serpente, esta lhe revela sua identidade maligna e o apóstolo a exorciza (Piñero; Cerro, 2005). Aparece também um jumento falante que se identificou como sendo da estirpe de Balaão, da mesma que serviu a Jesus (Piñero; Cerro, 2005). Mais adiante, o texto menciona jumentos em adoração a Tomé, e um deles é retratado expulsando demônios da esposa e da filha do general, tendo Tomé completado o exorcismo (Piñero; Cerro, 2005).

Os *Atos de Tomé* também narram o embate entre o apóstolo e um demônio, em que apenas ele e a endemoniada podiam ver o diabo (Piñero; Cerro, 2005). Por fim, o livro nos brinda com uma visão do inferno (Piñero; Cerro, 2005).

Os *Atos de Tomé* ainda falam da pessoa de Jesus. Há um interessante hino cristológico, além de uma narrativa sobre o batismo e a eucaristia, com uma oração gnóstica (Piñero; Cerro, 2005). A passagem que separamos para análise é o longo e belo hino acerca da pessoa de Jesus:

> Logo começou a lhes dizer:
>
> – Jesus, mistério oculto que nos foi revelado, tu és o que descobres multidão de mistério, que me apartaste de todos os meus companheiros e me disseste três frases com as quais me sinto inflamado, mas não posso contá-las aos outros. Jesus, ser humano, assassinado, morto, enterrado; Jesus, Deus de Deus, salvador que ressuscitas aos mortos e curas aos enfermos; Jesus, necessitado como um pobre e que salvas sem necessidade alguma; tu que pescaste peixes para o dejejum e a comida; tu que saciaste a todos com um pouco de pão; Jesus, que descansaste do cansaço do caminho como ser humano e andaste sobre as ondas como Deus;
>
> – Jesus altíssimo, voz que surge das entranhas mais perfeitas, salvador de todos, mão direita da luz, que derrotas o inimigo através da sua própria natureza, e que reúnes toda sua natureza em um lugar; tu, o polimorfo, o unigênito, o primogênito de muitos irmãos, Deus do Deus altíssimo, ser humano depreciado até agora. Jesus Cristo, tu que não nos descuidas quanto te invocamos; tu, causa para todos de vida humana; julgado por nós e trancado na prisão,

mas libertador de todos os encarcerados; tu, chamado sedutor, mas que libertas do erro aos seus, te peço por estes que estão aqui e creem em ti, pois precisam alcançar seus dons, mantendo sua esperança na tua ajuda e recorrendo à tua grandeza como seu refúgio. Mantém atento seus ouvidos para escutar de nós as palavras que lhes dirigimos. Venha sua paz, habita entre eles; e renova-os distanciando-os de suas antigas práticas; desvistam-se do ser humano antigo com suas ações e revistam-se do novo que agora lhes anuncio. (Piñero; Cerro, 2005, p. 997-1001, tradução nossa)

Há tantos qualificativos para Jesus que mal podemos digerir o significado de cada um deles. É como se o autor estivesse sob um influxo do inconsciente e deixasse fluir de forma natural toda a carga afetiva que fluía de dentro dele e se projetava sobre o arquétipo do si-mesmo.

O retrato gnóstico ou platônico de Jesus traçado pelo autor de *Atos de Tomé* tem bastante abertura para sua dimensão mais humana, diferentemente do que é pintado pelo que seria a ortodoxia eclesiástica, que tende a enfatizar sua luminosidade. Como pessoa mais próxima à humanidade e, portanto, mais paradoxal, a versão de Tomé de Jesus é mais adequada para representar o si-mesmo, uma vez que, como arquétipo da totalidade, permite projetar tanto uma imagem da divindade, quanto da psique de um determinado sujeito.

Tendo analisado o símbolo de Cristo, podemos passar agora para seu opositor, o diabo. Observemos as duas primeiras passagens selecionadas das fontes primárias, retiradas do texto *Atos de André*. Para isso, precisamos fazer algumas observações a respeito do contexto em que o livro foi escrito.

Para os editores dos *Atos de André*, trata-se de um texto do ano 150 d.C., escrito em Patras (Acaia), Síria ou Egito. Vejamos seus argumentos:

> Se aceitarmos estas semelhanças e por razões de crítica interna postulamos uma prioridade cronológica dos Atos de André, somos obrigados a pôr como término *ad quem* 190 d.C., uma vez que esta é a data aproximada de composição dos Atos de Paulo. Mas, levando em consideração as circunstâncias que temos notado, cremos que a data de origem dos Atos de André poderia girar em torno do ano de 150. (Piñero; Cerro, 2004, p. 142, tradução nossa)

Com um pouco mais de flexibilidade, mas sugerindo algo que não está em conflito com aquilo que Piñero e Cerro (2004) propuseram, Trevijano (2009, p. 371) indica a seguinte datação:

> Se a utilização da obra pelo "Saltério maniqueu" mostra que não pode ser posterior ao século III, o modo pacífico pelo qual o autor mantém posições heterodoxas, sobretudo no campo da cristologia, permite a composição de sua obra entre o ano de 150 e 200, e mais próxima da primeira data do que da segunda.

Se os autores citados estiverem corretos, então estamos diante do mais antigo dentre os *Atos apócrifos*. Assim, vamos tomar a data de 150 como a mais provável, admitindo que uma precisão maior do que essa não é possível para o momento.

Há um relato interessante em que André exorciza um demônio que possuía a Alcman, servo de Estratocles, irmão de Egeates, marido de Maximila e procônsul de Acaia:

> E sem demora, se levantou e disse:
>
> – Ó Deus que não escuta os magos, ó Deus que não vê os charlatões, ó Deus que se aparta dos estranhos, ó Deus que sempre escuta aos seus, ó Deus que põe seus bens à sua disposição, faça com que minha oração se cumpra diante de todos estes em favor do criado de Estratocles, e põe em fuga ao demônio a quem seus semelhantes não puderam expulsar.

Imediatamente, o demônio, emitindo uma voz humana, disse:

– Foge, servo de Deus, foge não somente deste jovem, mas de toda a cidade.

André lhe disse:

– Não apenas lhe ordeno sair desta cidade, mas também, se em algum lugar houver rastro dos meus irmãos, lhe proíbo que ponha ali o pé.

Tendo se retirado o demônio, André ofereceu sua mão a Alcman, que se levantou do chão e se pôs a caminhar com ele com sensatez, em plena estabilidade e falando com sentido. Em seguida, olhando para André, deu-lhe boas vindas e perguntou para seu amo por que havia tanta gente ali dentro. Ele lhe respondeu:

– É preciso que nenhum dos estranhos ouça. Para nós basta ter visto o que vimos através de você. (Piñero; Cerro, 2004, p. 161-163, tradução nossa)

O que vemos na narrativa é uma "prova" da autoridade apostólica de André, que é demonstrada sobre sua ascendência sobre os poderes sobrenaturais das trevas. Ele não somente expulsou o demônio que possuía o corpo do homem, mas também proibiu que aquele incomodasse qualquer outra pessoa que fosse da comunidade cristã.

A possessão pode ser um fato psicológico inconsciente e, por isso, geralmente é interpretada pelo sujeito como uma invasão proveniente de um fator externo, e não de um complexo que orbita dentro dele mesmo. De qualquer forma, o que importa é que os antigos tendiam a ver muito mais manifestações desse tipo porque viviam muito mais sob influxo do inconsciente do que nós, na atualidade, na qual amargamos sob a influência de um cruel racionalismo.

Em outra narrativa, André descreve o poder sobrenatural do batismo sobre as obras das trevas. Devemos lembrar que o "sacramento" era conhecido nos *Atos apócrifos* como o "selo" de que uma pessoa "pertencia" a Jesus:

> – Meus filhinhos, se guardarem esse sinal do abrigo de outros selos que sinalizam as marcas contrárias, Deus os louvará e os receberá entre os que são seus. Pois, ao parecer esta visão luminosa em suas almas, sobretudo quando estiverem libertas de seus corpos, as forças punitivas, os poderes maus, os arcontes terríveis, os anjos de fogo, os demônios feios e as energias impuras, não suportando sua rejeição, dado que não pertencem ao sinal do selo, que é semelhante à luz, saem correndo e se refugiam no que é conatural: a obscuridade, o fogo, a névoa e qualquer ameaça aparente de castigo. (Piñero; Cerro, 2004, p. 169, tradução nossa)

Vemos na narrativa mais uma demonstração de poder, mas, dessa vez, não da parte do apóstolo, e sim do "sinal" sagrado que os cristãos primitivos recebiam. Há no texto uma clara demonstração de crença em poderes mágicos. Se definirmos *magia* como a crença de que determinados sujeitos conseguem manipular poderes sobrenaturais, então compreenderemos porque André descrevia que o batismo, por si só, seria suficiente para fazer com que os demônios saíssem correndo.

As duas narrativas de André nos mostram como o mal é uma realidade importante, ativa e autônoma. Parece que os antigos podiam intuir esse fato com muito mais facilidade.

Passemos agora para os *Atos de João*, pois nele há também algumas passagens interessantes sobre o símbolo do diabo. Há uma oração de João em que ele concebe o "paganismo" como expressão religiosa idolátrica e demoníaca.

Depois de haver dito essas palavras, rogou assim:

– Ó Deus, Deus que está acima de todos os que se chamam deuses, desprezado até o dia de hoje na cidade de Éfeso. Tu que me sugeristes a ideia de vir a este lugar, no qual nunca havia pensado; tu que confundes toda idolatria por meio da conversão a Ti; nome diante do qual correm todos os ídolos e demônios, toda potência e natureza imunda. Agora, pondo em fuga o demônio que aqui habita, e que faz errar esta multidão tão numerosa, mostra tua misericórdia neste lugar porque estão equivocados. (Piñero; Cerro, 2004, p. 377-379, tradução nossa)

Parece que se tratava de um demônio territorial. João estava em Éfeso e se defrontou como uma série de divindades pagãs. Diante da imundície alheia, o apóstolo apela a Deus que faça com que todos os maus espíritos se retirem da localidade. Estamos diante, mais uma vez, do arquétipo da sombra, e esta só pode ser experimentada quando é projetada sobre o outro.

Em outro trecho, um rapaz mata seu pai, que o admoestava a não tomar a mulher de um colega de trabalho em "adultério". O jovem, estando possuído por um demônio, matou o pai e desejou pôr fim à própria vida, quando João o encontrou:

Mas o jovem ao ver uma morte tão rápida e temendo ser detido, segurando a foice que levava em sua cintura, se dirigiu com toda pressa para sua casa. João, saindo ao encontro, lhe disse:

– Detenha-se, demônio desavergonhadíssimo, e me diga para onde se dirige, brandindo uma foice sedenta de sangue.

O jovem, turbado, atirou por terra o ferro e lhe respondeu:

– Cometi algo terrível e desumano, e, ao saber que me vão prender, decidi executar em mim mesmo essa ação violenta e cruel: morrer em um instante. Meu pai me aconselhava continuamente a levar

> uma vida livre de adultério e honorável; mas, não suportando suas censuras, eu o golpeei e matei. Ao ver o ocorrido, me apressava a ir aonde estava a mulher pela qual eu havia me convertido em homicida de meu pai. Intentava degolar a ela, seu esposo e a mim mesmo, o último de todos, pois não suportaria que o marido dessa mulher me visse sofrer a pena capital. (Piñero; Cerro, 2004, p. 389, tradução nossa)

Já tivemos a oportunidade de ressaltar o caráter encratista dos *Atos apócrifos*. Diante do desejo veemente, que tem caráter instintivo, cabe ao arquétipo da sombra, uma vez projetado, incorporar a concupiscência.

Diante do propósito de manter uma vida casta, toda sensualidade latente precisa ser sublimada. A ação de reprimir um desejo instintivo do inconsciente só pode ser consumada mediante um sacrifício muito grande, gerando uma intensa agressividade. O jovem, pendendo para seu desejo e o vendo obstruído pela figura paterna, liberou toda sua carga emotiva de uma vez e matou seu genitor, em uma cena, ironicamente, edipiana. A consciência, incapaz de se sentir responsável pelo homicídio, lançou sobre o diabo a culpa pelo que fez.

Precisamos analisar também a passagem em que gêmeos possessos foram exorcizados e curados por João a pedido do pai deles, Antipatro, na cidade de Esmirna. Relatamos, a seguir, a descrição que o pai dos rapazes fez para João, a fim de convencê-lo a lhe ajudar:

> Servo de Deus, tenho ouvido muitas coisas boas e grandes prodígios que realizou em Éfeso. Aqui proponho lhe dar mil moedas de ouro; tenho dois filhos gêmeos que ao nascer foram feridos por um demônio e sofrem até hoje terrivelmente – têm trinta e quatro anos – em um momento caem ambos prostrados, outras vezes se apodera deles o demônio no banho, outras no passeio,

muitas vezes à mesa e outras na assembleia da cidade. Você mesmo poderá ver que são homens de boa estatura, mas são consumidos pela enfermidade que os abate diariamente. Eu lhe suplico que me ajude em minha idade avançada. Pois quando eram crianças sofriam moderadamente, mas agora que são homens, possuem demônios mais enérgicos. Tenha piedade, pois deles e de mim. (Piñero; Cerro, 2004, p. 395-397, tradução nossa)

Mais uma situação de possessos. Dessa vez é o pai que vai ao apóstolo para clamar pela libertação dos filhos gêmeos. À medida que o tempo vai passando, a situação vai se agravando. Apenas um homem de Deus pode solucionar a situação provocada pelo invasor sombrio. Todas as vezes que nossa sombra se manifesta, nos vemos totalmente impotentes e só nos resta buscar ajuda "divina".

Antes de terminar, vamos analisar uma passagem dos *Atos de Tomé* sobre o diabo. Há um relato curioso em que um jumento expulsa os demônios da esposa e da filha de um general, e Tomé completa o exorcismo, como já mencionamos antes. É possível que seja a primeira vez que ouvimos falar de um jumento exorcista. Ele fala e usa muito bem suas habilidades, pois, publicamente, elenca as qualidades de Jesus e apresenta as ciladas que o diabo oferece.

Entrou, pois, o jumento acompanhado da multidão de pessoas e disse assim:

– Falo a vocês, inimigos de Jesus, o chamado Cristo; falo a vocês, que cerram os olhos para não ver a luz, pois não pode uma péssima natureza ser transformada pelo bem; falo a vocês, filhos do inferno e da perdição, daquele que não cessa de fazer o mal até agora, que renova sempre suas ações e o que convém à sua essência; falo a vocês, que são sem-vergonhas, que destroem a si mesmos. Não sei o que dizer sobre sua destruição e seu final, nem o que aconselhar, pois são muitas coisas, tantas para escutar. Mas suas ações são maiores que os castigos que estão reservados a elas. Falo a você, demônio, e a você filho que lhe segue, pois agora foi enviado contra vocês. Mas por que motivo vou empregar muitas palavras sobre sua natureza e condição, que vocês conhecem e as quais lhes causam vergonha? A vocês disse Tomé Judas, o apóstolo de Jesus Cristo, enviado aqui pelo abundante amor e boa disposição dele. Saiam diante de toda essa multidão e diremos de que raça são. (Piñero; Cerro, 2005, p. 1043-1045, tradução nossa)

Por fim, podemos dizer que os *Atos apócrifos* registram o modo como o cristianismo primitivo valorizou esses dois importantes símbolos religiosos: Jesus, como representação do lado luminoso de Deus e expressão do arquétipo do si-mesmo, e o diabo, como expressão do lado obscuro do divino e uma encarnação do arquétipo da sombra. Temos de nos lembrar que, sempre que a luz é ressaltada, seu contrário tende a se manifestar com a mesma intensidade. Sabemos que um não faz muito sentido sem o outro e que, por meio da linguagem simbólica, conseguem dar expressão a dois fenômenos igualmente importantes e que podem ser vistos como sobrepostos: a simbologia dos contrários da divindade e a expressão de realidades intrapsíquicas que estão em permanente conflito. No campo religioso, vemos Deus e o diabo em permanente conflito, e na esfera psicológica, a tensão entre luz (aquilo que é conhecido) e trevas (o que é ainda desconhecido).

Síntese

Neste capítulo, tratamos do símbolo religioso com base em dois autores: Clifford Geertz e Carl Gustav Jung.

Para o primeiro, um símbolo pode ser qualquer objeto, ato, acontecimento, qualidade ou relação que serve como vínculo a uma concepção. Como o ser humano chega ao mundo com pouca determinação biológica para suas ações, os símbolos servem para transportar significados e orientar suas ações no âmbito da cultura. Podemos denominar essa concepção de *cultural* ou *extrínseca*.

Para o segundo, os símbolos estão conectados ao inconsciente e, por isso, têm uma carga acentuada de emoção e intuição. Jung pensa que os símbolos sempre são a melhor expressão possível de realidades de um fato relativamente desconhecido, mas cuja existência é conhecida. Como o inconsciente se expressa por meio de uma linguagem simbólica e intuitiva, a imprecisão é sua principal marca.

Terminamos o capítulo abordando o exemplo do cristianismo primitivo, quando tratamos de dois símbolos importantes: o de Cristo e o do diabo. Vimos que Jesus representa uma totalidade, com a qual a subjetividade humana está identificada de forma inconsciente, assim como é um símbolo de pureza e plenitude. O diabo, por sua vez, representa a sombra de todos os fatores que são refutados pelo ser humano, seja na vida intrapsíquica, seja na cultura.

Enquanto Geertz coloca seu foco sobre fatores externos na sua concepção de símbolo, Jung atenta para as questões intrínsecas ou internas. Com as duas abordagens podemos construir uma importante síntese sobre o modo de funcionamento dos símbolos.

Indicações culturais

PALS, D. L. **Nove teorias da religião**. Tradução de Caesar Souza. Petrópolis: Vozes, 2019. (Coleção Antropologia).

Excelente livro que apresenta algumas teorias da religião e que tem um tópico dedicado a C. Geertz, um dos temas do presente capítulo.

GEERTZ, C. **A interpretação das culturas**. Rio de Janeiro: LTC, 2008.

Talvez o livro mais interessante e importante do antropólogo americano e um dos expoentes da área nos dias de hoje. Nesse livro estão dois dos seus textos mais conhecidos e importantes: *Uma descrição densa: por uma teoria interpretativa da cultura* e *A religião como sistema cultural*. Não deixe de ler, ao menos, estes dois capítulos.

STEVENS, A. **Jung**. Tradução de Rogério Bettoni. Porto Alegre: L&PM, 2012. Livro pequeno e acessível e uma das melhores introduções à vida e à psicologia de C. G. Jung.

JUNG, C. G. **Interpretação psicológica do dogma da Trindade**. Tradução de Mateus Ramalho Rocha. 9. ed. Petrópolis: Vozes, 2012. (Coleção Obra Completa, v. 11/2).

Livro pequeno e relativamente acessível de Jung sobre a Trindade, um dos símbolos religiosos mais importantes da cultura ocidental.

NISE: o coração da loucura. Direção: Roberto Beliner. Barueri: Imagem Filmes, 2016. 108 min.

Filme que narra a vida e o pensamento da psiquiatra brasileira Nise da Silveira. Ela foi pioneira no Brasil no uso da arte como estratégia terapêutica e uma grande admiradora dos livros e do pensamento de Jung.

GEERTZ, C. Os usos da diversidade. **Horizontes Antropológicos**, Porto Alegre, v. 5, n. 10, p. 13-34, maio 1999. Disponível em: <http://www.scielo.br/pdf/ha/v5n10/0104-7183-ha-5-10-0013.pdf>. Acesso em: 12 nov. 2020.

Trata-se de um texto eletrônico do próprio Geertz sobre um tema interessante e atual.

RAFFAELLI, R. Imagem e self em Plotino e Jung: confluências. **Estudos de Psicologia**, Campinas, v. 19, n. 1, p. 23-36, jan./abr. 2002. Disponível em: <http://www.scielo.br/pdf/estpsi/v19n1/a03.pdf>. Acesso em: 12 nov. 2020.

Um artigo sobre um dos arquétipos mais importantes da psicologia de Jung, o si-mesmo, símbolo da totalidade.

Atividades de autoavaliação

1. Leia o seguinte excerto: "A verdade é apenas um símbolo, e os símbolos são a verdade. O melhor a fazer é engolir de uma

vez só os símbolos que encontrar, do jeito que eles estiverem".
A quem são atribuídas essas palavras?
A] Personagem de Haruki Murakami.
B] Clifford Geertz.
C] Sigmund Freud.
D] Haruki Murakami.
E] Carl Gustav Jung.

2. Indique se as considerações a seguir sobre o conceito de religião de Geertz são verdadeiras (V) ou falsas (F).
   [ ] Uma religião é um sistema de símbolos atuantes.
   [ ] Uma religião estabelece poderosas, penetrantes e duradouras disposições e motivações nos seres humanos.
   [ ] Uma religião formula conceitos de uma ordem de existência geral.
   [ ] Uma religião veste as concepções com aura de fatualidade.
   [ ] Uma religião veste as disposições e motivações de modo a parecerem singularmente realistas.

   Agora, assinale a alternativa que corresponde à sequência correta:
   A] F, F, V, F, F.
   B] V, V, V, V, V.
   C] V, F, V, F, F.
   D] F, F, F, F, F.
   E] V, V, F, V, V.

3. Indique se as considerações a seguir sobre o conceito de símbolo de Geertz são verdadeiras (V) ou falsas (F).
   [ ] Um símbolo é um objeto que significa alguma outra coisa.
   [ ] Um símbolo é um sinal convencional usado para designar algo.
   [ ] Um símbolo é a expressão figurativa do que não pode ser dito de forma direta.

[ ] Um símbolo é uma expressão espontânea do inconsciente.
[ ] Um símbolo é qualquer objeto, ato, acontecimento, qualidade ou relação que serve como vínculo a uma concepção.

Agora, assinale a alternativa que corresponde à sequência correta:

A] F, F, F, F, F.
B] V, F, F, F, F.
C] V, V, V, V, V.
D] F, V, F, F, V.
E] F, F, F, F, V.

4. Assinale a alternativa que faz afirmações **incorretas** sobre a concepção de símbolo de Jung:
   A] Os símbolos são, por natureza, expressões imprecisas de algo.
   B] Os símbolos estão conectados aos arquétipos que "habitam" o nosso inconsciente.
   C] Os símbolos têm um acentuado tônus racional.
   D] Os símbolos servem para trazer conteúdos do inconsciente para o consciente.
   E] Os símbolos fazem parte da linguagem imagética da psique.

5. Assinale a alternativa que contém afirmações corretas sobre a concepção de transcendência de Jung:
   A] Transcendência é um conceito de cunho religioso que designa uma relação com qualquer instância sobrenatural.
   B] Transcendência é um conceito de cunho religioso que designa uma relação do sujeito com o arquétipo da sombra.
   C] Transcendência é um conceito da antropologia que serve para designar o estado em que um sujeito não está identificado apenas com seu consciente nem apenas com seu inconsciente.

d] Transcendência é um conceito da psicologia que serve para designar o estado em que um sujeito não está identificado apenas com seu consciente nem apenas com seu inconsciente.

e] Transcendência é um conceito da psicologia que serve para designar o estado em que um sujeito está identificado com o arquétipo da *persona*.

Atividades de aprendizagem

Questões para reflexão

1. Sua religião, ou a religião de alguém que você conheça, tem algum personagem ou pessoa que possa ser identificado como uma expressão arquetípica da sombra? Quais são as características desse personagem? Como você se sente em relação a ele?
2. Quais são os símbolos mais importantes de sua religião? Você conseguiria fazer uma descrição de cada um deles?

Atividades aplicadas: prática

1. Visite uma instituição religiosa (igreja, mesquita, sinagoga, centro espírita, terreiro de umbanda ou candomblé, comunidade do Santo Daime etc.) que não seja a sua. Observe quais são os símbolos presentes no culto ou no dia a dia desse grupo. Descreva cada símbolo que identificar e anote em um caderno ou arquivo eletrônico. Também coloque nas anotações o sentimento ou a impressão que nutre em relação a cada um desses símbolos.
2. Faça uma pesquisa na internet sobre a vida de Carl Gustav Jung. Não procure por informações escritas ou teóricas sobre ele, mas explore imagens relacionadas ao seu nome: fotos que o retratem, desenhos e esculturas feitos por ele, ilustrações de suas publicações etc. Procure observar como os símbolos se apresentavam em seu cotidiano.

LINGUAGEM DO FENÔMENO RELIGIOSO E OS MITOS

Nas culturas contemporâneas, um mito é compreendido como o oposto da verdade. Podemos encontrar na internet uma série de jogos ou matérias em que precisamos julgar, ou alguém avalia para nós, se uma dada situação ou informação é verdade ou mito.

No contexto de culturas do mundo antigo, um mito não era o oposto da verdade. Uma das razões para isso é que a verdade não era estabelecida nos mesmos moldes que na atualidade. No último capítulo deste livro, discutiremos esse tema com mais detalhes. Por ora, basta dizermos que uma afirmação era verdadeira se fosse pronunciada por uma pessoa confiável ou íntegra, enquanto que na atualidade estabelecemos a veracidade com base na relação que a afirmação tem com o mundo empírico. Assim, enquanto para nós uma declaração é verdadeira quando o que dizemos corresponde ao que acontece fora da linguagem, para uma pessoa do mundo antigo não se discutia a correção da afirmação, mas a confiabilidade do sujeito que a proferia. Em síntese, enquanto para nós a verdade é um problema epistemológico (teoria do conhecimento), para os antigos era uma questão ética (agir corretamente). Podemos até dizer que, em algumas situações do mundo antigo, o *mito* era o inverso da *verdade*, mas o sentido dessa palavra era muito diferente do que ela tem para nós, que vivemos no século XXI.

Temos de entender que a mitologia era uma forma muito importante de conhecimento e explicação dos fatos e fenômenos da vida em momentos passados da história. Na impossibilidade de justificar de forma racional um fato, as pessoas recorriam ao estoque de conhecimento disponível em seu tempo. Um arco-íris, em vez de ser a decomposição da luz solar que se projetava sobre as moléculas de água condensadas nas nuvens, era explicado como sendo a trajetória do emissário dos deuses se deslocando do Olimpo até a Terra.

Temos a tendência de achar que nossa explicação é muito mais precisa, mas não podemos duvidar de que a segunda tem um caráter poético invejável. Depois que nos tornamos excessivamente racionalistas, passamos a achar que qualquer outra forma de pensar é ruim, ineficiente, arcaica ou primitiva. O fato é que os antigos resolviam seus problemas com suas explicações míticas dos fenômenos e, conforme cremos, uma sociedade historicamente situada não deve ser avaliada por outra distante dela no tempo. Cada povo e cada momento da história tem sua forma de solucionar problemas e tentar explicar por que eles surgiram e como seria possível evitá-los.

Mas não podemos nos iludir, mesmo no mundo predominantemente racionalista da atualidade, os mitos não se extinguiram, apenas migraram para outros campos. Antes que continuemos a achar os gregos e romanos da Antiguidade ingênuos, devemos nos lembrar de que nossa moderna indústria cinematográfica é uma enorme máquina de produção de mitos. Quase todos nós amamos histórias de heróis ou figuras messiânicas que conseguem resolver os mais complexos e absurdos problemas. O mesmo podemos dizer de muitas obras de arte e do instigante universo das histórias em quadrinhos. A mitologia não está morta em nossas sociedades, apenas assumiu formas e modos de expressão diferentes daqueles da Antiguidade.

Além disso, parece haver um domínio do qual os mitos nunca se ausentaram: o da religião. Houve e há uma proximidade enorme entre mito e religião. Isso porque um mito é a melhor forma de narrar uma verdade sagrada. Podemos dizer que a mitologia é uma forma privilegiada de linguagem da religião. Grande parte dos conceitos e práticas do campo religioso são expressos por meio de mitologia.

Parece que somente os cristãos tendem a se sentir mal quando alguém afirma que suas ideias são expressas por meio de mitos. Para eles, isso é o mesmo que dizer que seus conceitos e práticas não são históricos e, portanto, são mentirosos. Mas, conforme afirmamos, um mito não é o oposto de historicidade ou de verdade. É apenas um modo de narrar, de uma forma poética, uma "verdade" sagrada. Os primeiros capítulos do Livro de Gênesis narram o começo do mundo e do ser humano. São afirmações teológicas muito interessantes: Deus é o criador de tudo que existe, o que inclui o gênero humano. Além disso, ele não é apenas o criador de tudo que existe, mas também é criativo, pois é exatamente isso que faz alguém que cria. Deus é um artista, um tipo de artesão que fabrica seres humanos com o cuidado e a delicadeza que qualquer artista deve ter com sua obra. Essas afirmações teológicas são mais importantes que a pretensa historicidade da narrativa.

Exemplo prático

Outro dia me deparei com um exemplar do livro do antropólogo brasileiro Reginaldo Prandi, *Mitologia dos orixás*, e fiquei curioso para saber se também os umbandistas e candomblecistas se ofendiam com a designação *mito* para sua sabedoria e prática religiosa. Assim que encontrei um amigo que é pai-de-santo de um terreiro de candomblé, pude satisfazer minha curiosidade. Ele foi enfático ao responder que ele e seus filhos não se ofendiam, de forma alguma, com as palavras *mito* ou *mitologia* aplicadas à sua religião. Mesmo

> sabendo que há um mito para narrar como surgiu cada orixá, assim como para explicar por que agem de uma determinada forma, isso não afronta, nem mina a legitimidade deles. Confesso que fiquei admirado com a explicação do meu querido amigo.

Este capítulo assume como tema a questão da mitologia e sua relação com o fenômeno religioso. Introduzimos com um exemplo prático para justificar o fato de que, se dizemos que a religião narra suas "verdades" por meio de mitos, com isso não queremos diminuir a grandeza de nenhuma religião, tampouco questionar sua legitimidade. Mais que tolerância, defendemos respeito a qualquer forma de expressão do sagrado ou mesmo ausência de fé.

Os objetivos do capítulo começam a ser delineados quando passamos a definir o que é um *mito* e se prolongam quando tentamos explicar como eles atuam no âmbito religioso. Para levar a termo tais objetivos, vamos dialogar com a obra de dois autores: Julien Ries, um historiador belga da religião, de origem católica romana; e Carl Gustav Jung, que já estudamos nos capítulos anteriores, um psiquiatra suíço com uma instigante concepção da psique humana, que é de formação protestante. Vamos tentar aprofundar e tornar mais claros os objetivos que perseguiremos neste capítulo, ao finalizar com uma exemplificação que toma um mito do mundo antigo e procura demonstrar como ele antecipa em muitos séculos um debate que é dos mais importantes da atualidade. A intenção é que você fique curioso e leia o capítulo para saber qual mito será objeto de nossa análise e qual seria o tema polêmico da atualidade.

Então, eis as perguntas para que comecemos a refletir: 1) O que é um mito? 2) Que papel os mitos cumpriam no mundo antigo? 3) Onde encontramos os mitos nos dias de hoje? 4) Quais seriam as contribuições de Jung e de Ries na compreensão dos mitos? 5) Há algum mito que lhe inspira? Se sim, qual seria?

3.1 Mitologia com base em Julien Ries

O livro de Julien Ries que vamos utilizar em nossa análise é bastante extenso, mas muito acessível. Trata-se de uma obra que discute questões muito básicas – e, talvez, a melhor forma de começar nosso debate seja pelas questões mais elementares, tais como uma definição preliminar de *mito* e uma discussão sobre como eles funcionam em contexto religioso.

Uma primeira definição de mito aponta para dois sentidos:

> Em grego antigo, o vocábulo *mythos* tem duas acepções gerais: palavra e relato. À primeira acepção corresponde os seguintes significados: palavra pública, conversa, objeto da conversa, pensamento, pensamento expresso, mensagem. À acepção que indica "relato" correspondem os seguintes significados: narrativa, ficção oposta à realidade, fábula, enredo de uma comédia ou de uma tragédia. (Ries, 2020, p. 15)

Reforçamos que *mito*, aqui, não é o oposto de *verdade*. Mesmo que possa assumir esse sentido em alguns contextos, já advertimos que *verdade* no mundo antigo tinha significado distinto do que tem para nós. Nas duas primeiras acepções apontadas pelo autor, *mito* designa uma palavra que é pronunciada publicamente, uma conversa ou mensagem. Também pode ser definido como ficção, fábula ou um enredo e, nesse caso, estaria mais distante da historicidade. Talvez pudesse corresponder ao que chamamos nos dias de hoje de *narrativa*, que pode estar alicerçada na realidade ou ser assumidamente ficcional.

Claro, não podemos nos esquecer de que mesmo os relatos da atualidade, assumidamente ficcionais, também têm historicidade. Autores contemporâneos que inventam mundos não estão totalmente fora da história. Mesmo em realidades criadas literariamente, há sempre fatores de cunho histórico. E o contrário também é verdade: historiadores profissionais, mesmo quando narram fatos históricos embasados densamente em documentos ou em outras fontes ou evidências históricas, tecem uma narrativa que precisa se aproximar da ficção, ao menos no modo como constroem seu texto. Enfim, a relação entre aquilo que é narrado verbalmente ou por meio da escrita e o que está do lado de fora da linguagem (o que muitos chamam de *mundo empírico* ou *extralinguístico*) é muito complexa. Por que seria diferente com os mitos, formas de narrativas que emergiram no mundo antigo e que viam a verdade de outra forma?

Vamos adiante com nosso debate e vejamos outra definição de mito no autor estudado:

> No início, no dialeto jônico de Homero, o termo *mythos* teria tido o mesmo significado que a palavra *logos* no dialeto ático. Logo, porém, no mundo grego, o uso acabou opondo *mythos* e *logos*. *Logos* é a expressão da verdade: *aletheia*. *Mythos*, ao contrário, significa "alguma outra coisa", diferente da verdade. (Ries, 2020, p. 16)

Nessa outra definição de mito, o autor entra na tradicional oposição entre *mito* e *verdade*, mas não discute o que o segundo termo significava no mundo antigo, o que tentamos esclarecer anteriormente. No nosso modo de ver, o historiador Ries foi tragado por seu próprio campo do saber: partiu do pressuposto de que a verdade é um conceito atemporal, o que é imperdoável para qualquer especialista na ciência da temporalidade. Sua segunda definição de *mito* é interessante, no entanto, o fato de ele não ter historicizado os termos faz com que questionemos, ao menos em parte, sua definição.

De qualquer forma, sua exposição aponta para o fato de que houve um momento em que *mito* e *razão* significavam a mesma coisa. Apenas em um tempo posterior é que passaram a se opor. Interessante essa consideração. Não é à toa que os termos se prestam a imprecisões o tempo todo. Como uma palavra pode ser um sinônimo de outra e, depois, se transformar em um antônimo? Ficamos com a impressão de que sua primeira definição era mais apropriada: um mito é uma narrativa. Qualquer acréscimo a essa informação básica, começa a nos colocar no terreno da polêmica ou da dúvida.

À medida que avançamos na análise do mito realizada por Ries, começamos a nos defrontar com algumas ideias muito interessantes. Uma delas está relacionada à função do mito e sua correlação com a experiência do sagrado.

> O mito permite que a ação humana realize uma experiência do sagrado. Ele tem a função de despertar e de manter a consciência de um mundo diferente do mundo no qual se desenvolve a vida de todos os dias. Isso pressupõe uma iniciação, cerimônia de importância capital, pois sem o conhecimento é impossível viver e reviver o acontecimento primordial. (Ries, 2020, p. 18)

Vemos que o mito faz uma ponte entre o ser humano e o mundo sobrenatural. Se uma das possibilidades de definição de mito é a de que ele é uma narrativa, então podemos dizer que ele é uma historieta que conecta as pessoas com seus deuses.

Também podemos dizer que um mito é uma forma de linguagem.

> O mito é uma expressão simbólica através da qual o homem interpreta as relações entre o tempo atual e as origens. Por meio do relato mítico, o homem percebe o tempo primordial como uma era de ouro no decorrer da qual o caos se transformou em cosmos. É o tempo da criação realizada por Seres sobrenaturais, o tempo da origem do clã e das suas instituições, o tempo sagrado por excelência ao qual é preciso se iniciar. Essa mensagem da história santa é o fundamento da crença do homem na divindade.

> Um segundo aspecto da mensagem do mito diz respeito à possibilidade e à necessidade para o homem de atingir o tempo da época áurea, com o objetivo de regular estavelmente a própria vida, de dotá-la de sentido, significado e eficácia. Nesta nostalgia das origens, mediante a celebração ritual do mito o homem se esforça para se ligar ao tempo das origens. Um terceiro aspecto da mensagem mítica é a sua determinação do comportamento do homem na sua vida cotidiana, graças à imitação humana dos modelos. As ações humanas devem referir-se a arquétipos; isso lhes confere coerência, sentido e eficácia. (Ries, 2020, p. 19)

Há muitos dados interessantes na citação: 1) um mito é uma das muitas formas de expressão simbólica, o que significa que ele está conectado tanto com a consciência humana quanto com seu inconsciente; 2) sendo uma expressão simbólica que conecta o presente a um tempo original, ele permite que tal fato construa estabilidade e sentido para a vida humana; e 3) um mito fornece modelos primordiais de ação, arquétipos, de modo que as pessoas podem balizar o que fazem hoje em ações de personagens e deuses do passado.

Sobre o primeiro dos aspectos destacados no parágrafo anterior, o autor diz algumas coisas muito interessantes também:

> O mito é um dos meios de expressão de que dispõe o homem arcaico. Esse meio de expressão à base de imagens e de símbolos é um elemento capital da vida social e religiosa do primitivo. Faz parte do seu sistema de pensamento, um sistema que comporta uma verdadeira coesão. Não é um sistema pré-lógico, como julgava Lévy-Bruhl, mas um sistema baseado numa lógica não conceitual, uma lógica simbólica. Nesse sistema já encontramos os fatores que correspondem às nossas ideias de valor, de realidade, de transcendência. Nossa reflexão filosófica sobre a estrutura do mundo apenas prolonga a reflexão do homem arcaico. (Ries, 2020, p. 31)

As palavras *arcaico* e *primitivo* já foram utilizadas no passado de um modo bastante pejorativo, o que não parece ser o caso de Julien Ries. As culturas arcaicas podem ser tomadas apenas como aquelas diferentes das europeias. Se estas últimas puderem ser definidas como aquelas que atingiram um grau bastante alto de racionalidade, sem que isso precise ser identificado como algo necessariamente bom, então as primeiras seriam aquelas em que há ou havia uma grande dose de intuição e espontaneidade. O autor citado por Ries, Lucien Lévy-Bruhl (1857-1939), em seu livro *A mentalidade primitiva*, cita inúmeros exemplos de resistência dos "primitivos" ao excesso de racionalidade dos europeus, que sempre estavam procurando explicar ou apreender a lógica dos fenômenos, enquanto eles estavam preocupados "apenas" com questões práticas do cotidiano, como conseguir ou estocar comida para sua família (Lévy-Bruhl, 2008).

Ainda prolongando sua análise sobre o mito como uma forma de linguagem, Ries demonstra que ele pode ser um meio de acesso a realidades sobrenaturais. Assim, o mito poderia ser definido como uma maneira de ontologia (fundamento daquilo que é ou existe).

> A descoberta da estrutura simbólica do mito permite esclarecer a sua função da revelação. Como o símbolo, o mundo fala ao homem uma linguagem que cria uma abertura para um mundo trans-histórico. Esse mundo ultrapassa a realidade particular, a experiência profana: é o mundo da realidade exemplar, o das origens. O mito explica simbolicamente e, portanto, faz ver, revela como eventos primordiais fundaram as estruturas do real. Revela esta ontologia de modo dramático, ou seja, não conceitual. (Ries, 2020, p. 33)

Como o mito, com frequência, é uma narrativa sobre o que aconteceu nas origens do tempo, os fatos narrados podem funcionar como fundamento para aquilo que fazemos no presente. Há, assim, uma fusão de temporalidades: nosso tempo presente se conecta a um passado distante, primordial, em que os deuses realizaram ações exemplares ou modelares para nós. Se a narrativa do Gênesis afirma que Deus criou todas as coisas e, depois, descansou, ela não quer apenas informar sobre o que aconteceu no passado, mas nos orientar no presente. Se Deus é criador, então devemos ser criadores ou criativos. Se até Deus descansa, por que não haveríamos de desfrutar de uma pausa lúdica ao final de cada período de trabalho intenso?

Fazendo isso, o mito dá sentido ao nosso mundo e nos mantêm conectados ao sobrenatural. O mundo deixa de ser mundo simplesmente para se tornar uma realidade cheia de encantos.

> A função dos mitos é despertar e manter a consciência de outro mundo, do mundo divino. É a experiência do sagrado. O homem se torna novamente contemporâneo do evento primordial. É necessária uma condição: ele deve conhecer o "código" do mito. Se conhece esse código, o mundo se torna transparente e o homem penetra no mistério da sua existência. Isso nos mostra que o mito é uma das formas da linguagem do sagrado. (Ries, 2020, p. 229-230)

Por fim, precisamos destacar a conexão da visão de Ries com a de Jung, cujo pensamento será o nosso guia no próximo tópico. A correlação entre os dois autores pode ser percebida por meio do debate sobre a relação entre mito e arquétipo:

> Eliade e Ricoeur coincidem em ver o mito como um evento primordial que constitui um ato fundador e arquetípico. Aos olhos do homem arcaico, esse ato fundador é não apenas constitutivo do mundo com a irrupção do sagrado, mas é exemplar e arquetípico para o comportamento humano. Assim, de um lado, o mito dá ao homem um conhecimento da origem e das estruturas do mundo e, de outro, modelos para sua vida pessoal, religiosa e social. A história narrada está em ruptura com o desenvolvimento profano do tempo e da vida. Tal definição fenomenológica do

mito distingue este último das fábulas e dos relatos que narram eventos do mundo profano, enquanto o mito se situa no âmbito do sagrado, numa realidade sobrenatural, num mundo de transcendência. Primordialmente, arquétipo, teofania são, portanto, características essenciais do mito. (Ries, 2020, p. 26)

A aproximação fica mais evidente ainda quando ele cita formalmente o psiquiatra suíço em sua análise:

> Na perspectiva de Jung, na origem do mito encontram-se os arquétipos do inconsciente coletivo. Esse inconsciente é um estrato profundo da alma; é inato. No seu conteúdo e no seu processo, este inconsciente é comum a todos os indivíduos. Os arquétipos constituem o conteúdo deste inconsciente. São *Urbilder, Motive*, o produto de uma tradição que remonta a um mundo arcaico. São forças vitais que contêm uma linguagem em parábolas, uma linguagem simbólica que transmite dados muito antigos da vida primitiva da humanidade. Entre os povos primitivos, esses arquétipos têm um papel importante, já que é através deles que o primitivo percebe a realidade física e que o mundo mítico dos antepassados toma corpo na consciência coletiva. (Ries, 2020, p. 30)

Com essa citação, podemos transitar para o nosso próximo item, em que abordaremos a visão de Jung sobre o mito.

3.2 Mitologia com base em Carl Gustav Jung

Cremos que, como temos dialogado com Jung em outros capítulos, a tendência é a de que cada vez seja menos necessário explorar detalhes de suas teorias. Para começar este novo debate, basta lembrarmos que, para o psiquiatra suíço, consciente e inconsciente falam linguagens distintas e que o segundo se expressa por meio de símbolos, arquétipos e possui um acentuado tônus emocional.

Assim, o mito, ao lado dos sonhos e das fantasias, seria uma das expressões mais "puras" (espontâneas) da linguagem do inconsciente.

> A ênfase de Jung no valor inestimável do indivíduo, sua insistência na supremacia da *gnosis* (conhecimento pela experiência, e não apreendido nos livros ou das crenças), sua abertura ao irracional, ao espontâneo, ao sincrônico, sua celebração dos propósitos altamente criativos da vida, sua realização da individuação como objetivo ao qual todos objetivos são subservientes, seu reconhecimento de que os sonhos e mitos falam a linguagem atemporal da alma – tudo isso são expressões da inspiração cosmogônica que preenchia sua vida. (Stevens, 2012, p. 171)

Ao ler extensivamente seus escritos, começamos a perceber que uma narrativa mítica é uma das formas de as pessoas, coletivamente, projetarem as muitas fantasias e devaneios do inconsciente. Assim como experimentamos um contato com nossa sombra quando a projetamos sobre uma pessoa, conforme argumentamos em capítulos anteriores, muitos outros conteúdos do inconsciente também são lançados em narrativas míticas. Assim, de um ponto de vista junguiano, quando narramos algo sobre um personagem mítico, na verdade estamos lançando sobre ele aspectos de nossa psique inconsciente. Por isso, as mitologias estão sempre sendo criadas e recriadas, de modo que o tempo todo se mantenham vivas no cotidiano das pessoas. Se já não nos servimos de mitos gregos e romanos na atualidade, nós os substituímos por novos formatos, como é o caso do cinema quando cria um mundo paralelo como o de Nárnia, das Terras das Sombras ou galáxias se enfrentando em uma guerra das estrelas etc.

O modo como Jung compreendia a mitologia, como uma forma de projeção de conteúdos do inconsciente, parecia sempre suscitar muitas incompreensões, sobretudo por parte de pessoas religiosas.

Podemos perceber isso por meio de suas cartas, um conjunto de documentos preciosos, preservadas para a posteridade, nas quais flagramos o autor com bastante frequência respondendo a mal-entendidos. Em uma dessas situações, ele está dizendo que se ocupava de mitos, algo dentro do domínio da psicologia, e não de verdade revelada, expressão englobada pela teologia:

> A teologia e a Igreja não me constrangem nem um pouquinho. Ao contrário, agradeço a ambas os pontos de vista muito valiosos. Agradeço-lhe a indicação do livro de Martensen, *Jacob Böhmes Leben und Autorschaft*. A pessoa e os escritos de Jacob Böhme já me são conhecidos há muito tempo. Como o senhor deve ter percebido, também me é familiar a diferença entre mito e revelação divina; sempre me ocupei apenas com mitos e nunca com a verdade revelada. Por isso fiquei surpreso que o senhor me considerasse de forma muito gentil como um ateu. O senhor certamente já percebeu que eu trato apenas de psicologia e não de teologia. Quando abordo, portanto, o conceito de Deus, eu o faço apenas do ponto de vista da psicologia, e não de hipóteses. Deixei bem claro em meus escritos esta limitação epistemológica, cientificamente necessária. Devo confessar também que nunca fui considerado ateu por meus leitores porque os princípios da teoria do conhecimento já penetraram de certa forma na carne e no sangue das pessoas cultas de nossa época. Também no tempo de Kant houve alguns teólogos que incidiram no lamentável erro de considerar Kant um ateu; mas já havia um público culto bem grande que sabia distinguir entre crítica do conceito de Deus e a fé em Deus. Creio que o senhor me faz injustiça se julga que não domine os elementos da gnoseologia. Se quiser submeter a um exame acurado as explicações gnoseológicas que se encontram em meu livro sobre os tipos, poderia então conhecer precisamente minha posição filosófica. Poderá constatar então que está muito

longe de mim negar os conteúdos da experiência religiosa. (Jung, 2018a, p. 138-139)

O motivo pelo qual Jung valorizava a mitologia é porque, por meio dela, tinha acesso ao inconsciente, o que o auxiliava no trabalho terapêutico. Por isso, ele acreditava que a formação de um psicoterapeuta deveria incluir uma série de saberes, entre os quais, o estudo da mitologia, conforme podemos perceber na citação a seguir:

> Acho que seria proveitoso se o senhor comunicasse ao Prof. K. a minha opinião sobre o currículo (da Psicoterapia). Há tempos mandei ao Prof. Görng um memorando neste sentido. Exijo sobretudo conhecimentos de psiquiatria clínica e das neuropatias orgânicas. Em segundo lugar uma análise didática, 3. certo grau de formação filosófica, 4. estudo da psicologia dos primitivos, 5. ciência comparada das religiões, 6. mitologia, 7. estudo da psicologia analítica, começando pelo conhecimento da técnica de diagnóstico das associações, da técnica de interpretação dos sonhos e fantasias, 8. aperfeiçoamento da própria personalidade, a saber desenvolvimento e diferenciação das funções que precisam de formação. Estas são as exigências que faço a um aluno. Naturalmente há poucas pessoas que podem satisfazer estas exigências, mas desde sempre me recusei a produzir artigos em série. Sobretudo não gostaria de dar a impressão de que eu acho que a psicoterapia é um brinquedo intelectual de crianças. Sempre procuro mostrar às pessoas que o verdadeiro conhecimento da psique humana não precisa apenas de grande saber, mas também de uma personalidade diferenciada. Em última análise não é possível tratar da psique com uma única técnica; e na psicoterapia se trata de psique e não de um mecanismo qualquer que se pode abordar com meios igualmente mecanicistas. Segundo penso, deve-se evitar a impressão de que a psicoterapia é uma técnica fácil, Tal

concepção solapa a dignidade e o prestígio de nossa ciência que eu considero a mais nobre de todas [...]. (Jung, 2018a, p. 201)

Como as neuroses, por exemplo, podiam estar alicerçadas em situações que eram desconhecidas por seus pacientes, com base nos sonhos por eles narrados, ele podia acessar o inconsciente deles. Acontece que os sonhos se expressam de forma simbólica, explorando, muitas vezes temas mitológicos. Assim, quando um terapeuta é um grande conhecedor de mitologia, ele terá mais facilidade em auxiliar seus pacientes a decifrar os conteúdos expressos.

Vi logo que a psicologia analítica concordava singularmente com a alquimia. As experiências dos alquimistas eram minhas experiências, e o mundo deles era, num certo sentido, o meu. Para mim, isso foi naturalmente uma descoberta ideal, uma vez que percebi a conexão histórica da psicologia do inconsciente. Esta seria agora uma base histórica. A possibilidade de comparação com a alquimia, da mesma forma que a sua continuidade espiritual, remontando até a gnose, conferia-lhe substância. Estudando os velhos textos, percebi que tudo encontrava seu lugar: o mundo das imagens, o material empírico que colecionara na minha prática, assim como as conclusões que disso havia retirado. Comecei então a perceber o que significavam tais conteúdos numa perspectiva histórica. A compreensão de seu caráter típico, que já se esboçara no curso das minhas pesquisas sobre os mitos, se aprofundar. As imagens originais e a essência dos arquétipos passaram a ocupar o centro de minhas pesquisas; tornou-se evidente para mim que não poderia existir psicologia, e muito menos psicologia do inconsciente, sem base histórica. É verdade que uma psicologia da consciência pode restringir-se ao conhecimento da vida pessoal; mas para desenredar uma neurose, já se torna necessária uma anamnese que necessita uma sondagem mais profunda do que a do simples saber da consciência; e quando, durante o tratamento, se chega a momentos em que devem ser tomadas decisões inusitadas, aparecem, então, **sonhos** cuja intepretação exige mais do que reminiscências pessoais. (Jung, 2016, p. 252, grifo do original)

Os sonhos e os mitos, como expressões do inconsciente, ajudavam a identificar os arquétipos que estavam em proeminência na vida de seus pacientes em determinados momentos do tratamento psicológico a que estavam sendo submetidos. Jung se irritava bastante quando era confrontado com afirmações de que sua perspectiva carecia de fundamentos históricos e acadêmicos; então, para refutar seus oponentes, ele, com frequência, citava seus antecessores históricos (gnósticos e alquimistas) e diversos autores que representavam uma base teórica similar à de seus estudos:

> Fiquei muito interessado nas referências que fez aos arquétipos no epílogo de seu trabalho. Ao que me parece, há aqui alguns mal entendidos. Não nego a existência de fatos que Freud demonstrou. Não acredito em teorias e não tenho a intenção de substituir a teoria dele por outra. Meu objetivo é mostrar fatos novos; por exemplo, a existência de arquétipos, uma existência que já foi reconhecida por outras ciências: na etnologia como "représentations collectives" (Lévy-Bruhl), na biologia (Alverdes), na história (Toynbee), na mitologia comparada (Kerényi, Tucci, Wilhelm e Zimmer que representam a Antiga Grécia, Tibet, China e Índia) e no folclore como "motivos". O conceito biológico muito conhecido de "pattern of behaviour" é sinônimo de arquétipo na psicologia. Conforme indica claramente o próprio conceito "arquétipo", a ideia em si não é nova, pois já se encontra no mesmo sentido em Filo Judeu, no *Corpus Hermeticum* e em Dionísio Areopagita. Creio haver demonstrado que é possível constatar o arquétipo não só na "migração dos símbolos", mas também nas fantasias individuais a partir do inconsciente de qualquer pessoa. Esta descoberta é minha. As provas disso eu as apresentei em vários volumes bem

grossos que, infelizmente, ainda não foram publicados em francês. (Jung, 2018b, p. 130)

Ao estudar as religiões, seus mitos e ritos, Jung acreditava que estava sendo preparado para a prática psicoterapêutica, pois, por esses meios, acumulava conhecimento sobre o inconsciente.

> Não é responsabilidade minha que a alquimia seja oculta e mística; também não tenho culpa das desilusões místicas dos doentes mentais, nem das crenças peculiares da humanidade. Talvez o senhor tenha percebido que eu sigo o conhecido método da anatomia comparada ou da história comparada das religiões ou aquele de decifrar textos antigos e difíceis, como se pode ver facilmente em *Psicologia e alquimia*. Tratando de tais fantasias, tenho de aduzir material análogo, encontrado em textos místicos ou nos mitos e nas religiões. Ou o senhor acredita que os psicopatas não têm fantasias dessa espécie? Veja, por favor, o meu livro *Símbolos da transformação*. (Jung, 2018b, p. 355, grifo do original)

Outro aspecto que também podemos destacar é que, para Jung, a mitologia explorava o mundo dos arquétipos:

> Minha opinião sobre os "resíduos primordiais", que denomino "arquétipos" ou "imagens primordiais", é constantemente criticada por pessoas que não possuem bastante conhecimento da psicologia dos sonhos e nem da mitologia. O conceito arquétipo é muitas vezes mal entendido porque significa, por exemplo, um motivo ou figura mitológicos bem determinados e nitidamente delineados. Isto seriam meras representações e seria absurdo acreditar que tais representações mutáveis pudessem ser herdadas. Ao contrário, o arquétipo é uma tendência de criar representações muito variáveis, mas sem perder seu modelo primitivo. Existem, por exemplo, muitas representações do motivo dos irmãos inimigos, mas só existe **um** motivo. Só é possível descrever isso com uma

tendência a esta espécie de formação de representações. Como tal, representa uma disposição hereditária da psique humana e é possível encontrá-la praticamente em toda parte e em todos os tempos. Penso nesse motivo quando falo do arquétipo. (Jung, 2011c, p. 247, grifo do original)

O personagem Jesus também faz parte das grandes narrativas mitológicas. Claro, antes de seguir adiante com essa afirmação, precisamos destacar que nem mesmo os pesquisadores mais céticos duvidam da existência histórica de Jesus, no entanto, é preciso perceber que sobre esse fascinante personagem são projetados muitos motivos arquetípicos de caráter mitológico:

> O mito se compõe de símbolos que não foram inventados, mas que simplesmente aconteceram. Não foi o homem Jesus que criou o mito do homem-deus. Este já existia há séculos. Ao contrário, ele mesmo foi tomado por esta ideia simbólica que, segundo descreve Marcos, o tirou da oficina de carpinteiro e da limitação espiritual de seu meio ambiente. Os mitos provêm dos contadores primitivos de histórias e de seus sonhos, de pessoas que eram estimuladas pelas noções de sua fantasia e que pouco se diferenciaram daquelas que mais tarde chamaríamos de poetas ou filósofos. (Jung, 2011c, p. 267)

Em outro trecho, o psiquiatra suíço destaca que Jesus era o mito ainda vivo da civilização ocidental:

> Por que motivo – perguntará o leitor – falo aqui de Cristo e de sua parte contrária? Falamos necessariamente de Cristo, porque Ele é o mito ainda vivo de nossa civilização. É o herói de nossa cultura, o qual, sem detrimento de sua existência histórica, encarna o mito do homem primordial (*Urmensch*), do Adão místico. É Ele quem ocupa o centro do mandala cristão; é o Senhor do Tetramorfo, isto é, dos símbolos dos quatro Evangelistas que significam as quatro

colunas de seu tempo. Ele está dentro de nós e nós estamos nele. Seu Reino é a pérola preciosa, o tesouro escondido no campo, o pequeno grão de mostarda que se transforma na grande árvore; é a Cidade celeste. Do mesmo modo que Cristo, assim também o seu reino está dentro de nós. (Jung, 2011a, p. 51-52)

Tendo analisado o que Ries e Jung pensavam sobre o mito, podemos passar agora a uma exemplificação proveniente do mundo antigo. Cremos que isso irá clarear um pouco os debates mais técnicos que propusemos ao longo deste capítulo.

3.3 Narrativas míticas na Antiguidade

Um debate importante bastante presente na atualidade é em relação ao que conservadores chamam de *ideologia de gênero* e progressistas denominam *diversidade de gênero*. Não temos a intenção de entrar na polêmica agora, sob o risco de nos desviarmos de nosso tema. O que afirmamos é que, desde o mundo antigo, as pessoas estavam tentando encontrar explicações ou soluções para existência de sujeitos que nasciam com uma ambiguidade de cunho sexual ou de gênero mais acentuada que as demais. Talvez essa seja uma forma de explicarmos o mito de Hermafrodito. Podemos começar com uma descrição condensada da narrativa com base em uma versão elaborada por um especialista brasileiro sobre o assunto:

> Miticamente, por conseguinte, Hermafrodito é filho de Hermes e de Afrodite. Criado pelas ninfas do Monte Ida, o jovem era de extraordinária beleza. Tão grande quanto a de Narciso. Aos quinze anos, quando todo adolescente se desapega da família para a necessária δοκιμασία (dokimasía), isto é, para seu rito iniciático, buscando tornar-se δόκιμος (dókimos), quer dizer, "provado e aprovado", Hermafrodito resolveu percorrer o mundo. Passou pela Lícia, depois pela Cária e chegou junto à fonte de Sálmacis,

perto de Halicarnasso. A ninfa creneia Sálmacis, homônima da fonte, ao vê-lo, perdeu-se de amores por ele. Não sabendo o que dizer, porquanto seu coração jamais fora visitado por Eros, ele a manteve à distância, repelindo-lhe as pretensões. A ninfa simulou conformar-se, mas escondeu-se num bosque vizinho. Tão logo Hermafrodito se despiu e se lançou nas águas límpidas e frescas da fonte, Sálmacis, como descreve Ovídio em suas *Metamorfoses*, 4, 285-388, num instante já estava junto dele. Apesar da resistência do filho de Afrodite, a ninfa cobriu-o de beijos em "como a hera que se enrosca no tronco das grandes árvores", o enlaçou fortemente, que lhe tirou qualquer possibilidade de resistência. Pediu, em seguida, aos deuses que jamais a separasse de Hermafrodito. Os imortais ouviram-lhe a súplica. Os dois corpos fundiram-se num só e assim surgiu um novo ser, de dupla natureza. (Brandão, 2014, p. 320)

Vamos considerar também o mito em sua versão original antiga. O texto foi vertido para nosso idioma em uma versão que procura reproduzir o ritmo e a sonoridade da narrativa original latina:

Nascera a Mercúrio, da deusa de Citera, um filho,

que as Náiades criaram nas grutas do Ida.

Tinha um rosto onde pai e mãe podiam rever-se.

Até o nome era o deles. Quando completou

três vezes cinco anos, deixou os pátrios montes e,

afastando-se do Ida que o criou, comprazia-se

em deambular por lugares ignotos e em ver rios ignorados,

com tal empenho que lhe diminuía o esforço.

Chegou também às cidades da Lícia e ao país de Cária,

da Lícia vizinho. Encontra aí um lago de águas profundas

e transparentes. [...]

Habita-o uma ninfa que, contudo, não é dada a caçadas,

nem o arco costuma curvar, nem na corrida compete,

e é a única das Náiades desconhecida da veloz Diana. [...]

Envolvendo o corpo num manto transparente,

deita-se, umas vezes, em macias folhas ou em tenras ervas;

colhe, outras, flores. Também as colhia então,

quando avistou o jovem. E, ao vê-lo, desejou possuí-lo. [...]

À ninfa que insistentemente lhe pedia beijos,

ao menos fraternos, e levava já a mão a seu branco colo

diz ele: 'Paras, ou desapareço e deixo estes lugares e deixo-te a ti!'

Sálmacis ficou temerosa e disse: 'Deixo-te, estrangeiro,

estes lugares livres!' E faz menção de retornar sobre seus passos.

Então, olhando para trás, entra num bosque de arbustos,

esconde-se e, dobrando os joelhos, baixa-se. E ele,

julgando que não era olhado naqueles prados desertos,

anda daqui para ali e mergulha os pés até o tornozelo

nas águas que brincam. Levado pela suave temperatura delas,

logo despoja seu corpo jovem das leves roupas.

Foi então que agradou deveras.

E Sálmacis ardeu no desejo daquela beleza nua. [...]

'Venci, pertences-me', exclama a Náiades. E, arremessando

para longe toda a sua roupa, lança-se nas águas,

prende-o, a ele que se debate, e rouba-lhe beijos à força. [...]

Resiste o neto de Atlas e nega à ninfa as alegrias sonhadoras.
Ela enlaça-o e, a seu corpo totalmente unida, assim como estava,
afirma: 'Poderás lutar, desgraçado, mas não fugirás!
Assim vós, deuses, ordeneis que não haja dia
que de mim o afaste, e a mim me afaste dele!'
Os deuses ouviram a súplica, pois, confundidos,
os corpos dos dois unem-se e assumem aparência
de um só. Como se alguém, num tronco, enxertasse ramos, os visse
unirem-se enquanto crescem e desenvolverem-se conjuntamente.
Foi assim quando os corpos se uniram em apertado abraço. Nem são
dois nem uma forma dupla, sem se pode dizer que seja uma mulher
ou que seja um jovem. Não parecendo nenhum nem outro,
parecem a mistura dos dois. [...].

(Ovídio, 2017, p. 235-241)

Não queremos "resolver" o problema da interpretação do mito ao dizer que ele discute sexualidade e/ou gênero. Sabemos que uma narrativa mitológica tem como principal característica a de se expressar de forma a preservar sua pluralidade de sentidos. Apenas tentamos indicar que uma das possibilidades de leitura do mito aponta na direção da solução de um problema cotidiano das pessoas que viviam no mundo antigo. Podemos imaginar que algumas pessoas eram diferentes, seja no comportamento, seja na anatomia, e a história de um dos filhos dos deuses que havia sido fundido com uma ninfa poderia ser uma bela explicação para o acontecimento.

Parece que esse era o modo como as pessoas explicavam os fatos para os quais ainda não tinham outra explicação. De qualquer forma, estavam tentando entender por que algumas pessoas nasciam com um grau mais acentuado de ambiguidade sexual que as demais, a ponto de nascerem com órgão sexual masculino, mas desenvolverem caracteres sexuais femininos. Certamente, isso deixava os antigos tão intrigados com a questão quanto podemos ficar na atualidade.

Além de tentar explicar um fenômeno físico existente em seu tempo, o mito também pode ser interpretado de forma junguiana, apontando para sua dimensão psicológica, portanto, como uma projeção de realidades psíquicas que pessoas ou coletividades podem estar vivendo em um determinado momento de suas vidas.

Como, para Jung, a vida intrapsíquica pode ser interpretada como uma união dos opostos, o mito de Hermafrodito se explica como uma projeção narrativa dessa dualidade que as pessoas experimentam em seu interior. Os conteúdos do inconsciente poderiam ser experimentados como feminilidade, assim como os do consciente como masculinidade. Poderia ser o inverso, não importa, contanto que a dualidade seja mantida. Para Jung, a psique precisa de energia para se movimentar, e esta é gerada por uma tensão entre os polos opostos ou distintos. Só há dinamismo, quando há movimento, e este é gerado pela tensão entre fenômenos distintos, como consciente-racional e inconsciente-intuição.

Síntese

Neste capítulo, abordamos dois autores que exploram o tema do mito em seus trabalhos. O primeiro deles, Ries, é um pouco menos original, mas sua perspectiva é uma boa forma de começar uma abordagem do mito. Considerando essa abordagem, podemos compreender o mito como uma narrativa, que tem os deuses como protagonistas, cuja temporalidade é o "princípio de todas as coisas".

Também aprendemos que um mito nos coloca em sintonia com o mundo sobrenatural.

Em seguida, voltamos às teorias de Jung, dessa vez considerando suas proposições sobre os mitos. Para ele, os mitos são parentes dos sonhos, das fantasias e dos devaneios, o que significa que eles são produtos espontâneos de expressão do nosso inconsciente. Ao narrar os mitos, projetamos sobre os personagens da historieta realidades que experimentamos em nosso inconsciente, como os arquétipos. Por meio dessa experiência, um terapeuta pode acessar o inconsciente de seu paciente ou mesmo expressões de uma coletividade que foram incorporadas por um determinado sujeito.

Terminamos o capítulo explorando um intrigante mito do mundo antigo, que narra a fusão da masculinidade com a feminilidade em um personagem, Hermafrodito. Isso teria acontecido com o filho de Hermes e Afrodite porque ele teria se negado a ceder aos cortejos de uma ninfa. Dissemos que uma possibilidade de interpretação do mito é dizer que ele procurava explicar um dilema com o qual sujeitos do mundo antigo se defrontavam: a existência de pessoas que nasciam com uma ambiguidade sexual. Vimos também que podemos fazer uma interpretação junguiana do mito ao identificá-lo como projeção de realidades intrapsíquicas.

INDICAÇÕES CULTURAIS

ANAZ, S. A. L.; CERETTA, F. M. Remitologização contemporânea: a (re)conciliação da ciência e da magia em "Guerra nas Estrelas". **Galáxia**, São Paulo, n. 31, p. 130-143, abr. 2016. Disponível em: <http://www.scielo.br/pdf/gal/n31/1982-2553-gal-31-0130.pdf>. Acesso em: 13 nov. 2020.

Texto interessante sobre a "fábrica" contemporânea de mitos, o cinema, dando destaque para uma das sagas mais conhecidas e celebradas das últimas décadas.

JUNG, C. G. **Cartas**: 1905-1945. Tradução de Edgar Orth. Petrópolis: Vozes, 2018. v. 1.

JUNG, C. G. **Cartas**: 1946-1955. Tradução de Edgar Orth. Petrópolis: Vozes, 2018. v. 2.

JUNG, C. G. **Cartas**: 1956-1961. Tradução de Edgar Orth. Petrópolis: Vozes, 2018. v. 3.

Os três volumes das cartas de Jung receberam recentemente uma nova edição em nosso idioma e se constituem em uma preciosa fonte para uma análise de seu pensamento. A vantagem de ler as cartas é que elas usam, na maior parte das vezes, uma linguagem simples e espontânea, estabelecendo-se como uma forma muito acessível de introdução ao pensamento do autor.

O SENHOR dos anéis: a sociedade do anel. Direção: Peter Jackson. Barueri: Warner, 2012. 178 min.

O SENHOR dos anéis: as duas torres. Direção: Peter Jackson. Barueri: Warner, 2012. 179 min.

O SENHOR dos anéis: o retorno do rei. Direção: Peter Jackson. Barueri: Warner, 2012. 201 min.

Trata-se da trilogia de *O Senhor dos anéis*, uma adaptação cinematográfica do clássico da literatura homônimo de J. R. R. Tolkien. Tanto os filmes quanto os livros de Tolkien colocam em evidência temas clássicos da mitologia, como seres sobrenaturais de diversas origens e naturezas, com destaque especial para o confronto entre o bem e o mal. Tolkien é sempre imperdível, seja no papel, seja na tela.

QUEIROZ, R. S. O herói-trapaceiro: reflexões sobre a figura do trickster. **Tempo Social**, v. 3, n. 1-2, p. 93-107, dez. 1991. Disponível em: <http://www.scielo.br/pdf/ts/v3n1-2/0103-2070-ts-03-02-0093.pdf>. Acesso em: 12 nov. 2020.

Trata-se de um artigo sobre a figura do *trickster*, uma das expressões mitológicas do arquétipo da sombra.

RIES, J. **Mito e rito**: as constantes do sagrado. Tradução de Silvana Cobucci Leite. Petrópolis: Vozes, 2020.

O livro de Ries estudado neste capítulo foi traduzido para o português apenas recentemente. Trata-se de uma obra relativamente simples, com certa superficialidade no tratamento dos temas e com modesta originalidade. Os seus pontos fracos podem ser suas fortalezas, pois, ao citar muitos autores, em vez de expor suas próprias teorias, e ao reincidir na definição dos conceitos, ele acaba tornando o texto acessível à maior parte das pessoas, o que é uma vantagem para leitores iniciantes.

Atividades de autoavaliação

1. Indique se as considerações a seguir sobre o conceito de mito de Julien Ries são verdadeiras (V) ou falsas (F).
   - [ ] Em grego antigo, o vocábulo *mythos* tem duas acepções gerais: "palavra" e "relato".
   - [ ] Uma das acepções de *mito* corresponde aos seguintes significados: "palavra pública", "conversa", "objeto da conversa", "pensamento", "pensamento expresso", "mensagem".
   - [ ] Uma das acepções de *mito* corresponde aos seguintes significados: "narrativa", "ficção oposta à realidade", "fábula", "enredo de uma comédia ou de uma tragédia".
   - [ ] No início, no dialeto jônico, de Homero, o termo *mythos* tinha o mesmo significado que o da palavra *logos*, no dialeto ático.
   - [ ] No mundo grego, o uso acabou opondo *mythos* e *logos*.

   Agora, assinale a alternativa que corresponde à sequência correta:
   A) V, F, V, V, V.
   B) V, V, V, V, V.
   C) V, V, V, V, F.
   D) F, F, F, F, V.
   E) F, F, F, F, F.

2. Ainda sobre a concepção de mito de Julien Ries, **não** podemos afirmar:
   A] Um mito é uma das muitas formas de expressão simbólica, o que significa que ele está conectado tanto com a consciência humana quanto com seu inconsciente.
   B] Sendo o mito uma expressão simbólica que conecta o presente a um tempo original, ele permite que esse fato construa estabilidade e sentido para a vida humana.
   C] Um mito é sempre a expressão de uma verdade racional.
   D] Um mito fornece modelos primordiais de ação, arquétipos, de modo que as pessoas podem balizar o que fazem hoje em ações de personagens e deuses do passado.
   E] Sua concepção de mito tem alguns aspectos em comum com a de Jung.

3. Identifique nas alternativas a seguir aquela que expressa aspectos que **não estão** relacionados ao mito de Hermafrodito, tal como foi apresentado e analisado no capítulo:
   A] O mito de Hermafrodito pode ser interpretado como uma das muitas expressões do arquétipo do *trickster*.
   B] Podemos imaginar que algumas pessoas eram diferentes, seja no comportamento, seja na anatomia, e a história de um dos filhos dos deuses que havia sido fundido com uma ninfa poderia ser uma boa explicação para o acontecimento.
   C] À sua maneira, esse mito apresenta uma explicação para uma questão presente no seu contexto.
   D] Uma das possibilidades de leitura do mito aponta na direção da solução de um problema cotidiano das pessoas que viviam no mundo antigo.
   E] Podemos fazer correlações entre o mito e o debate contemporâneo sobre o tema da sexualidade e/ou do gênero.

4. Ao apresentar as ideias de Ries e de Jung ao longo do capítulo, **não** seria correto afirmar:
   A) Com base nas ideias de Ries, podemos compreender o mito como uma narrativa que tem os deuses como protagonistas, cuja temporalidade é o "princípio de todas as coisas".
   B) Para Jung, os mitos são parentes dos sonhos, das fantasias e dos devaneios, o que significa dizer que eles são produtos espontâneos de expressão do nosso inconsciente.
   C) Ries, é um pouco menos original, mas sua perspectiva é uma boa forma de começar uma abordagem do mito.
   D) Os dois autores exploram o tema do mito em seus trabalhos.
   E) Os dois autores são muito originais.

5. Indique se as considerações a seguir sobre mito e mitologia com base no pensamento de Carl Gustav Jung são verdadeiras (V) ou falsas (F).
   [ ] Ao estudar as religiões, seus mitos e ritos, Jung acreditava que estava sendo preparado para a prática psicoterapêutica, pois, por esses meios, acumulava conhecimento sobre o consciente.
   [ ] Ele reconhece que os sonhos e os mitos falam a linguagem atemporal da alma.
   [ ] Um dos motivos pelos quais Jung valorizava a mitologia é porque, por meio dela, era possível ter acesso ao inconsciente, o que muito o auxiliava no trabalho terapêutico.
   [ ] Ele acreditava que a formação de um psicoterapeuta deveria incluir uma série de saberes, entre os quais, o estudo da mitologia.
   [ ] Os mitos, como expressão do inconsciente, ajudavam a identificar os arquétipos que estavam em proeminência na vida de seus pacientes em determinados momentos do tratamento psicológico a que estavam sendo submetidos.

Agora, assinale a alternativa que corresponde à sequência correta:

A] F, V, V, V, V.
B] V, V, F, V, V.
C] V, V, V, V, F.
D] V, V, V, V, V.
E] V, F, V, V, V.

ATIVIDADES DE APRENDIZAGEM

Questões para reflexão

1. Você gosta de cinema, de literatura ou de história em quadrinhos? Quais são os temas e personagens que você aprecia mais? Por que acha que os admira? Você acha que há alguma razão especial para gostar de tais personagens? O que essas histórias poderiam revelar sobre sua personalidade?
2. Quais são os mitos da sua religião? Se você não tem religião, quais são os mitos laicos que norteiam a sua vida? Como sua religião ou laicidade lida com os mitos alheios? Como você lida com os próprios mitos?

Atividade aplicada: prática

1. Escolha e visite dois lugares sagrados. Pode ser, por exemplo, uma igreja cristã e um terreiro de umbanda. Observe os cultos ou celebrações e procure entrevistar alguns de seus líderes. Pergunte sobre a existência de mitos nas religiões que você visitar. Compare a reação dos líderes à pergunta sobre a existência de mitos em sua religião e, em seguida, coteje as narrativas que coletou nos cultos ou nas entrevistas. Você ficará surpreso com o resultado.

LINGUAGEM DO FENÔMENO RELIGIOSO E OS RITOS

Uma religião não é composta de apenas de dogmas, mitos e símbolos. Ao lado de fenômenos de ordem teórica, como os que serão mencionados no exemplo a seguir, aparecem expressões práticas, como é o caso dos ritos. É verdade que as religiões são compostas de muitos conceitos, mas elas também são formadas por tantas outras coisas que precisam ser feitas pelas pessoas corretas e no momento adequado, entre as quais estão os ritos.

Neste capítulo, vamos explorar o instigante e complexo mundo dos ritos das religiões. Para isso, vamos ficar na companhia, mais uma vez, de Julien Ries e de Carl Gustav Jung. Começaremos definindo o que é um rito, seguiremos fazendo caracterizações mais complexas dos fenômenos e finalizaremos com a descrição de alguns ritos do cristianismo primitivo. Pensamos que assim chegaremos a uma compreensão adequada dessa dimensão expressiva das religiões.

Temos, assim, alguns objetivos a serem perseguidos no decorrer do capítulo: 1) definir e caracterizar o que é um rito; 2) estudar as concepções e abordagens do rito com base em dois autores, Ries e Jung; e 3) fazer um estudo de caso sobre o cristianismo primitivo de modo que os conceitos possam ficar mais evidentes.

Por fim, podemos começar a entrar em contato com o tema tendo como base algumas indagações: 1) O que é um rito? Como observar e descrever um rito? 2) Como distinguir um rito de outra ação humana? 3) Com quais ritos laicos você está em contato no seu dia a dia? 4) Que contato você tem com ritos religiosos na sua cotidianidade? 5) Como você se sente quando participa de um rito? 6) Que funções um rito cumpre na sua vida pessoal e comunitária?

Antes, porém, de dar início ao nosso estudo, observemos um exemplo que nos ajudará a entender o assunto.

Exemplo prático

No fim do século XX, cursava mestrado em sociologia e desenvolvia pesquisa sobre um dos ramos do neopentecostalismo brasileiro. Embora estivesse em um programa identificado como de sociologia, a pesquisa que realizava era de cunho antropológico: meu orientador era um antropólogo, eu usava a teoria antropológica como embasamento da pesquisa e, por fim, os métodos que empregava também eram provenientes da antropologia.

Havia me proposto a observar, descrever e compreender o rito de exorcismo em uma comunidade local neopentecostal. Para isso, tinha como objetivo realizar uma pesquisa de campo que acabou por se estender por um período de dois anos. Eu utilizava a técnica denominada *observação participante*, o que significava que ia várias vezes por semana à igreja-campo, assistia e participava dos cultos, anotava no calor da hora o que observava sobre o rito de exorcismo e, ao chegar em casa, fazia anotações mais detalhadas sobre o que tinha visto e anotado de forma mais precária durante as observações *in loco*.

Depois de dois anos com uma rotina assim, eu tinha muitas e longas descrições do rito de exorcismo em um diário de campo.

Com base nesses escritos, pude construir uma interpretação do sentido que o rito tinha para os fiéis da comunidade neopentecostal que estava pesquisando. O final dessa história é que consegui finalizar a pesquisa, defendi a dissertação de mestrado e me tornei mestre em Sociologia.

Apesar do final feliz, encontrei algumas dificuldades para realizar a pesquisa. Na época, havia uma tensão profunda entre a grande mídia e a denominação. Isso dificultava o ingresso de pesquisadores, como era o meu caso, no interior das comunidades. Mas esse não foi o maior obstáculo que tive de enfrentar.

Como eu vinha de duas graduações, uma em Teologia e outra em História, não havia recebido treinamento para fazer pesquisa de campo ou empírica. Para driblar essa limitação de formação, fiz muitas leituras de outros pesquisadores e consultei professores e pesquisadores mais experientes. Conforme repetia as visitas aos templos e exercitava as descrições e anotações, fui encontrando mais facilidades.

Acontece que me deparei com uma dificuldade em especial na pesquisa: tinha de observar um rito no interior de uma igreja extremamente performática. Isso significava que as pessoas, no decorrer dos cultos, estavam sempre em movimento. O fiel neopentecostal não é igual ao católico romano ou protestante tradicional, que fica sentado e reflete sobre o que ouve, de forma compenetrada e passiva. Ele se movimenta o tempo todo no interior do templo e participa de muitos ritos com bastante empolgação. Tudo isso parece ser muito interessante e positivo, e de fato é, mas cria um problema adicional para o pesquisador-observador, como era o meu caso: Como transformar em uma descrição-narrativa um fenômeno tão performático?

A dificuldade que experimentei ilustra bem o tema que vamos abordar no decorrer deste capítulo.

4.1 Ritos religiosos com base em Julien Ries

Iniciemos com uma definição de *rito*:

> O rito é um ato ou um gesto, individual ou coletivo, realizado em vista de um resultado que vai além deste mundo empírico. O rito se situa no cruzamento entre natureza, sociedade, cultura e religião. É um ato simbólico mediante o qual o homem, nos limites de uma realidade que pertence a este mundo, estabelece um contato com uma realidade que transcende este mundo. Todo rito tem um sentido: ele é constituído pela associação entre um gesto a uma crença. Desde os tempos mais antigos até nossos dias atuais, a pessoa que realiza um rito desempenha um gesto que, a seus próprios olhos, comporta um significado. (Ries, 2020, p. 281)

A definição de Ries (2020) tem muitos aspectos que precisam ser destacados e analisados: 1) o rito é uma forma de ação ou uma expressão gestual; 2) pode ser realizado por um sujeito ou por uma coletividade; 3) um rito é uma das muitas formas de expressão cultural; 4) é um ato simbólico, o que significa que sempre tem um significado que pode ser decifrado pelas pessoas que pertencem à cultura em que está inserido; e 5) um rito religioso promove uma conexão entre uma pessoa ou coletividade com uma realidade transcendente, que podemos denominar *sagrada*.

Uma religião é um fenômeno complexo que comporta uma multiplicidade de formas de expressão, dentre as quais, o rito. Há religiões com maior ou menor número de ritos, mas não há religiões sem eles. Essa informação é muito importante: as religiões são compostas de coisas que são ditas e de outras que precisam ser feitas, e sempre há uma conexão entre elas. Quando pesquisamos, por exemplo, o rito de exorcismo, precisaremos saber que eles estão alinhados às crenças em relação ao diabo e os seus modos de agir. Se as pessoas achassem que o diabo não existe, não faria sentido falar em possessão e, consequentemente, em exorcismo, que consiste no ato de expelir um demônio ou o próprio diabo do corpo da pessoa.

Um rito pode ser uma ação pessoal ou coletiva. Quando estamos diante de um rito de exorcismo, podemos nos defrontar com uma pessoa exorcizando outra. Mas, nas observações que fizemos do rito de exorcismo no neopentecostalismo, muitas vezes vimos comunidades inteiras participando do rito, gesticulando e gritando, todas ao mesmo tempo, para que o demônio saísse do corpo da pessoa. Temos também ritos realizados na intimidade do lar das pessoas e efetivados apenas por um sujeito, como é o caso de alguém que tranca a porta do seu quarto e ora. Além disso, temos ritos coletivos, como as orações recitadas simultaneamente por pessoas que estão participando de uma celebração pública – caso em que rezam ou oram o Pai-nosso ou o Credo em uníssono.

Um rito é uma das muitas expressões culturais. Isso significa que todas as culturas têm seus ritos, sejam religiosos, sejam laicos. Além disso, conforme debatemos no Capítulo 2, uma religião é uma teia de símbolos, e estes transportam significados que podem ser decifrados. Os ritos fazem parte desse universo rico de sentidos e significados que denominamos *cultura*.

Se os ritos são significativos, seus sentidos, então, podem ser decifrados por alguém que pertença à cultura em que estão inseridos. Essa é a implicação de pertencer a determinada cultura: partilhar com outras pessoas um amplo estoque de sentidos. Alguém que não participe dessa cultura terá dificuldades para decifrar os sentidos que são partilhados por pessoas que pertencem a ela. Mas, se tem algo que temos aprendido com a antropologia, é que podemos, por meio da observação persistente, minuciosa e atenta, com o passar do tempo, começar a compreender os símbolos que são partilhados por membros de uma cultura distinta da nossa.

Por fim, devemos levar em consideração o fato de que os ritos, especificamente os religiosos, existem para estabelecer conexões entre as pessoas e seus deuses. Em algumas situações, imitamos os gestos das divindades e, em outras, agimos de tal forma que acabamos por nos aproximar delas. Não apenas pensamos ou criamos teorias de como são e agem os deuses, mas fazemos coisas para que nos conectemos com o sobrenatural e permaneçamos ligados a ele.

Então, não nos esqueçamos de que os ritos fazem parte do rico arsenal de conceitos e práticas especificamente religiosos. Além disso, precisamos saber que um rito é uma forma de linguagem.

> O rito se exprime por meio de gestos e palavras. Está vinculado a uma estrutura simbólica por meio da qual se opera a passagem para a realidade ontológica, a passagem do signo ao ser. As ações rituais são meios com os quais o *homo religiosus* busca vincular-se ao arquétipo, que está fora do mundo natural. O rito se situa no nível do comportamento do homem e se alinha com o sagrado vivido. Em todas as religiões, o homem que cumpre um rito faz um gesto significativo para a própria vida, dele esperando eficácia e benefícios. O rito é realizado por meio de elementos tomados do cosmos: água, luz, sal, óleo. Nos rituais, o homem organiza o tempo com referência ao tempo arquetípico, ao *Illud tempus*: rituais festivos, de celebração, sacrificiais, de iniciação. Graças ao ritual, o *homo religiosus* volta a se ligar a um tempo primordial ou a um acontecimento arquetípico. (Ries, 2020, p. 284-285)

Nesse sentido, o rito aproxima o ser humano de Deus. Ele é uma forma de linguagem que, de forma bem específica, faz o corpo "falar" o idioma do sagrado.

> O rito é uma ação pensada pelo espírito, decidida pela vontade e realizada pelo corpo mediante gestos e palavras. Ele se situa no interior de um conjunto simbólico e hierofânico ligado à experiência

religiosa. Através do rito é estabelecido, nos limites da realidade deste mundo, um contato com uma realidade que ultrapassa este mundo. O ato ritual está ligado a uma estrutura simbólica, através da qual se realiza uma passagem: uma passagem do significante ao significado, do imaginário ao ontológico, do signo ao ser. (Ries, 2020, p. 325)

Belas palavras de Ries (2020), em que o autor destaca a forma como espírito, vontade e corpo se sincronizam e permitem às pessoas realizarem uma experiência com as divindades. Todas as nossas dimensões participam, mas é o corpo quem executa a ação que nos conduz a um encontro com o ser divino.

Entre as muitas modalidades de rito, uma se destaca: os ritos de iniciação, pois, por intermédio deles, somos inseridos no interior do mundo sagrado.

Os ritos de iniciação constituem um elemento de destaque na antropologia religiosa. Trata-se, sem dúvidas, de ritos de passagem no exato sentido da palavra, a partir do momento em que a iniciação equivale a uma mudança ontológica do regime existencial, introduz o neófito na comunidade e, simultaneamente, num mundo de valores. Todo rito de iniciação implica um simbolismo da criação, que reatualiza o evento primordial da cosmogonia e da antropologia. A iniciação é um novo nascimento. (Ries, 2020, p. 286)

Podemos dizer que uma pessoa só ingressa no universo sagrado quando realiza a ação necessária para que isso se efetive, que consiste em um rito de passagem.

Quando se diz iniciação, entende-se entrada, estágio, início de uma experiência destinada a continuar. Através da iniciação realiza-se uma passagem: de um estado a outro, de uma fase de vida a uma nova fase, de um tipo de vida a outro. Tal passagem tem o objetivo de desenvolver um tipo de comportamento que depois passará a ser um dado essencial na vida e na existência do iniciado. A partir da iniciação verifica-se na vida do iniciado uma série de transformações que o levarão a se tornar outra pessoa. (Ries, 2020, p. 320)

Isso é muito interessante, pois, se os ritos de iniciação não existissem, ficaríamos desorientados com relação às novas situações da vida. O indivíduo sabe que ingressou em uma comunidade religiosa e desfruta de todos os benefícios e obrigações que o novo *status* proporciona porque participa de um rito iniciático.

Este tema atraiu a atenção de estudiosos como A. van Gennep, E. Durkheim, J. Cazeneuve, J. Huxley, H. Habel. Através de sucessivos esclarecimentos, esses autores procuraram construir uma taxonomia do que cada vez mais frequentemente é denominado "ritologia". Poderíamos tentar uma classificação dos ritos de iniciação baseada na função deles.

a. Um primeiro grupo, bem importante, é constituído pelos ritos puberais, documentados por fontes que estão entre as mais arcaicas da humanidade. Este tipo de iniciação desempenha um papel essencial na constituição das culturas e das sociedades. Por outro lado, tais ritos têm um interesse muito especial, pois manifesta como as sociedades, nas diversas épocas da vida humana, procuraram realizar aquela que nós podemos chamar a perfeita realização do *homo religiosus*.

b. Uma segunda classe de ritos de iniciação é constituída pelo conjunto de ritos que permitem a entrada numa sociedade religiosa fechada: como exemplos podemos citar os ritos iniciáticos do culto de Mitra ou os de entrada no grupo dos *berserkir* da cultura escandinava. Nesta classe também podem ser inseridos os rituais dos cultos mistéricos do mundo grego e oriental. Os ritos pertencentes a esta segunda categoria constituem uma experiência religiosa que torna possível um contato mais íntimo com a divindade.

c. Uma terceira categoria é formada pelo conjunto dos ritos de iniciação que levam a uma vocação por assim dizer mística: é o caso dos xamãs, das iniciações sacerdotais e das heroicas ou guerreiras. Com este tipo de iniciação estamos na presença de experiências religiosas caracterizadas por dois elementos essenciais: de um lado, a atribuição de poderes excepcionais, de outro a entrada numa condição de vida inacessível aos outros membros do grupo. (Ries, 2020, p. 326-327)

Sabemos, por exemplo, que incialmente bastava alguém ser batizado para se tornar cristão no mundo antigo. Mas, quando ser cristão passou a representar um risco de vida em função das perseguições empreendidas pelo estado romano, o preparo para alguém se tornar cristão começou a se estender e o rito de inserção na comunidade cristã passou a se tornar mais complexo e seletivo. Mesmo assim, continuava possível passar a fazer parte da comunidade de iniciados, sendo necessário que a pessoa se submetesse ao rito de passagem.

a. Um primeiro elemento, no qual devemos insistir particularmente, é a referência a um arquétipo. O arquétipo é um modelo situado nas origens e considerado como iniciador no quadro do desenvolvimento do rito. Ele é capaz de fornecer potência e eficácia à ação do homem na medida em que pertence – assim se pensa – ao mundo "sobrenatural". Através do ritual o arquétipo fornece uma dimensão de completude à vida do iniciado.

b. um segundo elemento é o **simbolismo da morte iniciática**. A iniciação leva o candidato a sair do tempo histórico para colocá-lo em relação com o tempo fundador, o *Illud tempus*. Trata-se de uma morte em relação a uma situação anterior. A documentação etnológica australiana e africana fornece material bastante copioso a esse respeito: o simbolismo da morte iniciática é representado por golpes, ferimentos rituais, picadas de inseto, isolamentos numa cabana, cerimônias de tatuagem, e ao mesmo tempo pelo esquecimento, que é simbólico da morte.

c. O simbolismo de um novo nascimento. A morte iniciática é acompanhada por um **novo nascimento**, que consiste na assunção por parte do candidato da nova existência à qual os ritos o introduziram. Eliade chamou a atenção para o rito da subida na árvore, usado em certas tribos da Austrália: enquanto todo o grupo entoa um canto sagrado, o iniciado sobe na copa de uma árvore, que representa o *axis mundi*. Na simbologia de novo nascimento, um papel de importância fundamental é ocupado pelos mitos, que induzem a repetir os gestos criadores das origens: assim, a iniciação é uma reprodução da cosmogonia, mas ao mesmo tempo também é um nascimento místico, um segundo nascimento. Este segundo nascimento é, portanto, a produção de um novo homem, do *homo religiosus* adulto. (Ries, 2020, p. 327-328, grifo do original)

Para que a passagem seja bem delimitada, cada fase precisa ser vivida e ritualizada de forma bem detalhada. Primeiro, o estabelecimento de um modelo ideal de conduta alicerçado no mundo sobrenatural; depois, a morte simbólica para os antigos valores e modo de vida; para, enfim, ingressar em uma nova realidade por meio do simbolismo de um novo nascimento. Com cada fase bem demarcada, fica mais fácil para o neófito discernir todas as implicações de sua nova condição.

Por fim, devemos nos lembrar de que há uma conexão entre ritos e mitos. Por meio dos ritos, os mitos deixam de ser realidades meramente teóricas para se integrarem à vida religiosa das pessoas.

> A história das religiões nos leva a compreender que o mito é um relato que se refere a acontecimentos ocorridos na origem dos tempos e destinados a fundar a ação ritual dos homens de hoje e a instituir formas de pensamento e de ação. Consequentemente, o mito relata uma história sagrada, um evento primordial e exemplar para o comportamento do homem. Com sua função simbólica, o mito revela a ligação entre o homem e o sagrado. O ritual permite a reatualização do mito, uma volta às origens e à criação. Os mitos cosmogônicos revelam a criação do cosmos, do homem na própria condição humana e os princípios que governam o cosmos. Os mitos de origem levam a conhecer e justificam todas as situações novas e as diversas transformações que acontecem no cosmos: genealogistas, mitos de cura, mitos de origem dos medicamentos. Os mitos de renovação dizem respeito à entronização dos reis, ao ano novo, ao retorno das estações, à regeneração do tempo e às diversas cerimônias de iniciação. Os mitos escatológicos estão orientados para eventos futuros: dilúvio, terremotos, desmoronamento de montanhas, catástrofes cósmicas, fim dos tempos. O mito é um instrumento mental a serviço do *homo religiosus* e é portador de uma linguagem relativa à condição humana. (Ries, 2020, p. 577)

Sabemos que um rito é uma narrativa sobre coisas sagradas. Com os ritos, as pessoas podem ser integradas ao universo sagrado. Quando os corpos imitam na atualidade uma ação que foi realizada por um deus no passado, há uma fusão de horizontes, e humanidade e divindade se encontram, de modo que a sacralidade de Deus é comunicada a seres profanos.

4.2 Ritos religiosos com base em Carl Gustav Jung

Como já aconteceu em outros capítulos, baseamo-nos aqui na obra de Jung, que oferece uma abordagem bastante interessante e original sobre o rito. Ele mantém a coerência com o que falou sobre os símbolos e os mitos: também o rito é um fenômeno que dá expressão ao inconsciente das pessoas.

> Um rito deve ser realizado segundo a tradição e, se houver nele qualquer mudança que seja, incorre-se em erro. Não se deve permitir que a razão nele interfira. Tomemos, por exemplo, o dogma mais difícil, o dogma da concepção virginal: é absolutamente errado querer racionalizá-lo. Se o deixarmos como está, como nos foi transmitido, então ele é verdadeiro; mas se o racionalizarmos, ele é falso, porque está sendo deslocado para o campo do intelecto brincalhão que não entende o mistério. É o mistério da virgindade e da concepção virginal, e isto é um fato psicológico de máxima importância. (Jung, 2011c, p. 288)

O caso que o autor usa como exemplo é bastante revelador. Um rito, sobretudo em contexto religioso, é uma expressão pura do inconsciente. Se deixarmos que a razão interfira nele, o rito perde toda sua capacidade de expressar uma relação dos seres humanos com o divino. Jung faz uma comparação interessante entre rito e dogma, tomando como exemplo a concepção virginal de Jesus. Essa é uma afirmação de cunho religioso e, como tal, não pode ser expressa de forma lógica, como tudo que a função consciente procura realizar. Um rito ou um dogma, como manifestações de práticas e verdades religiosas, seguem a "lógica" da linguagem inconsciente, que é simbólica, portanto, não racional. Quando deixamos o consciente "brincar" com os ritos, ele toma deles toda a sua espontaneidade e beleza e as substitui por argumento lógico e racional, deixando-os empobrecidos.

Mantendo-se coerente com sua linha de raciocínio, Jung entra em uma análise comparativa entre catolicismo e protestantismo. O primeiro é rico em ritos, enquanto o segundo é uma redução ou simplificação extrema de cerimônias. Essa redução ritual do protestantismo faz com que ele perca quase toda sua capacidade de se comunicar com o inconsciente de seus fiéis. E o que sobra para os seguidores de Lutero e Calvino é um ácido racionalismo, que desemboca em um processo autodestrutivo. Afinal, como podemos chamar de *religião* uma expressão que supervaloriza a razão?

> A única questão que me toca é a do **rito** no protestantismo. Mas é da maior importância. Uma religião que se baseia apenas no ponto de vista da "sola fide" parece-me incompleta. Toda religião baseia-se em dois pés: a fé e o rito. Em geral, nenhuma das duas Igrejas cristãs valoriza a importância e o sentido psicológico do rito: para uma delas ele é uma espécie de fé ou hábito, para a outra é um ato mágico. Na verdade, há um terceiro aspecto: um ato simbólico, expressão de **expectativa arquetípica** do inconsciente. Quero dizer com isso que toda fase de nossa vida biológica tem caráter numinoso: nascimento, puberdade, casamento, doença, morte etc. São realidades naturais que, uma vez reconhecidas, colocam questões a serem respondidas e necessidades a serem satisfeitas. E isto acontece por meio de um ato solene que realça o momento numinoso numa combinação de gestos e palavras arquetípicos e simbólicos. Por meio do **rito** é dada satisfação ao aspecto coletivo e numinoso do momento, para além de seu sentido puramente pessoal. Este aspecto do rito é de maior importância. A oração pessoal do pastor não satisfaz de forma nenhuma esta necessidade porque a resposta tem que ser coletiva e histórica; ela deve evocar os "espíritos ancestrais" para unir o presente com o passado histórico e mitológico; por esta razão é necessária a representação do passado: o rito deve ser **arcaico** (em sua linguagem e gestos). O efeito do rito genuíno

não é mágico, mas psicológico. Uma missa bem celebrada produz um efeito muito forte quando se pode acompanhar o sentido da cerimônia. Isto é o que falta ao protestantismo. Uma vez perdido, perdido para sempre! É a tragédia do protestantismo! Ele ficou apenas com uma perna. É possível substituí-la por uma prótese, mas sua utilidade não pode ser comparada à da perna natural. (Jung, 2018b, p. 377-378, grifo do original)

Jung, em outra passagem, nos conduz por uma análise do rito do batismo. Sabemos que este é um rito iniciático, de inserção simbólica de uma pessoa em uma comunidade cristã.

> Não há nada de novo em dizer que as imagens arquetípicas são projetadas. Isso realmente tem de acontecer, pois caso contrário elas invadiriam a consciência. O problema consiste apenas em descobrir uma forma que seja um continente adequado. Existe uma velha instituição que ajuda as pessoas a projetarem as imagens impessoais. Quase todos a conhecemos e provavelmente já passamos pelo processo, mas infelizmente éramos novos demais para reconhecer sua importância e valor. Tal meio é a iniciação religiosa, para nós representada sob a forma do batismo. Quando a influência fascinante e unilateral das imagens parentais tem que ser diminuída, para a criança ser libertada de sua condição biológica inicial com os pais, então a natureza, isto é, a natureza inconsciente no homem, na sua infinita sabedoria, providencia uma certa espécie de iniciação. Em tribos muito primitivas esse processo é representado pela iniciação na vida adulta, na participação das atividades sociais e espirituais da tribo. No curso da diferenciação da consciência a iniciação tem sofrido muitas transformações, até que chegou a nós sob a instituição elaborada do batismo, onde se fazem necessários dois agentes: padrinho e madrinha. Em nosso dialeto suíço chamamos pelos nomes que equivalem a Deus: "Götti" e "Gotte", sendo que a primeira forma

é masculina e significa aquele que fecunda e a outra corresponde ao seu feminino. O batismo e os pais espirituais, na forma de padrinho e madrinha, expressam o mistério de nascer duas vezes. Conhecemos nas altas castas indianas o título honorífico de "nascido duas vezes". Essa era também uma prerrogativa do faraó. Havia muitas vezes nos templos egípcios, ao lado da sala principal, a chamada câmara de nascimento, onde um ou dois quartos eram reservados ao ritual. Ali o duplo nascimento do faraó era descrito – a sua origem humana e carnal, provindo de pais comuns, bem como a origem divina – gerado por Deus e dado à luz pela deusa. Ele é nascido filho do homem e de Deus. (Jung, 2011c, p. 174-175)

O que chama a atenção nesse trecho é o fato de Jung afirmar que um rito funciona como meio de projeção de conteúdos inconscientes. Para ele, o inconsciente precisa atuar de forma projetiva, pois, se não fosse assim, os conteúdos inconscientes invadiriam a consciência, representando um risco para ela. Assim, ele deixa nas entrelinhas que o rito religioso cumpre uma função importante na estabilidade psíquica das pessoas.

Outro aspecto que Jung destaca sobre os ritos, está alinhado com o que estudamos sobre o pensamento de Ries a respeito dos ritos de iniciação. Estes cumprem um importante papel social e psicológico de ajudar as pessoas nas ocasiões em que elas precisam transitar de uma situação para outra. Os ritos de passagem ajudam um sujeito ou uma coletividade a transferir a energia psíquica de uma situação para outra.

> Há outras instituições destinadas a separar o homem das condições naturais. É impossível entrar em todos os detalhes, mas ao estudarmos a psicologia dos primitivos descobrimos que todos os fatos importantes da vida estão ligados a cerimônias elaboradas, cujo propósito central é libertar o homem do estágio precedente

da existência e ajudá-lo a transferir sua energia psíquica para a fase seguinte. Quando uma moça se casa deve separar-se da imagem dos pais e não deve projetar a imagem do pai no marido. Eis por que se observou um ritual particular na Babilônia, cujo propósito era desprender a jovem da imagem paterna. É o rito da prostituição sagrada, segundo a qual as jovens que vivem no seio de suas famílias devem entregar-se a um estrangeiro que visite o templo, que presumivelmente jamais retornará, devendo passar uma noite inteira com ele. Na Idade Média havia uma instituição semelhante, o *jus primae noctis*, o direito que o senhor feudal tinha com relação aos seus servos; a noiva tinha que passar a primeira noite com ele. Através do rito de prostituição no templo, uma imagem mais forte era criada e colidia com a do homem que viria a ser seu marido, e assim, quando havia problemas no casamento – pois até aqueles tempos problemas conjugais se registravam – a regressão, que é seu resultado natural, não voltaria ao pai, mas ao estranho que ela uma vez encontrou, o amante vindo de terras desconhecidas. Assim a moça não se perdia na infância, mas era devolvida a um ser humano adequado à sua idade, ficando dessa forma suficientemente protegida contra a regressão infantil. (Jung, 2011c, p. 176-177)

Em uma outra passagem, Jung explora em detalhes como fazer uma análise de ritos, no contexto da psicanálise. Para ele, um analista deveria ser um erudito e não apenas um especialista em psicologia. Para fazer análise, deveria conhecer muito de história, mitologia, filologia, teologia etc. Só assim, seria capaz de decifrar os sentidos dos ritos.

É possível comparar o método psicanalítico sobretudo com a análise e síntese históricas. Digamos, por exemplo, que não entendemos o significado do rito do batismo, celebrado em nossas Igrejas hoje. O celebrante nos diz que o batismo significa a admissão da criança na comunidade cristã. Isto não nos satisfaz: Por que deve ser derramada água na cabeça da criança? Para entender este rito é preciso reunir um material comparativo da história dos ritos, isto é, das reminiscências da humanidade pertinentes ao caso, e sob os mais diversos pontos de vista:

1. O batismo significa claramente um rito de iniciação, uma consagração: por isso devemos buscar as reminiscências que conservam ritos de iniciação em geral.

2. O batismo se realiza com águas: esta forma especial exige outra série de reminiscências, ou seja, os ritos nos quais se usa água.

3. O batizado recebe uma infusão de água: aqui se buscam todos os ritos onde ocorre a aspersão dos iniciados com água, onde o batizando é submerso na água etc.

4. Deve-se trazer à baila todas as reminiscências da mitologia e todas as práticas supersticiosas que, de alguma forma, correm paralelas ao simbolismo do ato batismal.

Dessa forma conseguimos um estudo comparativo das ciências da religião sobre o ato do batismo. Descobrimos, assim, os elementos dos quais surgiu o ato batismal; descobrimos também seu significado original e tomamos conhecimento de um mundo mítico, rico em elementos constitutivos da religião, que nos permitem entender o sentido múltiplo e profundo do ato de batizar. Assim procede o analista com o sonho: ele reúne paralelos históricos, ainda os mais remotos, para cada parte do sonho e procura reconstruir uma história psicológica do sonho e dos significados que estão em sua raiz. Com esta elaboração monográfica do sonho conseguimos, exatamente como na análise do ato do batismo, uma introspecção profunda na rede maravilhosamente delicada e significativa das determinações inconscientes – uma introspecção só comparável com a compreensão histórica de um ato que estávamos acostumados a ver de modo unilateral e superficial. (Jung, 2011e, p. 156-157)

Por fim, Jung faz uma análise dos componentes da religião para demonstrar a importância que elas tinham para a expressão da linguagem simbólica do inconsciente. Em seu argumento, ele explora a multidimensionalidade da religião, identificando alguns dos seus aspectos: doutrina, moral e rito. Essa é uma síntese perfeita da religião, pois explora suas elaborações conceituais, mas também sua dimensão prática, o que envolve ética e rito.

> Minha atitude é, portanto, positiva com relação a todas as **religiões**. No seu conteúdo doutrinário reconheço aquelas imagens que encontrei nos sonhos e fantasias de meus pacientes. Em sua **moral** vejo as mesmas ou semelhantes tentativas que fazem seus pacientes, por intuição ou inspiração próprias, para encontrar o caminho certo de lidar com as forças psíquicas. O **sagrado comércio**, os rituais, as iniciações e a ascese são de grande interesse para mim como técnicas alternativas e formais de testemunhar o caminho certo. Também é positiva minha atitude para com a biologia e para com o empirismo das ciências naturais em geral; nelas vejo uma tentativa hercúlea de entender o íntimo da psique partindo de fora. Num movimento inverso, considero também a gnose religiosa em empreendimento gigantesco do espírito humano que tenta extrair um conhecimento do mundo a partir do interior. Na minha concepção do mundo há um grande exterior e um grande interior; entre esses polos está o homem que se volta ora para um, ora para outro, e, de acordo com seu temperamento e disposição, toma um ou outro como verdade absoluta e, consequentemente, nega e/ou sacrifica um pelo outro. (Jung, 2011e, p. 332)

Cremos que uma exemplificação tornará, mais uma vez, evidentes os conteúdos que expressamos em linguagem linear e argumentativa. Voltemo-nos para o cristianismo primitivo e observemos alguns de seus ritos em sua fase de formação conceitual e ritualística, bem como os possíveis efeitos que eles produziam sobre seus adeptos.

4.3 Alguns ritos do cristianismo primitivo

Vamos usar alguns exemplos extraídos dos *Atos apócrifos de João* e dos *Atos apócrifos de Tomé*, documentos provenientes da segunda metade do segundo século da presente era. Como já contextualizamos os textos no Capítulo 2, vamos partir diretamente para as citações e análises de alguns ritos presentes neles.

Já é senso comum entre pesquisadores do cristianismo primitivo considerar que ele emergiu do judaísmo e se tornou autônomo em relação ao primeiro em algum momento do mundo antigo. Esse grau de distinção não é algo que possa ser situado de forma precisa no tempo, nem segue o mesmo ritmo nas diferentes espacialidades em que o cristianismo estava inserido na geografia do Império Romano. Sabemos que uma das tarefas que o cristianismo teve de realizar foi a de construir seus próprios ritos, ou, pelo menos, ressignificar ritos antigos à luz da experiência emergente. Por isso, quando conseguimos reunir alguma informação sobre a variedade de ritos cristãos em um período tão próximo ao de suas origens, é algo extraordinário.

Comecemos com os *Atos apócrifos de João*, que narram uma situação em que Cleópatra é ressuscitada pela oração de João. Embora a invocação do nome de Jesus seja feita de forma indireta no trecho, como "Aquele que tem todo poder", não deixa de chamar a atenção que tenhamos registros tão detalhados de alguns ritos, dentre os quais destacamos esta interessante oração:

Aproximando-se, tocou seu rosto e lhe disse:

– Cleópatra, quem lhe fala é Aquele a quem temem todo poder e criatura, toda força, o abismo e as todas as trevas, a morte triste, as alturas dos céus e os redemoinhos do Hades, a ressurreição dos mortos e a vista ao cegos, toda potência do regente deste mundo e todo orgulho do mesmo arconte: "Levante-se e não proporcione o pretexto para muitos que não desejam crer, além da angústia às almas que podem crer e se salvar."

No mesmo instante gritou Cleópatra com voz estridente:

– Eu me levanto, Senhor, salva a tua serva. (Piñero; Cerro, 2004, p. 313, tradução nossa)

Outro trecho diz que Licomedes foi ressuscitado pela oração de João e de Cleópatra:

Quando Cleópatra entrou com João em seu quarto e viu Licomedes morto por sua causa, perdeu a voz e rangeu os dentes, mordeu a língua, fechou os olhos, começou a chorar olhando de forma silenciosa para o apóstolo. João sentiu compaixão por Cleópatra ao ver que ela não se enfurecia e nem perdia a compostura. Invocou, então, assim, a compaixão divina, perfeita e condescendente:

– Senhor Jesus, você vê a compostura e contenção; você vê como Cleópatra grita em silêncio dentro de sua alma e refreia em si mesma a insuportável loucura. Sei que ela está prestes a morrer de novo por causa de Licomedes.

Mas ela, de forma doce, disse a João:

– Isso é apenas o que penso, senhor.

Aproximando-se o apóstolo do leito em que estava Licomedes e tomando a mão de sua esposa, lhe disse:

– Cleópatra, por causa da multidão aqui presente e de seus parentes que para cá vieram, diga a seu marido com voz imponente:

"Levanta-se e glorifica o nome de Deus, que entrega os mortos aos mortos."

Ela se aproximou e falou para seu marido conforme lhe havia dito e o ressuscitou em seguida. Ele se levantou e, prostrado em terra, beijava aos pés de João. Mas ele fez com que se levantasse lhe disse:

– Não beije meus pés, homem, apenas os de Deus, por cujos poderes ambos foram ressuscitados. (Piñero; Cerro, 2004, p. 315-317, tradução nossa)

Outra situação curiosa ocorreu quando irmãos gêmeos possessos foram exorcizados e curados por João, a pedido do pai deles, Antipatro, na cidade de Esmirna. Aqui, é interessante destacar um outro rito que não foi criado propriamente pelos cristãos, mas que no âmbito do cristianismo vai receber um novo sentido.

Comovido pela súplica dele, João falou assim ao Senhor:

– Você que consola sempre aos humildes que invocam a sua ajuda, você que espera ser invocado, pois está pessoalmente ao nosso lado antes que comecemos a lhe invocar, sejam expulsos os espíritos impuros dos filhos de Antipatro.

E no mesmo instante saíram deles. João ordenou que os filhos se aproximassem, Seu pai, ao vê-los saudáveis, se prostrou em terra e adorou a João. Este lhes instruiu sobre o pai, o Filho e o Espírito Santo, e lhes batizou. João ordenou que entregasse o dinheiro prometido aos necessitados e lhes despediu enquanto louvavam e bendiziam a Deus. (Piñero; Cerro, 2004, p. 397, tradução nossa)

Há também uma narrativa sobre a última eucaristia da qual João participou antes de morrer. Quando falamos de *Eucaristia* ou *Santa Ceia*, estamos começando a nos aproximar de uma certa autonomia ritual do cristianismo antigo. Embora o ato de dar graças pela refeição já fosse um rito judaico, com o cristianismo ele assumiu feições próprias em função de a tradição considerar que Jesus teria feito uma última refeição com seus seguidores mais próximos antes de ser traído e executado pelas autoridades romanas.

João proferiu um discurso de despedida e passou a celebrar a Eucaristia. Quando começou a orar e a proferir palavras de exaltação da pessoa de Jesus, vários títulos do Filho de Deus foram ditos:

> Pediu pão e deu graças com estas palavras: – Que louvor, que fórmula de oferta, que palavras de ação de graças podemos pronunciar a partir deste pão, senão apenas invocar somente a Ti, Jesus? Glorificamos seu nome pronunciado pelo Pai. Glorificamos seu nome pronunciado por meio do Filho. Glorificamos sua entrada pela porta. Glorificamos sua ressurreição por Ti mostrada a nós. Glorificamos a Ti, Caminho, glorificamos a Ti, Semente, Palavra, Graça, Fé, Sal, Pérola Inefável, Tesouro, Arado, Rede, Grandeza, Diadema, Filho do Homem, chamado assim por nós, que nos concede graciosamente verdade, descanso, conhecimento, força, mandato, confiança, esperança, amor, liberdade e refúgio em Ti. Tu és, Senhor, a raiz da imortalidade, a fonte da incorruptibilidade, o fundamento das eras. Tu que és nomeado de todas as maneiras por nós, para que, te invocando por elas, conheçamos sua grandeza no presente invisível, mas visível unicamente para os puros, encarnado em imagens de sua humanidade. Cortou o pão e nos deu, orando por cada um dos irmãos para que se tornassem dignos da graça de Deus e da Santíssima Eucaristia. Ele também provou o pão e acrescentou: – Meus amados: tenha eu também parte com vocês e a paz esteja com vocês. Em seguida disse a Vero: – Toma dois irmãos com cestos e um arado e me siga. Vero, imediatamente, cumpriu o lhe havia ordenado João, o servo de Deus. (Piñero; Cerro, 2004, p. 441-447, tradução nossa)

Agora, podemos passar para os *Atos apócrifos de Tomé*, que apresentam um relato de batismo seguido de Eucaristia da casa de Sifor.

Também o batismo era um rito presente no judaísmo antigo, mas ele assumiu feições próprias quando passou a ser realizado em nome "do Pai, do Filho e do Espírito Santo" e ou em nome "de Jesus".

Então começou a falar sobre o batismo:

– Este batismo significa o perdão dos pecados; produz uma luz que se espalha pelos arredores; gera um novo ser humano; renova os pensamentos e mescla a alma com o corpo, eleva o novo ser humano de forma tripla e o torna participante do perdão dos pecados. Glória, ser inefável, que no batismo se torna comum a nós. Glória, força invisível do batismo. Glória, renovação, através da qual aqueles que foram batizados se renovam e se unem ao senhor com sua disposição de ânimo.

Depois de dizer essas palavras, escorreu óleo sobre as suas cabeças e disse:

– Glória, amor misericordioso; glória, nome de Cristo; glória, poder que repousa em Cristo.

Ordenou que trouxessem uma bacia grande e lhes batizou em nome do Pai, do Filho e do Espírito Santo.

Uma vez batizados e vestidos, colocou um pão sobre a mesa, bendizendo-o, e falou assim:

– Pão da vida, que faz com que permaneçam incorruptíveis aqueles que lhe comem; pão que sacia as almas famintas de bênçãos. Você é considerado digno de receber um dom que faz recair sobre nós o perdão dos pecados e torna imortais os que se alimentam de você. Invocamos sobre você o nome da Mãe do mistério inefável dos arcontes e poderes ocultos; invocamos sobre você o nome de Jesus.

E logo continuou:

– Venha, poder da bênção, e repousa sobre o pão, de modo que todas as almas que dele participam sejam libertas dos seus pecados.

E partindo o pão, deu a Sifor e a sua esposa, assim como a sua filha. (Piñero; Cerro, 2005, p. 1139-1141, tradução nossa)

A riqueza do trecho está no fato de ele narrar um batismo seguido de uma Eucaristia. Nada poderia parecer mais cristão do que um batismo "em nome do Senhor" e a celebração do rito que coloca no seu centro o "Pão da vida".

Neste item, vimos como os ritos foram e ainda são importantes para a autonomia cristã em relação ao judaísmo, assim como para a construção de uma identidade cristã. Ser cristão não era apenas acreditar em algumas ideias difundidas por Jesus, mas, sobretudo, participar de alguns ritos que faziam com que pessoas, já distantes um pouco mais de um século do Mestre, se sentissem seus contemporâneos. Este é poder do rito: o de tornar pessoas distantes de um acontecimento sagrado contemporâneos dos eventos originários.

Síntese

Neste capítulo, analisamos mais um aspecto da multiforme linguagem da religião. Tal como fizemos anteriormente com os símbolos e os mitos, agora abordamos os ritos. Assim, abarcamos três dos elementos mais significativos da linguagem cristã.

Para falar do rito, procedemos como no caso dos mitos e nos orientamos pelos escritos de Julien Ries e de Carl Gustav Jung.

Com base em Ries, definimos os termos essenciais do mito, como suas definições e possíveis funções. Vimos, por exemplo, que o rito pode ser "um ato ou um gesto, individual ou coletivo, realizado em vista de um resultado que vai além deste mundo empírico" (Ries, 2020, p. 281) e que um de seus papéis pode ser o de conectar pessoas ao mundo sagrado.

Com o estudo de Jung, vimos que o rito é um fenômeno que dá expressão, por meio de ações, ao inconsciente das pessoas.

Terminamos o capítulo expondo alguns ritos do cristianismo primitivo, como o batismo, a Eucaristia e o exorcismo.

Indicações culturais

TAMBIAH, S. J. **Cultura, pensamento e ação social**: uma perspectiva antropológica. Tradução de Lilia Loman. Petrópolis: Vozes, 2018. (Coleção Antropologia).

Antropólogo do Sri Lanka, especialista na análise de ritos, Stanley Jeyaraja Tambiah apresenta, em uma variedade de artigos, uma abordagem bastante original e interessante sobre o tema deste capítulo.

GENNEP, A. van. **Os ritos de passagem**: estudo sistemático dos ritos da porta e da soleira, da hospitalidade, gravidez e parto, nascimento, infância, puberdade, iniciação, ordenação, coroação, noivado, casamento, funerais, estações etc. Tradução de Mariano Ferreira. 3. ed. Petrópolis: Vozes, 2011. (Coleção Antropologia).

Indicamos o livro clássico do antropólogo alemão Arnold van Gennep que, de forma bem específica, dá atenção aos ritos de passagens.

PEIRANO, M. **A teoria vivida**: e outros ensaios de antropologia. Rio de Janeiro: J. Zahar, 2006. (Coleção Antropologia Social).

Uma das mais criativas e instigantes antropólogas do nosso país, Mariza Peirano reúne nessa obra uma série de artigos, entre os quais alguns muito interessantes sobre os ritos e as *performances*.

ALEXANDRIA. Direção de Alejandro Amenábar. Barueri: FlashStar, 2009. 126 min.

Filme muito interessante sobre o cristianismo antigo. Está contextualizado historicamente no momento em que o cristianismo deixou de ser uma religião perseguida e começou a se instrumentalizar politicamente para perseguir seus adversários. Não deixe de assistir e observe os vários ritos do cristianismo em sua fase inicial de formação.

OLIVA, A. S. O grotesco nos Atos Apócrifos de Paulo. **Ribla: Revista de Interpretação Bíblica Latino-Americana**, n. 73, p. 135-160, 2016. Disponível em: <https://www.metodista.br/revistas/revistas-metodista/index.php/Ribla/article/view/7249/5554>. Acesso em: 13 nov. 2020.

Um texto de nossa autoria sobre os *Atos apócrifos de Paulo*. O artigo propõe uma leitura desse instigante documento antigo com base no conceito de grotesco elaborado pelo linguista russo Mikhail Bakhtin.

OLIVA, A. S. Sexualidades nos Atos Apócrifos dos Apóstolos a partir de Foucault. **Revista Antíteses**, v. 10, n. 20, p. 1017-1040, jun./dez. 2017. Disponível em: <http://www.uel.br/revistas/uel/index.php/antiteses/article/view/31789/23139>. Acesso em: 13 nov. 2020.

Texto de nossa autoria que analisa os *Atos apócrifos* como fonte primária. Dessa vez, analisamos o curioso tema da sexualidade nesses livros cheios de fantasias. Usamos o debate sobre a sexualidade como dispositivo, proveniente dos livros do filósofo francês Michel Foucault.

ATIVIDADES DE AUTOAVALIAÇÃO

1. Indique se as seguintes considerações sobre o conceito de rito de Julien Ries são verdadeiras (V) ou falsas (F).
    - [ ] O rito é um ato ou um gesto, individual ou coletivo, realizado em vista de um resultado que vai além do mundo empírico.
    - [ ] O rito se situa no cruzamento entre natureza, sociedade, cultura e religião.
    - [ ] O rito é um ato simbólico mediante o qual o ser humano estabelece um contato com uma realidade transcendente.
    - [ ] Todo rito tem um sentido: ele é constituído pela associação entre um gesto a uma crença.

[ ] Desde os tempos mais antigos até os dias atuais, a pessoa que realiza um rito desempenha um gesto que, a seus próprios olhos, comporta um significado.

Agora, assinale a alternativa que corresponde à sequência correta:

A) V, V, V, V, V.
B) V, F, V, V, V.
C) V, V, V, V, F.
D) V, V, F, V, V.
E) F, V, V, V, F.

2. Sobre a definição do que é um rito, assinale a alternativa em que algo **incorreto** é enunciado sobre o tema:
   A) Um rito é uma forma de ação ou uma expressão gestual.
   B) Um rito pode ser realizado por um sujeito ou por uma coletividade.
   C) Um rito é um ato simbólico, o que significa que sempre tem um significado que pode ser decifrado pelas pessoas que pertencem à cultura em que está inserido.
   D) Um rito é uma das muitas formas de expressão de historicidade.
   E) Um rito religioso realiza uma conexão entre uma pessoa ou coletividade com uma realidade transcendente, que podemos denominar *sagrada*.

3. Indique se as seguintes considerações sobre a abordagem do mito por Carl Gustav Jung são verdadeiras (V) ou falsas (F).
   [ ] Um rito, sobretudo em contexto religioso, é uma expressão pura do consciente.
   [ ] Se não deixarmos que a razão interfira nele, o rito perde toda sua capacidade de expressar uma relação dos seres humanos com o divino.

[ ] Um rito ou um dogma, como manifestações de práticas e verdades religiosas, seguem a "lógica" da linguagem consciente, que é simbólica, portanto, não racional.

[ ] Quando deixamos o inconsciente "brincar" com os ritos, ele toma deles toda a sua espontaneidade e beleza e as substitui por argumento lógico e racional, deixando-os empobrecidos.

[ ] Ele faz uma comparação interessante entre rito e dogma, tomando como exemplo a concepção virginal de Jesus.

Agora, assinale a alternativa que corresponde à sequência correta:

A] V, V, V, V, V.
B] V, V, V, V, F.
C] F, F, F, F, V.
D] F, V, V, V, V.
E] V, V, F, V, V.

4. Vimos que Jung, ao tratar sobre o tema do rito, faz uma comparação entre catolicismo e protestantismo. Assinale a alternativa em há apenas afirmações corretas acerca da comparação que o psiquiatra suíço faz entre os dois fenômenos religiosos:

A] O protestantismo é rico em ritos, enquanto o catolicismo opta por uma redução ou simplificação extrema de cerimônias. A redução ritual do catolicismo faz com que ele perca quase toda sua capacidade de se comunicar com o inconsciente de seus fiéis. E o que sobra para os seguidores de Lutero e Calvino é um ácido racionalismo, que desemboca em um processo autodestrutivo.

B] O protestantismo é rico em ritos, enquanto o catolicismo é uma redução ou simplificação extrema de cerimônias. A redução ritual do catolicismo faz com que ele perca quase toda sua capacidade de se comunicar com o inconsciente de seus fiéis. E o que sobra para os seguidores do catolicismo é um ácido racionalismo, que desemboca em um processo autodestrutivo.

c) O protestantismo é rico em ritos, enquanto o catolicismo é uma redução ou simplificação extrema de cerimônias. A redução ritual do catolicismo faz com que ele perca quase toda sua capacidade de se comunicar com o inconsciente de seus fiéis. E o que sobra para os seguidores do catolicismo é um ácido racionalismo, que desemboca em um processo construtivo.

d) O catolicismo é rico em ritos, enquanto o protestantismo é uma redução ou simplificação extrema de cerimônias. A redução ritual do protestantismo faz com que ele perca quase toda sua capacidade de se comunicar com o inconsciente de seus fiéis. E o que sobra para os seguidores do catolicismo é um ácido racionalismo, que desemboca em um processo autodestrutivo.

e) O catolicismo é rico em ritos, enquanto o protestantismo é uma redução ou simplificação extrema de cerimônias. A redução ritual do protestantismo faz com que ele perca quase toda sua capacidade de se comunicar com o inconsciente de seus fiéis. E o que sobra para os seguidores de Lutero e Calvino é um ácido racionalismo, que desemboca em um processo autodestrutivo.

5. Assinale a alternativa **incorreta** sobre o cristianismo primitivo:
   a) É senso comum entre pesquisadores do cristianismo primitivo considerar que ele emergiu do judaísmo e se tornou autônomo em relação a este em algum momento do mundo antigo.
   b) Os *Atos apócrifos dos apóstolos* constituem no único conjunto documental sobre o cristianismo primitivo de que temos notícia.

c] O grau de distinção entre judaísmo e cristianismo no mundo antigo não é algo que possa ser realizado de forma precisa no tempo, nem segue o mesmo ritmo nas diferentes espacialidades em que o segundo é inserido na geografia do Império Romano.

d] Uma das tarefas que o cristianismo primitivo teve de realizar foi a de construir seus próprios ritos, ou, pelo menos, ressignificar ritos antigos à luz da religião emergente.

e] Quando conseguimos reunir alguma informação sobre a variedade de ritos do cristianismo em um período tão próximo de suas origens é algo extraordinário.

Atividades de aprendizagem

Questão para reflexão

1. Quais são os ritos da sua religião? Você seria capaz de listar e descrever como cada um deles funciona? Quais são os movimentos do seu corpo durante uma celebração ou cerimônia da sua religião? Se você não tem religião, quais são os ritos laicos que norteiam a sua vida? Que papel os ritos desempenham em sua vida?

Atividade aplicada: prática

1. Visite um templo religioso de uma religião diferente da sua. O fato de ser uma religião distinta da sua vai lhe ajudar a ter mais sensibilidade para perceber as ações rituais. Observe os cultos ou celebrações e coloque seu foco sobre os ritos. Leve um caderno e uma caneta e faça o máximo possível de anotações sobre os ritos que observar. Ao retornar para casa, passe imediatamente suas anotações para o computador e complemente com mais detalhes de que puder se lembrar.

LINGUAGEM DO FENÔMENO RELIGIOSO, OS DOGMAS E A ÉTICA

Vivemos uma crise política muito delicada nos últimos anos no Brasil. Sem entrar no mérito ideológico e partidário dos acontecimentos, podemos dizer que uma forma de interpretar os fatos é sob o prisma da ética do discurso. Desse ponto de vista, podemos identificar o cerne do nosso problema como sendo o de uma disjunção entre o que políticos e empresários dizem publicamente e o que grampos e escutas telefônicas revelam.

Para as grandes mídias, as declarações das pessoas públicas são sempre no sentido de dizer que são honestas e comprometidas com o bem-estar comunitário. O que as gravações de conversas privadas e delações premiadas revelam é exatamente o contrário: tramas maquiavélicas para desviar dinheiro público para o desfrute pessoal ou financiar campanhas políticas que visam garantir benefícios e impunidade jurídica; dinheiro de grandes empresas direcionado para a eleição de sujeitos que usariam seus cargos estatais para imunizar pessoas físicas e jurídicas ou projetos de lei que garantam benefícios para os que já são os mais ricos do país; enfim, uma troca de favores entre políticos e empresários a fim de que o direito de realizar grandes construções sempre redunde em propinas a pessoas e partidos políticos.

Há evidentes indícios de que o que é dito não coincide com o que políticos e empresários pensam. Parece que esse é um problema que se acentuou a partir do fim da Idade Média e início da Moderna. No mundo antigo, dizer o que não coincidia com o que um indivíduo pensava era uma prática severamente reprovada, embora dissidentes não fossem inexistentes. O sujeito que fazia confluir o que achava com o que dizia publicamente era denominado *parrhesiasta*, um praticante da *parrhesia*[1], palavra que pode ser traduzida como "ter coragem de falar e praticar a verdade". É sobre isso que este capítulo coloca o seu foco, como veremos nas próximas páginas.

Para sermos mais exatos, vamos abordar o tema da coragem da verdade no cristianismo primitivo, entre os séculos I e II d.C. Assim, podemos dizer que coragem da verdade, fala franca, ousadia, intrepidez, liberdade ou confiança são algumas das traduções do substantivo grego *parrhesia*. A forma verbal, correspondente ao substantivo mencionado, é *parrhesiazomai*. Ambos os formatos descrevem a ação de alguém que diz a um interlocutor o que pensa, sem qualquer reserva. Trata-se de uma prática cultural do mundo antigo greco-romano e que foi assimilada pelo cristianismo nos seus primeiros séculos de existência.

No nosso modo de ver, o que torna o tema da *parrhesia* algo que vale a pena ser pesquisado é o fato de que, em algumas situações, a palavra é usada para designar a ação de uma pessoa que confronta outra, de *status* superior ao seu, com sua franqueza. Ao fazê-lo, o *parrhesiasta* poderia colocar em risco sua amizade com o outro. Mas, em casos extremos, o praticante da *parrhesia* pode até mesmo

---

1   *Parrhesia* é uma transliteração de uma palavra grega e designa, da forma simplificada, a "coragem da verdade". O termo, muitas vezes, é transliterado como *parrésia*, mas essa forma é traiçoeira porque induz o leitor a pensar que o acento indica que a pronúncia da letra *e* seja aberta, o que não é o caso. Por sua vez, denomina-se *parrhesiasta* o sujeito que pratica a *parrhesia*, ou seja, alguém que fala com coragem e não teme as consequências do que diz.

pôr a sua própria vida em risco. Esse fato permitia aos antigos considerar a prática da coragem da verdade uma demonstração cabal da coerência entre o que um sujeito dizia e aquilo em que acreditava. Afinal, por que alguém se exporia ao risco de perder a sua vida para defender uma ideia da qual não estivesse muito convicto?

O exemplo mais interessante que encontramos nos documentos que pesquisamos sobre o tema da fala franca é o modo como o apóstolo Paulo foi representado em Atos dos apóstolos 9, a conhecida narrativa da sua "conversão". Quando o texto diz que ele deixou de ser um perseguidor do "cristianismo" para se tornar seu adepto, ele teve de encarar a desconfiança de seus novos parceiros. O problema foi resolvido quando um companheiro seu de jornada atestou para os demais "cristãos" que testemunhara o modo como "pregara com ousadia" (*parrhesiazomai*) acerca de sua adesão ao Messias Jesus. O texto de Atos parece dar a questão da desconfiança dos demais por resolvida depois do relato de Barnabé sobre Paulo praticar a *parrhesia* por causa de sua adesão a Jesus. Se não tivesse mudado de lado, por que estaria falando publicamente de sua conversão e expondo-se ao risco de ser linchado até a morte?

Chegamos ao tema indicado por meio da leitura dos cursos de Michel Foucault (1926-1984), que foram transcritos e traduzidos para diversos idiomas. O filósofo francês trabalhou de 1970 até 1984, ano de sua morte, no Collège de France. Suas aulas acabaram por ser transcritas e publicadas sob a forma de livros. No antepenúltimo curso que ministrou na prestigiada instituição de ensino francesa tratou do tema do cuidado de si e começou uma investigação superficial sobre a questão da coragem da verdade. Nos anos seguintes, no penúltimo e no último cursos, voltou a tratar do tópico da fala franca, mas dessa vez de forma exclusiva.

Nos três cursos em que tratou do assunto, Foucault fez uma incursão que se estendeu, cronologicamente, entre os séculos V a.C. e V d.C. e, tematicamente, pela filosofia grega e romana, desde a época clássica, passando pelas escolas helenísticas, chegando até a patrística cristã. Na última aula, do derradeiro curso, no horário final, abordou a questão da *parrhesia* no Antigo e no Novo Testamentos. Começamos a fazer um levantamento completo das incidências do substantivo e da forma verbal do termo traduzido como "coragem da verdade", pois Foucault havia analisado apenas umas poucas passagens do cânon grego cristão, e descobrimos um campo fértil e pouco explorado para empreender uma pesquisa que englobaria teologia, filologia, literatura, filosofia e historiografia.

Acontece que o tema não é apenas abrangente em termos de diversidade de campos do saber. Ao tratar da *parrhesia*, defrontamo-nos com uma situação em que aquilo que uma pessoa acredita (domínio dos dogmas) está completamente entrelaçado ao que ela faz (terreno da ética), servindo como um exemplo perfeito de como, na religião, não podemos separar essas duas realidades. Assim, vamos nos encarregar de delinear teoricamente o problema para, logo em seguida, analisar a forma como o cristianismo primitivo vivenciava a questão da prática da coragem da verdade.

Desse modo, os objetivos deste capítulo são, em primeiro lugar, analisar a relação entre dogma e ética com base no problema da *parrhesia* na filosofia de Michel Foucault e, em segundo lugar, exemplificar o problema por meio do estudo de caso do cristianismo primitivo.

Para começarmos a entrar no clima do capítulo, convidamos você a refletir sobre algumas questões que consideramos muito importantes: 1) Como aquilo em que as pessoas religiosas acreditam se relaciona com aquilo que elas fazem? 2) Você acha que uma pessoa deve ser coerente a ponto de dizer algo e suas ações serem uma expressão daquilo em que acreditam? 3) Vemos coerência entre o que é dito e o que é feito entre religiosos e políticos de nosso país? 4) Você acha que seu modo de agir é coerente com aquilo em que você crê? Essa é uma questão relevante para você? 5) O que podemos aprender com o filósofo Foucault sobre o assunto? 6) O que podemos aprender com um estudo de caso do cristianismo primitivo?

5.1 Dogmas e ética com base em Michel Foucault

Um bom ponto de partida para explicar como o tema da *parrhesia* emergiu nas pesquisas do filósofo francês Michel Foucault é analisar a hipótese, muito em voga entre intérpretes contemporâneos do seu pensamento, de que sua "obra" é composta de três eixos temáticos: arqueologia do saber, genealogia do poder e ética do cuidado de si.

A **arqueologia do saber** compreende pesquisas produzidas entre os anos de 1950 e 1960. Os problemas investigados estariam dentro dos limites destas duas questões: Que relações mantemos com a verdade por meio do saber científico? Como somos constituídos como sujeitos e objetos da verdade científica? A principal estratégia metodológica do autor se apoiava no conceito de arqueologia, que poderia ser descrito como um procedimento de escavar verticalmente as camadas descontínuas de discursos com a finalidade de trazer à luz conceitos e práticas marginalizados; ou como um esforço para desvelar práticas discursivas que historicamente constituem determinados objetos ou sujeitos.

A **genealogia do poder** engloba pesquisas realizadas ao longo dos anos 1970, quando Foucault passou a lecionar no Collège de France. De forma sintética, a questão que norteava o filósofo era: Que relações mantemos com os outros por meio das estratégias e relações de poder? Suas "precauções de método"[2] gravitavam ao redor do conceito de genealogia, que pode ser descrito como um conjunto de procedimentos para conhecer o passado e desnaturalizar o presente; ou, ainda, como um mapeamento das ascendências do que hoje é pensado, dito e feito, não se tratando de uma interpretação, mas de uma história das muitas interpretações ocultadas ou sedimentadas.

Por fim, a **ética do cuidado de si** envolve as investigações iniciadas no fim dos anos 1970 e que estavam em curso quando Foucault morreu, no ano de 1984. Parece que sua preocupação teórica se voltava para uma resposta à seguinte pergunta: Quais são as relações entre verdade, poder e si mesmo? Não havia nesse momento da vida do filósofo uma inovação de caráter metodológico, mas uma continuidade com procedimentos anteriormente utilizados, que poderia ser muito bem sintetizada pela expressão *arqueogenealogia*.

Claro, só nesses primeiros parágrafos temos dois importantes problemas. O primeiro é que não nos referimos a três fases estanques nem a uma filosofia que poderia ser exposta de forma simplificada ou simplista. O outro é que percebemos que é inadequado falar de uma *obra* de Foucault, ao menos no sentido de algo orgânico e coerente, contudo, não encontramos outra palavra que sirva para designar o que desejamos com esta. Poderíamos utilizar a expressão *escritos*, mas a maior parte do material em que Foucault discute sobre *parrhesia* não está em livros ou artigos, mas em aulas que foram proferidas oralmente por ele, embora isso

---

[2] Foucault era avesso à proposição de um método no sentido metafísico, que significasse um caminho correto para a demonstração da verdade. De qualquer forma, isso também não significava que ele trabalhava sem nenhum parâmetro metodológico. Então, em algumas situações, especialmente em seus cursos, quando tinha uma preocupação de cunho didático, usava a expressão "precauções de método". Com isso, ele indicava que seguia algum caminho, mas que este não era o único, nem o meio para se chegar à verdade. Era apenas um procedimento *ad hoc* para se chegar a conjecturas.

fosse feito tendo como base um longo e detalhado texto previamente escrito. Então, na falta de outra expressão melhor, usamos o termo *obra* para designar seus livros (escritos amplos, revisados e publicados pelo autor em vida), artigos (uma multiplicidade de textos de tamanhos variados, provenientes das circunstâncias mais distintas e coligidos sob a forma de "ditos e escritos") e aulas (todos os cursos que ministrou no Collège de France entre 1970 e 1984, que já foram transcritos e publicados sob a forma de livros na atualidade). O resultado de sua docência tem fornecido uma perspectiva distinta, importante e complementar da filosofia de Foucault encontrada em suas publicações.

Apenas para reforçar a visão global que os comentadores utilizam para interpretar o trabalho de Foucault, que é atribuir a ela três eixos temáticos que se deslocam e se adensam com o passar dos anos, citamos Wellausen (2011, p. 11, grifo nosso):

> O pensamento de Michel Foucault pode ser compreendido em três períodos, na sua produção intelectual de 30 anos, de 1954 a 1984: 1) o **saber** é objeto de estudo da arqueologia, produzindo a racionalidade de uma época; 2) o **poder** é analisado na genealogia, como relações de poder ou de forças; 3) a **subjetivação** é a última fase, em que são trabalhados os conceitos de jogos de verdade, sujeito, liberdade e ética.

Vale destacar que estamos diante de uma estratégia de interpretação de seu trabalho que prima pela dimensão didática. Ninguém vive ou escreve transitando de uma fase para outra, anunciando e mudando de um momento para outro com intencionalidade ou com consciência em relação ao que produz intelectualmente. Esse modo de ver as coisas é possível apenas de forma retrospectiva e com a clareza de que as "fases" não são fatos isolados nem correspondem aos acontecimentos tais como eles se apresentam.

Podemos, agora, nos perguntar: Será que esse modo de ver a obra de Foucault se sustenta, considerando o que ele mesmo declarou, retrospectivamente, sobre seu trabalho? Observe as palavras do estudioso francês:

> Eu gostaria de dizer, antes de mais nada, qual foi o objetivo do meu trabalho nos últimos vinte anos. Não foi analisar o fenômeno do poder nem elaborar os fundamentos de uma tal análise. Meu objetivo, ao contrário, foi criar uma história dos diferentes modos pelos quais, em nossa cultura, os seres humanos tornaram-se sujeitos. Meu trabalho lidou com três modos de objetivação que transformam seres humanos em sujeitos. O primeiro é o modo da investigação, que tenta atingir o estatuto de ciência, como, por exemplo, a objetivação do sujeito do discurso na *grammaire générale*, na filologia e na linguística. Ou ainda, a objetivação do sujeito produtivo, do sujeito que trabalha, na análise das riquezas e na economia. Ou, um terceiro exemplo, a objetivação do simples fato de estar vivo na história natural ou na biologia. Na segunda parte do meu trabalho, estudei a objetivação do sujeito naquilo que eu chamarei de "práticas divisoras". O sujeito é dividido no seu interior e em relação aos outros. Este processo o objetiva. Exemplos: o louco e o são, o doente e o sadio, os criminosos e os "bons meninos". Finalmente, tentei estudar – meu trabalho atual – o modo pelo qual um ser humano torna-se sujeito. Por exemplo, eu escolhi o domínio da sexualidade – como os homens aprenderam a se reconhecer como sujeitos de "sexualidade". Assim, não é o poder, mas o sujeito, que constitui o tema geral de minha pesquisa. (Foucault, 1995, p. 231-232)

Parece que o trecho citado impede uma interpretação que identifique o poder como eixo temático central na obra de Foucault. Ele mesmo, em sucessivas releituras de seu próprio pensamento, colocou como questão sempre presente em seus escritos e cursos a investigação sobre como as subjetividades são constituídas historicamente. Ele não desejava filosofar tomando o sujeito como fundamento, e sim problematizar a própria vida subjetiva ao torná-la seu "objeto" de investigação. Ao conceber a subjetividade como historicamente constituída, Foucault a transformou em algo relativo; e se é algo relativo, transitório, portanto submetido ao transcurso temporal, como qualquer outro "objeto", não pode ser reivindicado como fundamento do conhecimento, como o desejava a filosofia moderna desde Descartes.

Ainda que não permita identificar a temática do poder como questão central de sua obra, gostaríamos de ressaltar que o trecho citado oferece uma pista interessante de interpretação do trabalho de Foucault. Se a investigação da constituição das subjetividades foi o seu eixo, esse fato não descarta, evidentemente, a questão do poder ou qualquer outra que seja. As subjetividades são constituídas por poderes que agem externa e coercitivamente ao sujeito, ou por ações que o próprio empreende sobre si mesmo para se estabelecer com uma certa autonomia (relativa) em relação ao meio externo.

A perspectiva de interpretar o trabalho de Foucault considerando três momentos parece estar também em sintonia com outro balanço retrospectivo de sua obra, feito quase no fim de sua vida:

> Os problemas que estudei são os três problemas tradicionais. 1) Que relações mantemos com a verdade através do saber científico, quais são as nossas relações com esses "jogos de verdade" tão importantes na civilização, e nos quais somos simultaneamente sujeitos e objetos? 2) Que relações mantemos com os outros, através dessas estranhas estratégias e relações de poder? Por fim, 3) quais são as relações entre verdade, poder e si mesmo? Gostaria de concluir a entrevista com uma pergunta: o que haveria de mais clássico do que essas questões e de mais sistemático do que passar da questão um à questão dois e à questão três para

voltar à questão um? É justamente nesse ponto que me encontro. (Foucault, 2004a, p. 300)

O primeiro conjunto de problemas poderia ser descrito como a fase da arquelogia do saber; o segundo, a genealogia do poder; e o terceiro, a ética do cuidado de si. Claro que as coisas não são simples e organizadas dessa forma. De qualquer maneira, podemos manter a hipótese de três fases ou eixos temáticos porque ela tem alguma relação com a leitura que o autor fez de seu próprio trabalho e também porque é um poderoso instrumental de compreensão e ensino acerca do trabalho do filósofo francês.

Tendo apresentado, discutido e analisado a hipótese de a obra de Foucault ser estruturada em três fases ou eixos, podemos passar para uma reflexão mais detalhada de suas últimas investigações. Um excelente ponto de partida para essa análise seria observar suas considerações relativas à filosofia do sujeito. Para esse intelectual, os anos antes e depois da Segunda Guerra Mundial foram dominados pelo que ele denominava *filosofia do sujeito*:

> Para justificar o interesse que atribuo ao que parece ser um assunto extremamente especializado, permitam-me voltar brevemente atrás. Durante os anos que antecederam a Segunda Guerra Mundial, e mais ainda depois da guerra, toda filosofia nos países da Europa continental e na França foi dominada pela filosofia do sujeito. Isto significa que a filosofia se atribuía como tarefa *par excellence* fundamentar todo o saber e o princípio de qualquer significação no sujeito significante. (Foucault, 2004a, p. 93)

O que o autor designa como *filosofia do sujeito* é uma referência clara à produção intelectual, praticada desde os séculos XVI, que procurava fundamentar a construção do conhecimento nas atribuições de significado fornecidas pelo sujeito cognoscente. A vida subjetiva seria a fonte de elaboração de significados e fundamento metafísico de todo conhecimento.

Foucault faz questão de deixar evidente que sua produção intelectual estava assumindo o distanciamento dessa forma de fazer filosofia. Para ele, no pós-guerra havia duas alternativas teóricas para escapar das armadilhas da filosofia do sujeito:

> Com a lucidez demasiadamente fácil do *a posteriori* [...] eu diria que duas vias podiam conduzir para além dessa filosofia do sujeito. A primeira era a teoria do saber objetivo, entendido como análise dos sistemas de significação, como semiologia. Era a via do positivismo lógico. A segunda era a via aberta por certa escola de linguística, de psicanálise e de antropologia – três disciplinas que se agrupavam sob a rubrica "estruturalismo". (Foucault, 2004a, p. 94)

Foucault insiste que seus escritos não se enquadram em nenhuma das duas formas alternativas existentes no período. Aliás, ele aproveita para reafirmar que não era um intelectual estruturalista, "rótulo" que recebeu diversas vezes, mas que jamais aceitou. O fato de não se autoidentificar como *estruturalista* não deve, todavia, significar que ele não tenha chegado a filosofar de forma convergente com certos preceitos teóricos dessa via.

> Não foram estas as vias das quais me servi. Que me permitam declarar, uma vez mais, que não sou estruturalista – eu o confesso com todo o devido pesar –, nem um filósofo analítico. Ninguém é perfeito. Tentei, entretanto, explorar uma outra pista. Tentei sair da filosofia do sujeito fazendo uma genealogia do sujeito moderno, que abordo como uma realidade histórica e cultural; ou seja, como alguma coisa capaz de se transformar, o que, obviamente, é importante do ponto de vista político. (Foucault, 2004a, p. 94)

Como podemos ver, ele não apenas afirma que não era e nem foi estruturalista, mas aproveitou para dizer também que nunca tinha sido um filósofo analítico. Ainda assim, o que importa aqui é que ele se vê como criador ou adepto de um terceiro caminho para sair da filosofia do sujeito. Se não foi estruturalista nem analítico, tem em comum com ambos o fato de ter buscado um percurso teórico para fora da filosofia do sujeito. O caminho perseguido por Foucault foi o de fazer uma genealogia do sujeito – em vez de tomar o sujeito como fundamento do conhecimento, ele o concebe como "objeto" de investigação. Ele demonstra que a vida subjetiva está condicionada ao fluxo da história tanto quanto qualquer outro "objeto" que eventualmente for tomado como foco de análise.

Outro aspecto que merece destaque nesse projeto de saída da filosofia do sujeito é a autocrítica que ele faz. Foucault procurou fazer uma genealogia do sujeito de formas distintas. Primeiro, tentou mostrar como as subjetividades eram constituídas por meio do discurso acadêmico ou científico; depois, seguiu a pista das práticas de poder ou classificatórias dos sujeitos. Foucault reconheceu a importância dessas estratégias – discurso acadêmico e práticas de poder – na construção das subjetividades, mas acreditava que se deixou levar por estratégias apenas externas e que se colocavam de maneiras impositivas aos sujeitos. Por fim, ele percebeu que havia negligenciado as ações empreendidas pelo próprio sujeito sobre si mesmo no processo de construção ou invenção da sua subjetividade. Vejamos os fatos em suas próprias palavras:

> Permitam-me fazer aqui, de qualquer forma, a minha autocrítica. Talvez seja possível, se nos ativermos a certas proposições de Habermas, distinguir três tipos principais de técnicas: as técnicas que permitem produzir, transformar, manipular coisas; as técnicas que permitem utilizar sistemas de signos; e, finalmente, as técnicas que permitem determinar a conduta dos indivíduos, impor certas finalidades ou determinados objetivos. Temos, então, as técnicas de produção, as técnicas de significação ou de comunicação, e as técnicas de dominação. Fui me dando conta, pouco a pouco, de que existe, em todas as sociedades, um outro tipo de técnica:

aquelas que permitem aos indivíduos realizar, por eles mesmos, um certo número de operações em seu corpo, em sua alma, em seus pensamentos, em suas condutas, de modo a produzir neles uma transformação, uma modificação, e a atingir um certo estado de perfeição, de felicidade, de pureza, de poder sobrenatural. Chamemos essas técnicas de técnicas de si. (Foucault, 2004a, p. 94-95)

Foucault dedicou as pesquisas dos seus últimos anos de vida a explorar essa dimensão descuidada de seu trabalho – as técnicas de si. Ele passou a investigar as ações empreendidas pelo sujeito sobre si mesmo com vistas a transformar-se em algo distinto do que era. Percebeu que não eram apenas as forças externas (poderes) que cooptavam ou submetiam os sujeitos, mas havia uma liberdade de autocriação "reservada" às pessoas. O filósofo desejava se ocupar por alguns anos investigando essa nova dimensão, fato que se concretizou nos dois últimos volumes de sua *História da sexualidade*, bem como nos cursos que ministrou no Collège de France nos anos 1980, começando pelo que foi denominado (ironicamente) *A hermenêutica do sujeito* (Foucault, 2010a).

O estudioso francês reconhecia que o trabalho de fazer uma genealogia do sujeito no mundo ocidental não deveria apenas se limitar às disciplinas, como o fizera nos anos 1970, a exemplo do que está publicado em *Vigiar e punir* (Foucault, 2007). Deveria também debruçar-se sobre as técnicas ou práticas de si, como que produzindo uma visão mais integral e adequada da constituição das subjetividades.

Se quisermos analisar a genealogia do sujeito na civilização ocidental, é preciso considerar não apenas as técnicas de dominação, mas também as técnicas de si. Devemos mostrar a interação que se produz entre os dois tipos de técnicas. Talvez eu tenha insistido demais, quando estudava os hospícios, as prisões etc., nas técnicas de dominação. É verdade que aquilo que chamamos de "disciplina" é algo que tem uma importância real nesse tipo de instituições. Porém ela não passa de um dos aspectos da arte de governar as pessoas em nossas sociedades. Tendo estudado o campo do poder tomando como ponto de partida as técnicas de dominação, gostaria de estudar, durante os próximos anos, as relações de poder partindo das tecnicas de si. (Foucault, 2004a, p. 95)

Esse trecho permite concluir que Foucault ampliou sua visão do modo como as subjetividades eram construídas. Não se tratava de um processo unilateral – fatores externos ou internos exclusivamente –, mas da interação entre ambos. Se ele atentava a um novo universo temático a ser explorado, com isso não estava dizendo que tudo que investigara em décadas anteriores não tivesse sua importância. A nova dimensão – a que investiga as tecnologias de si – deveria ser colocada lado a lado com as técnicas disciplinares. Eram dimensões complementares, e não contraditórias.

Em outro texto, esmiuçou um pouco mais a maneira como funcionavam as técnicas ou práticas de si. Estas envolviam uma série de atividades que precisavam ser repetidas à exaustão. Englobavam ações como a ascese, as abstinências de diversos tipos, as memorizações de textos canônicos ou filosóficos, as meditações, os silêncios etc.:

> Nenhuma técnica, nenhuma habilidade profissional pode ser adquirida sem exercício; não se pode mais aprender a arte de viver, a *technê tou biou*, sem uma *askêsis* que deve ser compreendida como um treino de si por si mesmo: este era um dos princípios tradicionais aos quais, muito tempo depois, os pitagóricos, os socráticos, os cínicos deram tanta importância. Parece que, entre todas as formas tomadas por esse treino (e que comportava abstinências, memorizações, exames de consciência, meditações, silêncio e escuta do outro), a escrita – o fato de escrever para si

e para outro – tenha desempenhado um papel considerável por muito tempo. (Foucault, 2004b, p. 146)

As pesquisas de Foucault em busca desse conjunto de técnicas de si foram empreendidas em direção à antiguidade clássica. Ele passou a investigar essas práticas entre os antigos gregos e romanos. O filósofo francês se dedicou a um grande conjunto documental que abrangia um extenso recorte temporal, que ia do século V a.C. ao V d.C.

O cristianismo primitivo esteve embrenhado às práticas de si analisadas por Foucault. Podemos tomar como ilustração um documento cristão do fim do primeiro século, 1Timóteo, que foi escrito em língua grega (Oliva, 2011). 1Timóteo foi escrito durante o período que Foucault denominava *idade de ouro* da cultura do cuidado de si. O que parece muito instigante é o fato de o filósofo francês empreender um conjunto de estudos tão extenso sobre um *corpus* documental greco-romano e não explorar detalhadamente escritos do cânon cristão que foram contemporâneos e poderiam ser classicados como pertencentes à época áurea da cultura do cuidado de si. Como se poderá notar no texto bíblico, até expressões destacadas por Foucault como características das técnicas de si aparecem em 1Timóteo 4:1-16.

É discutível entre os estudiosos do Novo Testamento se a carta é de autoria do apóstolo Paulo, como a tradição tem considerado, ou se se trata de trabalho de um de seus discípulos. O fato é que a Antiguidade não seguia os mesmos e rígidos padrões de estabelecimento de autoria das pessoas dos dias de hoje. Usar o nome de alguém em um texto poderia indicar uma forma de se identificar como admirador ou admiradora do pensamento daquela pessoa ou mesmo um modo de homenageá-la. Para o momento, basta considerarmos que a epístola faz parte da tradição paulina, e isso significa que um de seus discípulos ou admiradores é o autor, e não propriamente o apóstolo dos gentios.

O que merece destaque é que uma pessoa experimentada na fé cristã estava escrevendo uma carta para outra, um pouco menos vivida, mas que ocupava uma posição de "direção espiritual" no seio de uma comunidade cristã pioneira. O tom do texto é o de um "mestre espiritual" que exorta seu seguidor a se comportar de uma certa maneira em detrimento de outras. Vejamos o trecho que posterioriormente iremos comentar e analisar.

> Ora, o Espírito afirma expressamente que, nos últimos tempos, alguns apostatarão da fé, por obedecerem a espíritos enganadores e a ensinos de demônios, pela hipocrisia dos que falam mentiras e que têm cauterizada a própria consciência, que proíbem o casamento e exigem abstinência de alimentos que Deus criou para serem recebidos, com ações de graças, pelos fiéis e por quantos conhecem plenamente a verdade; pois tudo que Deus criou é bom, e, recebido com ações de graças, nada é recusável, porque, pela palavra de Deus e pela oração, é santificado. Expondo estas coisas aos irmãos, serás bom ministro de Cristo Jesus, alimentado com as palavras da fé e da boa doutrina que tens seguido. Mas rejeita as fábulas profanas e de velhas caducas. Exercita-te, pessoalmente, na piedade. Pois o exercício físico para pouco é proveitoso, mas a piedade para tudo é proveitosa, porque tem a promessa da vida que agora é e da que há de ser. Fiel é esta palavra e digna de inteira aceitação. Ora, é para esse fim que labutamos e nos esforçamos sobremodo, porquanto temos posto a nossa esperança no Deus vivo Salvador de todos os homens, especialmente dos fiéis. Ordena e ensina estas coisas. Ninguém despreze a tua mocidade; pelo contrário, torna-te padrão dos fiéis, na palavra, no procedimento, no amor, na fé, na pureza. Até à minha chegada, aplica-te à leitura, à exortação, ao ensino. Não te faças negligente para com o dom

que há em ti, o qual te foi concedido mediante profecia, com a imposição das mãos do presbitério. Medita estas coisas e nelas sê diligente, para que o teu progresso a todos seja manifesto. Tem cuidado de ti mesmo e da doutrina. Continua nestes deveres; porque, fazendo assim, salvarás tanto a ti mesmo como aos teus ouvintes. (1Timóteo 4:1-16)[3]

É interessante destacar as ações descritas no texto: (1) ele começa suas considerações pela constatação de que, nos últimos tempos, as pessoas passariam a aderir a ensinamentos de diversos tipos, doutrinas estranhas ao "cristianismo", e o papel do discípulo seria o de cuidar de si e do rebanho que guiava para que não se deixassem seduzir por tais preceitos; (2) vários atos poderiam servir como antídoto para a vida pessoal e ministerial contra as instruções estranhas: reconhecer e educar aos demais a respeito do erro alheio, exercitar-se na piedade, meditar sobre os preceitos corretos, zelar pelo dom que habitava no seu interior, cuidar de si e da doutrina, permanecer nos deveres prescritos etc.; e (3) a finalidade do seguimento de todas as orientações fornecidas era a salvação, de si e dos demais.

O exemplo demonstra que há uma sintonia entre 1Timóteo e os textos que foram objeto de investigação pelo filósofo francês em seu projeto de realizar uma "hermenêutica do sujeito". Agora, prossigamos na compreensão das técnicas de si em Foucault, a fim de que possamos dar atenção especial a uma delas: *parrhesia*.

Podemos entrar na questão da coragem da verdade em Foucault com base em mais um exemplo proveniente do cânon cristão (Oliva, 2012). O quarto capítulo do livro de *Atos dos apóstolos* traz o que consideramos o melhor exemplo da prática da *parrhesia* do cristianismo primitivo. Os personagens Pedro e João são retratados

---

[3] Nas citações bíblicas, usamos a tradução de João Ferreira de Almeida, edição revista e atualizada (Brasil, 2016).

como pessoas que estão falando à multidão, quando os "sacerdotes", "o capitão do templo" e os "saduceus" chegaram.

O texto neotestamentário diz que as referidas autoridades estavam perturbadas porque os dois apóstolos estavam ensinando ao povo e anunciando "em Jesus, a ressurreição dentre os mortos". Ambos foram agarrados e colocados na prisão até o dia seguinte.

No dia posterior foram levados à presença das "autoridades", "anciãos" e "escribas". O texto sagrado identifica algumas destas pessoas: "o sumo sacerdote Anás, Caifás, João, Alexandre e todos os que eram da linhagem do sumo sacerdote" (At 4:6).

Começou, então, um interrogatório: "Com que poder ou em nome de quem fizestes isso?" (At 4:7). Pedro assume a responsabilidade de responder aos seus interpeladores e profere um longo discurso de caráter parenético.

De acordo com o relato de Atos, são as próprias autoridades que reconhecem a *parrhesia* de Pedro e João, afirmando que ficaram especialmente espantadas ao verem a maneira como falavam, pois reconheciam que eram homens "iletrados" e "incultos".

A reação dos prelados é a de tentar demovê-los da decisão de anunciar o que pensavam a respeito da pessoa de Jesus ao "povo". A resposta dos pioneiros do cristianismo é incisivamente negativa: "Julgai se é justo aos olhos de Deus ouvir-vos antes a vós outros do que a Deus" (At 4:19).

Os cristãos precursores foram ameaçados, mas soltos logo em seguida. Uma vez libertos, correram para a companhia dos demais amigos que professavam a mesma fé e contaram o que lhes havia acontecido. Juntos, começaram a implorar a Deus. O teor da conversa com o Criador foi uma mistura de louvor e reconhecimento de que o próprio "Filho de Deus" enfrentara muita oposição política e religiosa antes de morrer.

Ao final do diálogo com a Providência, um pedido interessante: "Agora, Senhor, olha para as suas ameaças e concede aos teus servos que anunciem com toda intrepidez a sua palavra" (At 4:29)! E o texto continua afirmando que, após a prece, o lugar em que estavam tremeu, todos ficaram "cheios do Espírito Santo" e passaram a anunciar, com *parrhesia*, a palavra de Deus.

O que chama a atenção é que apenas neste quarto capítulo de Atos aparece três vezes a palavra *parrhesia*, termo que ocupou a vida do filósofo francês Michel Foucault nos seus últimos anos de vida.

A *parrhesia* era uma prática presente no mundo greco-romano desde o século V a.C., tendo perdurado até o século V d.C. Assim, existia como termo técnico para designar um certo modo de ser e viver por vários séculos antes da narrativa de Atos 4 e perdurou por tantos outros depois dela. As reflexões de Foucault, que exploraram com profundidade esse longo período, passaram pelo sentido que o termo tinha na literatura neotestamentária.

O pensador francês explicou que a *parrhesia* na cultura greco-romana não designava apenas a fala franca ou corajosa, mas exigia um certo contexto (Foucault, 2010a). O *parrhesiasta* era aquele que corria algum risco ao se expressar com franqueza diante de um "outro" (assembleia grega, um tirano ou um discípulo de condição social superior). Por isso, para que houvesse a prática da *parrhesia*, no seu sentido pleno, era necessário que a pessoa que falava francamente estivesse diante de alguém de *status* superior a ela, o que lhe expunha a um risco, que poderia ser a perda de uma amizade ou, no limite mais extremo, a própria vida.

Parece que o que vemos em Atos 4, como procuramos exemplificar, se encaixa bem nas condições descritas por Foucault. Relembrando, Pedro e João foram presos por causa do que ensinavam publicamente. Tendo sido levados diante das autoridades, continuaram afirmando perante elas o que acreditavam ser a verdade. O que dá um caráter irônico à passagem é que a *parrhesia* dos dois apóstolos é declarada pelos seus inquisidores. São eles que atestam a coragem e a ousadia dos pregadores. Quando se livraram das intimidações e dos castigos, correram para junto da comunidade e passaram a orar com ela para que Deus lhes concedesse *parrhesia*, pedido que foi atendido pelo Espírito Santo, o que conferia à prática da *parrhesia* um caráter sobrenatural.

Devemos destacar, mais uma vez, que o tema da *parrhesia* apareceu no trabalho de Foucault no contexto em que pesquisava e analisava as práticas ou técnicas de si, conjunto temático focado na terceira parte de sua obra. A questão surgiu, assim, no fim da obra de Foucault, mas não aparece em seus livros. Ele tratou da *parrhesia* em seus três últimos cursos no Collège de France. Algumas poucas referências ao tema aparecem em *A hermenêutica do sujeito*, de 1982 (Foucault, 2010a), no contexto em que tratava mais globalmente das técnicas do cuidado de si. Nos anos seguintes, tratou de colocar o foco exclusivamente na expressão grega, ao proferir seus dois últimos cursos, ministrados pouco tempo antes de morrer, *O governo de si e dos outros*, em 1983 (Foucault, 2010b) e *A coragem da verdade*, em 1984 (Foucault, 2011).

Além disso, o tema foi abordado em uma série de seis conferências que Foucault pronunciou na Universidade de Berkeley, no ano de 1983. Todas foram traduzidas e publicadas no Brasil (Foucault, 2013), cujos títulos são: "O significado da palavra *parrhesia*", "*Parrhesia* nas tragédias de Eurípides", "*Parrhesia* e a crise das instituições democráticas", "A prática da *parrhesia*", "Técnicas de *parrhesia*" e "Observações finais". O conteúdo das seis conferências se sobrepõe ao que se encontra em seus dois últimos cursos ministrados no Collège de France, perto do fim de sua vida.

Em um congresso dedicado a analisar a obra do filósofo francês no Brasil, realizado em 2013, foi-nos informado por um colega pesquisador de que havia, ainda, uma conferência "perdida" (recentemente encontrada) de Foucault que havia sido lida na França. O texto veio a público na França em 2016, mas ainda não foi traduzida para o português (Foucault, 2016). Até que se descubra mais algum escrito hoje desconhecido, essa é a totalidade das fontes que temos à disposição para tratar da temática da *parrhesia* em Foucault.

Embora o pensador francês mencione muitas vezes o cristianismo em seus cursos e palestras, apenas na última aula do derradeiro curso de sua vida (Foucault, 2011) se dedicou explicitamente ao tema da *parrhesia* na literatura do Novo Testamento. Ressaltamos, ainda, o fato de que o cânon cristão recebe atenção exclusiva apenas na segunda parte da aula (Foucault, 2011).

A abordagem dele da literatura canônica não vai direto ao Novo Testamento. Primeiro, ele analisou o termo *parrhesia* nos textos judaico-helenísticos. O cânon do Antigo Testamento, ou Bíblia Hebraica, foi escrito quase integralmente em hebraico, com alguns poucos trechos em aramaico. Há, todavia, uma tradução antiga, que verte o texto para o grego, provavelmente realizada entre os séculos III e II a.C. Portanto, o trabalho inicial de Foucault foi o de analisar algumas palavras do texto do Antigo Testamento que foram traduzidas para a língua grega como *parrhesia*, por intermédio de uma versão conhecida pelo nome de *Septuaginta*.

Ele encontrou três variações de significado do termo *parrhesia* no Antigo Testamento. O primeiro sentido está ligado ao uso "tradicional do dizer-a-verdade na forma da ousadia e da coragem, e como consequência de uma integridade de coração" (Foucault, 2011, p. 285). A segunda concepção do termo mostra um deslocamento do eixo horizontal (relação entre seres humanos) para o vertical (relação entre um ser humano e Deus): "A *parresía* se situa agora no eixo vertical de uma relação com Deus onde, de um lado, a alma é transparente e se abre para Deus, e em que, por outro lado, ela se eleva até Ele" (Foucault, 2011, p. 286). A terceira acepção encontrada por Foucault diz respeito a uma qualidade do próprio Deus: "Numa série de textos, a *parresía* aparece como uma propriedade, uma qualidade, digamos mais exatamente um dom de Deus. É o próprio Deus que é dotado de *parresía*" (Foucault, 2011, p. 287).

Na sequência, ele passa, enfim, a tratar da *parrhesia* no Novo Testamento, que é um texto escrito integralmente em língua grega. Ele identifica basicamente dois significados da palavra no texto sagrado grego. No primeiro sentido, a *parrhesia* é "a confiança em Deus, é essa segurança que todo cristão pode e de deve ter no amor e na afeição de Deus pelos homens, no vínculo que une e liga Deus e os homens" (Foucault, 2011, p. 289). Na caracterização dessa primeira definição, Foucault faz alusão a duas passagens de 1João (5:14 e 4:17) em que a palavra *parrhesia* aparece.

A segunda acepção do uso neotestamentário do termo é exemplificada pelas passagens de Atos 9:27 e Efésios 6:19: "nesses textos neotestamentários, também é a marca da atitude de quem prega o Evangelho. Nesse momento, a *parresía* é a virtude apostólica por excelência. E aqui encontramos um significado e um uso da palavra bastante próximos do que se conhecia na concepção grega clássica ou helenística" (Foucault, 2011, p. 290). Na continuidade da aula de Foucault, o foco se desloca para o cristianismo posterior ao primeiro século d.C., portanto, para um período póstumo à escrita do cânon do Novo Testamento.

Em síntese, podemos dizer que Foucault teve tempo apenas de ensaiar uma interpretação dos textos do Novo Testamento. Sua análise é ainda muito superficial. Arriscamos dizer que ele teria muitas anotações sobre o assunto e voltaria ao tema no próximo ano em suas aulas se a morte não tivesse batido à sua porta. De qualquer modo, o que temos é uma pesquisa inacabada, que não deu conta de explorar algumas variáveis importantes sobre o assunto, coisa que Foucault certamente teria feito com muita acuidade e competência, caso tivesse tido tempo suficiente.

Nosso propósito é partir do ponto em que Foucault parou e tentar fazer as coisas avançarem um pouco mais, para nos expressarmos de uma maneira que ele mesmo gostava de usar em seus cursos. Não temos toda a inteligência e perspicácia do filósofo francês. Possuímos apenas a vantagem de vivermos algumas décadas depois dele e podermos desfrutar de uma série de publicações sobre sua própria obra, além de uma quantidade muito maior de livros a respeito da literatura neotestamentária do que aquela que havia disponível em seu tempo. Vamos tentar utilizar essas ferramentas a favor das nossas investigações.

Com os dados de que dispomos sobre o tema da *parrhesia* e a respeito do cânon do Novo Testamento, podemos dizer que é possível progredir nas seguintes direções:

1. Foucault explorou algo em torno de quatro ou cinco passagens do Novo Testamento, mas apenas o substantivo *parrhesia* aparece trinta e uma vezes, enquanto o verbo *parrhesiazomai*, de mesma raiz e campo semântico, pode ser encontrado em outras nove ocasiões. Explorar a totalidade das quarenta vezes que o termo e seu derivado incidem no Novo Testamento certamente nos oferecerá um retrato mais plural e complexo da prática da *parrhesia* nesse contexto.

2. Foucault abstraiu dois conjuntos de significados para a palavra no Novo Testamento: um sentido religioso, marcado pela confiança religiosa, e outro mais em sintonia com a cultura greco-romana antiga, expresso por um falante que ousa dizer o que crê ser a verdade e se expõe a um risco ao fazê-lo. Em nossas investigações, percebemos que as pesquisas de Foucault estavam corretas, mas incompletas, pois identificamos mais dois conjuntos de significados que pretendemos explorar adiante.

3. Como filósofo, Foucault estava mais interessado em questões de cunho teórico e epistemológico e não estava preocupado com o contexto das passagens do Novo Testamento que citou, assim, não arriscou estabelecer nenhuma hipótese sobre a variação de significado da palavra *parrhesia* no *corpus* canônico, nem procurou entendê-las em seu contexto sócio-histórico; podemos amplificar muito nossa compreensão do termo

parrhesia se exploramos sua variedade e também ensaiarmos algumas interpretações acerca do uso do termo em sintonia com o contexto histórico de seus falantes.

5.2 A prática da *parrhesia* no cristianismo primitivo

O primeiro e mais simples fato a se ressaltar em uma análise que pretenda explorar a totalidade das incidências do termo no Novo Testamento é que a palavra *parrhesia* aparece trinta e uma vezes e a sua forma verbal, *parrhesiazomai*, mais outras nove vezes. Isso totaliza quarenta incidências, somadas as duas classes gramaticais.

Outro aspecto inicial e primário está relacionado aos locais ou endereços em que os termos incidem no cânon. Fizemos esse levantamento considerando uma aglomeração dos livros neotestamentários com base em sua classificação literária.

QUADRO 5.1 – Incidência dos termos *parrhesia* e *parrhesiazomai* no Novo Testamento

Livros da Bíblia	Localização dos textos
Tradição sinótica e Atos	Marcos 8:32; Atos 2:29; Atos 4:13; Atos 4:29; Atos 4:31; Atos 9:27; Atos 9:28; Atos 13:46; Atos 14:3; Atos 18:26; Atos 19:8; Atos 26:26; Atos 28:31.
Tradição joanina	João 7:4; João 7:13; João 7:26; João 10:24; João 11:14; João 11:54; João 16:25; João 16:29; João 18:20; 1João 2:28; 1João 3:21; 1João 4:17; 1João 5:14.
Tradição paulina	2Coríntios 3:12; 2Coríntios 7:4; Efésios 3:12; Efésios 6:19; Efésios 6:20; Filipenses 1:20; Colossenses 2:15; 1Tessalonicenses 2:2; 1Timóteo 3:13; Filemom 1:8.
Outros escritos	Hebreus 3:6; Hebreus 4:16; Hebreus 10:19; Hebreus 10:35.

Na primeira linha, aparecem agrupados os textos ligados à tradição sinótica e ao livro de Atos dos apóstolos. O bloco literário que os eruditos chamam de *tradição sinótica* conta com apenas uma ocorrência do termo *parrhesia*, que ocorre no Evangelho de Marcos.

Não sabemos exatamente quem foi o autor desse livro, que pode ter sido um discípulo do apóstolo Paulo.

Junto com a tradição sinótica aparece o livro de Atos, porque o autor de um dos evangelhos sinóticos (Lucas) é o mesmo de Atos, embora ressaltamos que não é possível precisar quem ele foi. O que chama a atenção nesse bloco literário é a quantidade abundante de referências ao substantivo *parrhesia*, assim como de sua forma verbal, *parrhesiazomai*. Como destacamos, mesmo que não saibamos também quem tenha sido Lucas, a ele é atribuído um conjunto literário composto pelo evangelho que leva seu nome e Atos. Parece consenso entre os estudiosos e estudiosas que Lucas-Atos forme uma obra de mesma autoria, mas eles não podem discernir quem seria a pessoa identificada como Lucas. Como já afirmamos, também é possível que tenha sido um admirador do pensamento e do ministério de Paulo, se levarmos em consideração a atenção que dá ao apóstolo em Atos (quase metade do livro).

Na segunda baliza aparece o que denominamos *tradição joanina*. Trata-se de um conjunto de textos atribuídos ao apóstolo João, mas que os eruditos também não sabem quem poderia ser o autor. Outro problema é que alguns escritos do Novo Testamento são atribuídos a esse João desconhecido, mas não podemos saber nem mesmo se uma única pessoa teria sido a autora do evangelho, das três cartas e do Apocalipse. Uma hipótese que tem sido sustentada por alguns especialistas é a de que talvez tenha existido uma "comunidade joanina", localizada na Ásia Menor, para quem os textos teriam sido direcionados. É possível que os escritos endereçados à sociedade eclesial joanina tenham sido redigidos ao longo de duas ou três gerações. A presunção da academia é a de que um primeiro João teria escrito alguns documentos iniciais e algum ou alguns discípulos seus tenham dado continuidade à sua obra nas gerações seguintes, utilizando o nome do apóstolo para conferir autoridade a seus escritos.

Na terceira fronteira aparece o que é costume denominar *tradição paulina*. Fica óbvio que se trata de cartas escritas pelo conhecido apóstolo Paulo. A questão é que nem todas as epístolas a ele atribuídas são reconhecidas pelos pesquisadores como sendo de fato de sua autoria. Por isso, a expressão *tradição paulina* serve tanto para designar as cartas autenticamente escritas por Paulo como as que foram a ele atribuídas, designadas pela expressão *deuteropaulinas* (posteriores a Paulo). A hipótese principal seguida pelos estudiosos da literatura neotestamentária é a de que Paulo escreveu algumas cartas e alguns de seus discípulos continuaram a sua atividade epistolar, atribuindo a ele autoria de seus escritos.

A última fileira é dedicada aos demais escritos do Novo Testamento. O único livro do bloco a utilizar o termo *parrhesia* é a "carta" aos Hebreus. Trata-se de um escrito acerca do qual pouco se sabe. Não temos conhecimento de quem escreveu o texto, não havendo nem mesmo um nome que possa identificar internamente (dentro da carta) um possível autor. Nos primeiros séculos da era cristã, alguns pais da igreja atribuíam o escrito a Paulo, no entanto, como não há sequer uma reivindicação pseudoepígrafa dessa autoria dentro do próprio texto, essa hipótese tem sido abandonada até mesmo por estudiosos mais conservadores. Pelo estilo da "carta", dificilmente poderia ser de Paulo. Também é alvo de destaque entre os eruditos se se trata mesmo de uma carta ou de um tratado teológico. Enfim, é um documento sem paralelos no *corpus* neotestamentário.

Passemos agora a uma exposição contextualizada das quarenta incidências dos termos *parrhesia* e *parrhesiazomai* no Novo Testamento. Vamos indicar o trecho em que um dos dois termos aparece, em seguida mencionaremos o contexto literário em que surgiu a expressão e, por fim, identificaremos a maneira como as duas palavras foram traduzidas em nossa língua. Faremos essa exposição seguindo a aglomeração literária exibida no quadro sinótico (Quadro 5.1).

Como pretendemos que este capítulo tenha um caráter exploratório inicial, limitaremos a exposição sobre o contexto de cada livro bíblico mencionado a identificar possíveis datas para os "documentos". Além disso, a exposição vai se ater a dialogar apenas com alguns dos autores, embora se deva ressaltar que se trata de obras importantes no cenário da erudição neotestamentária. Sugerimos que você acompanhe o capítulo com um texto bíblico da sua preferência, optamos por não citar no corpo do texto todas as passagens bíblicas.

5.2.1 Tradição sinótica e Atos

De acordo com Raymond E. Brown (2004), o Evangelho Segundo Marcos foi escrito entre 60 e 75 d.C., mais provavelmente entre 68 e 73 d.C. Corina Combet-Galland (2009) afirma que a data de 70 d.C. é majoritariamente mantida, variando para poucos anos antes ou depois de acordo com o erudito. Adotaremos o período compreendido entre 68 e 70 d.C. como o mais provável para a composição de Marcos.

Como já mencionamos, há apenas uma passagem em Marcos em que a palavra *parrhesia* aparece. O contexto narrativo diz que Jesus estava conversando com suas seguidoras sobre os sofrimentos a que estariam submetidas no futuro, assim como acerca do embate que existiria entre ele e as autoridades civis e religiosas de seu tempo, de modo que acabaria sendo crucificado (Mc 8:31-33 expunha claramente, *parrhesia*).

Assim, Jesus estava, a partir daquele momento, falando claramente, sem figuras ou rodeios, acerca de seu fim trágico. O sentido encontrado nessa passagem é claramente desviante em relação ao que predomina no Novo Testamento e também ao que Foucault identificou como prática da *parrhesia* em seu sentido pleno, quando o falante se coloca diante de um outro que lhe é superior na hierarquia social e, por isso, expõe-se a algum risco ao se pronunciar.

Brown (2004) data o conjunto Lucas-Atos no ano de 85 d.C., mas deixa uma margem de cinco a dez anos antes ou depois como um período razoável ou tão provável quanto a data que sugere inicialmente. Antonio Rodríguez Carmona (2006) afirma que ambos foram escritos entre os anos 80 e 90 d.C., tendo Lucas sido composto primeiro, vindo em seguida o livro de Atos. Daniel Marguerat (2009) também adota os anos de 80 a 90 d.C. como prováveis para o conjunto. Desse modo, assumimos neste livro a década de 80 a 90 d.C. como a mais provável para escrita de Atos.

Tomado como obra isoladamente, Atos reúne o maior número de incidências do conjunto *parrhesia* e *parrhesiazomai* em todo o bloco neotestamentário. Como já mencionamos, aparece 5 vezes o substantivo e 7 o verbo. A primeira ocorrência faz parte do longo discurso de Pedro, logo após o Pentecostes (At 2:29-36, "dizer-vos claramente", *parrhesia*).

As três ocorrências seguintes estão no Capítulo 4 e o contexto é o do enfrentamento das autoridades civis e religiosas que tem Pedro e João como protagonistas (trecho já analisado nesta obra). As autoridades do Templo se espantaram com a *parrhesia* dos apóstolos (At 4:13-17, "intrepidez", *parrhesia*)

Depois de soltos, encontram-se com a comunidade para orar, trecho em que *parrhesia* aparece duas vezes (At 4:23-31, "intrepidez", *parrhesia*).

A próxima passagem, que apresenta duas vezes o verbo *parrhesiazomai*, está localizada no contexto da conversão de Paulo. Como sabemos, o apóstolo foi retratado como um severo perseguidor do "cristianismo" nos primeiros capítulos do livro de Atos. O nono capítulo é uma narrativa importante do escrito porque põe em cena o personagem que irá predominar nos capítulos finais. Trata-se de um admirável rito de passagem: o perseguidor que se torna perseguido. O primeiro problema que ele tem de enfrentar é o da sua falta de credibilidade entre os "cristãos", em função de seu passado como antipatizante da fé em Jesus. É interessante notar que a prática da *parrhesia* é o que atesta a "veracidade" da conversão de Paulo (At 9:26-30, "pregando ousadamente", *parrhesiazomai*).

Se ele se expunha publicamente ao risco de vida para falar de sua adesão ao "cristianismo", não poderia mais ser um oponente, mas sim um "irmão" do "caminho".

Tendo-se convertido fervorosamente ao "cristianismo", passou a ser uma testemunha fiel da fé em Jesus. Enquanto pregava pelo "mundo", começou a enfrentar oposição, que, de acordo com o livro de Atos, seria majoritariamente dos judeus. Em uma das ocasiões, conseguiu aglomerar uma grande multidão em torno de si, mas os judeus começaram a enfrentá-lo (At 13:44-52, "falando ousadamente", *parrhesiazomai*).

Deslocou-se para Icônio (junto com Barnabé), entrou em uma sinagoga e os judeus novamente ficaram irados (At 14:1-7, "falando ousadamente", *parrhesiazomai*).

Em um novo cenário geográfico, a cidade de Éfeso, a situação cultural criada pelo autor de Atos se repetiu. Aqui, Paulo é retratado debatendo com um "judeu eloquente e poderoso nas Escrituras", identificado pelo narrador como sendo de Alexandria e de nome Apolo (At 18:24-28, "falar ousadamente", *parrhesiazomai*).

Depois de alguns deslocamentos, chegou novamente a Éfeso (At 19:8-10, "falava ousadamente", *parrhesiazomai*).

As pregações de Paulo lhe renderam denúncias, de acordo com a narrativa de Atos. Ele foi detido por autoridades civis e apelou ao imperador romano porque, segundo o relato, dizia-se cidadão romano. No seu deslocamento para Roma, foi interrogado por algumas autoridades, situação que serviu para ele exercitar a *parrhesia* (At 26:24-32, "com franqueza", *parrhesiazomai*).

Chegando, enfim, a Roma para ser julgado por autoridades do Império, permaneceu em prisão domiciliar, mas não parou de falar das suas convicções. O último versículo do livro de Atos traz um relato de Paulo em plena atividade *parrhesiástica* (At 28:30,31, "intrepidez", *parrhesia*).

De acordo com a tradição Lucas-Atos, Paulo é um *parrhesiata* por excelência, e a oposição dos judeus é o contexto mais frequente que tem para demonstrar toda a sua coragem. Aprofundaremos essa questão no capítulo em que trataremos especificamente das representações do apóstolo nesse conjunto literário.

5.2.2 Tradição joanina

Comecemos com Brown (2004), que data o Evangelho de João entre 80 e 110 d.C. Para o autor, o texto sagrado pode ter sido escrito por volta do ano 90 d.C., podendo ter recebido acréscimos de um redator entre 100 e 110 d.C. Jean Zumstein (2009a) afirma que o escrito chegou à sua forma final entre 85 e 125 d.C., sendo mais provável que tenha sido composto no final do primeiro século de nossa era. Portanto, neste livro, adotamos a hipótese de que o livro foi escrito entre 90 e 100 d.C.

João 7:1-13, com duas incidências de *parrhesia*, está ambientado na Judeia, por ocasião da Festa dos Tabernáculos, retratando, primeiro, os familiares de Jesus com dificuldades para compreender seu ministério e, em seguida, os judeus ávidos para verem Jesus fazer algo sobrenatural. Os parentes do Messias pensavam que ele buscava fama, então lhe aconselharam a deixar a Galileia (Norte da Palestina) e partir para a Judeia (Sul da Palestina, centro cúltico do judaísmo antigo). Lembremos que Jesus era judeu (Jo 7:1-13, "conhecido em público", *parrhesia*).

A sequência mostra os judeus de Jerusalém admirados com o fato de Jesus deslocar-se por seus arredores proclamando abertamente seus ensinamentos (Jo 7:25-30, "abertamente", *parrhesia*).

Jesus é apresentado em uma nova polêmica com os judeus, que o cercam e passam a questionar sua messianidade. Eles queriam uma resposta direta sobre ele ser ou não o Messias tão aguardado (João 10:22-30, "francamente", *parrhesia*).

A próxima incidência do termo *parrhesia* aparece no contexto literário da narrativa da ressurreição (realizada por Jesus) do seu amigo Lázaro, pessoa a quem estimava muito, de acordo com o autor do evangelho (Jo 11:1-16, "claramente", *parrhesia*).

O evangelista falava da existência de um plano arquitetado pelos judeus para tirar a vida de Jesus, por isso evitava circular entre eles (Jo 11:45-54, publicamente, *parrhesia*).

Ao aproximar-se dos últimos capítulos do evangelho, o narrador dá voz aos discursos de despedida de Jesus, direcionados aos seus seguidores e seguidoras, em forma de testamento teológico. Os momentos derradeiros também deveriam ser marcados pela clareza de seus ensinamentos (Jo 16:16-29, "claramente", *parrhesia*, duas vezes).

Jesus foi traído e capturado pelas autoridades civis e religiosas, de acordo com o narrador. Quando foi interrogado pelo sumo sacerdote do judaísmo, respondeu em sua defesa que não tinha nada a dizer que já não o tivesse feito em público e de maneira muito clara (Jo 18:12-27, "francamente", *parrhesia*).

No Evangelho de João há um número bastante significativo de ocorrências do termo *parrhesia*. Em algumas, o termo tem o sentido de falar algo abertamente ou com clareza e, em outras, a palavra é usada para qualificar a ação corajosa de Jesus de enfrentar seus opositores. O inspirador maior do cristianismo é representado, em algumas situações, como um *parrhesiasta*.

Brown (2004) sugere que a primeira carta de João tenha sido escrita por volta do ano 100 d.C. Já Helmut Koester (2005) relata, inicialmente, que é possível que a epístola exista antes do evangelho, e, mais adiante, afirma acreditar que as duas primeiras cartas joaninas estariam envolvidas em uma polêmica contra o gnosticismo/platonismo[4] e deveriam ser ambientadas no começo do século II d.C. Por sua vez, Zumstein (2009a) situa a redação da primeira carta entre 100 e 110 d.C. Nesta obra, adotamos essa década como a mais provável para a escrita de 1João.

Parece que as quatro aparições do termo *parrhesia* em 1João estão dentro de um universo semântico que aponta para uma alteração importante do seu significado. Ela poderia ser definida mais como um sentimento de confiança ou destemor de caráter religioso do que propriamente a fala corajosa diante de uma situação de risco.

Na primeira passagem, o autor da carta exorta seus destinatários a permanecerem firmes em Deus. O tom é paternal (1Jo 2:18-28, "confiança", *parrhesia*).

A segunda e a terceira passagens aparecem no contexto de uma série de recomendações que o escritor faz a seus discípulos acerca da importância do amor desinteressado para a vida comunitária (1Jo 3:11-24 e 1Jo 4:7-21, "confiança", *parrhesia*, nas duas passagens).

A quarta passagem emerge nas recomendações finais da carta. Ela tem um caráter de encorajamento aos seus destinatários (1Jo 5:14-17, "confiança", *parrhesia*).

Vemos em 1João também um número expressivo de aparições da palavra *parrhesia*, mas com um significado que tende a divergir dos que eram mais comuns no Evangelho do mesmo conjunto literário. Observamos um deslocamento da prática da coragem da verdade, da arena política e social, para o cenário religioso. Ser

---

4   De uma forma bem simples e direta, podemos dizer que o gnosticismo foi um movimento do mundo antigo cuja principal marca foi a valorização da vida mística, com ênfase no conhecimento adquirido pela experiência.

destemido não significa aqui a ousadia para enfrentar adversários, mas para chegar à presença de Deus.

5.2.3 Tradição Paulina

Novamente iremos começar a análise com base em Brown (2004), que reconheceu 2Coríntios como uma carta autenticamente paulina e afirmou que sua data provável está entre 55 e 57 d.C. Por sua vez, Koester (2005) aponta que apenas algumas partes de 2Coríntios estariam prontas em 55 d.c. Já François Vouga (2009e) trabalha com duas hipóteses: se há uma unidade literária, a epístola teria sido escrita entre 55 e 57 d.C.; se é uma compilação de diversas cartas, então sua redação pode ter se estendido entre 53 a 57 d.C. Vamos aqui adotar a data da carta em sua forma final como sendo entre os anos de 55 e 57 d.C.

São duas incidências do termo na epístola. Ambas parecem se referir à franqueza do apóstolo Paulo no trato com seus destinatários. Primeiro, ele está fazendo uma defesa de seu apostolado, e chega a algumas conclusões (2Co 3:1-18, "muita ousadia no falar", *parrhesia*).

A segunda mostra Paulo se identificando como uma pessoa honesta e transparente no trato com os coríntios (2Co 7:1-4, "franqueza", *parrhesia*).

Também Filipenses é uma carta amplamente aceita como genuinamente paulina pela maioria dos estudiosos e estudiosas. Brown (2004) ventila três hipóteses de data: se foi escrita em Éfeso, alternativa que acredita ser a mais plausível, seria de 56 d.C.; se foi concebida em Roma, então poderia ser datada entre 61 e 63 d.C.; caso tenha sido elaborada em Cesareia, foi escrita entre 58 e 60 d.C. Koester (2005) indica apenas que a carta teria sido produzida em Éfeso entre 54 e 55 d.C. Vouga (2009b) também trabalha com três possíveis datações vinculadas aos locais em que a epístola teria sido idealizada: Roma, início dos anos 60 d.C.; acha improvável que a carta tenha sido escrita em Cesareia, então não oferece nenhuma hipótese de data; por fim, acredita que Éfeso tenha sido o local mais provável da composição da carta, que deve ter ocorrido entre 51 e 55 d.C. Vamos trabalhar com a data da epístola como sendo entre 54 e 55 d.C.

Paulo parece estar se referindo a seu ministério aos seus ouvintes e afirma que a principal marca dele é a *parrhesia* (Fp 1:12-26, "ousadia", *parrhesia*).

Também 1Tessalonicenses é uma carta paulina autêntica. Brown (2004) a identifica como o documento cristão mais antigo preservado, podendo ser datado entre 50 e 51 d.C. Por sua vez, Koester (2005) afirma que a carta foi escrita em 50 d.C. e Vouga (2009d) não tem dúvida de que a carta foi escrita entre 50 e 51 d.C. Obviamente, adotamos nesta obra a data entre 50 e 51 d.C. como a mais apropriada para 1Tessalonicenses.

Paulo parece estar se referindo à sua atividade missionária e às adversidades que enfrentava na proclamação pública das suas convicções religiosas (1Ts 2:1-12, "tivemos ousada confiança", *parrhesiazomai*).

Aqui vemos a *parrhesia* como virtude apostólica por excelência, conforme indicamos anteriormente, pela expressão usada por Foucault na sua análise do Novo Testamento em um dos seus cursos.

Filemom é outra carta reconhecida como de autoria de Paulo. Brown (2004) veicula três possibilidades de datação para a epístola, todas condicionadas à localidade de composição: 55 d.C., se escrita em Éfeso; 58 a 60 d.C., se concebida em Cesareia, o que acredita ser pouco provável; e 61 a 63 d.C., caso tenha sido grafada em Roma. Já Koester (2005) acredita que a carta foi composta entre 54 e 55 d.C. Por sua vez, Vouga (2009a) coloca o escrito como tendo alcançado sua forma final entre 54 e 55 d.C., posição que vamos seguir em nossa análise.

Como sabemos, a breve carta é uma intercessão de Paulo por um escravo convertido ao cristianismo diante de seu senhor. Paulo parece estar exercitando o franco falar ao se dirigir ao seu interlocutor (Fm 1:8-21, "liberdade", *parrhesia*).

Efésios está entre as cartas que os eruditos se dividem quanto a considerá-la procedente de Paulo ou não. A maioria parece estar mais inclinada a concebê-la como originária de um discípulo de Paulo. Brown (2004) afirma que, se for uma carta paulina, seria dos anos 60 d.C. Caso seja uma epístola deuteropaulina, poderia ser dos anos 90 d.C. Koester (2005), por sua vez, afirma que a carta muito provavelmente seja quase do final do primeiro século d.C. Já Andreas Dettwiler (2009b) considera plausível o período compreendido entre 80 e 100 d.C. Tentando ser coerente com hipótese de muitos eruditos, que acreditam estarmos diante de uma carta pseudônima, seguimos a hipótese de que o texto foi escrito entre 90 e 100 d.C.

O autor da carta fala de seu ministério, procurando defendê-lo e afirmando que se sente vocacionado pessoalmente por Jesus Cristo (Ef 3:1-13, "ousadia", *parrhesia*).

As duas passagens seguintes aparecem no contexto em que o autor está utilizando a imagem de uma armadura de batalha para descrever a vida cristã. Ele afirma que participamos de uma guerra e, portanto, precisamos nos revestir da couraça de Deus para termos vitória. Além da blindagem, alega que a oração é uma arma importante, e pede que seus destinatários estejam em persistente prece, principalmente para que ele tenha sucesso na tarefa de anunciar publicamente suas convicções cristãs (Ef 6:10-20, "seja ousado para falar", *parrhesiazomai*).

Colossenses é outra carta acerca da qual os pesquisadores se dividem na hora de avaliar se seria ou não procedente de Paulo. Brown (2004) diz que, se for uma carta paulina, é dos anos 54 a 56 d.C., caso tenha sido escrita em Éfeso, ou entre 61 e 63 d.C., se for originária de Roma. Se for uma epístola deuteropaulina, pode ser dos anos 80 d.C. Koester (2005) sugere que a carta foi escrita por um discípulo de Paulo pouco depois de sua morte, que pode ser estimada como tendo ocorrido em até meados dos anos 60 d.C., assim, poderia ter sido escrita entre 65 e 70 d.C. Andreas Dettwiler (2009a) aponta que a data mais provável para o escrito esteja entre 70 e 80 d.C. Como a maioria dos estudiosos acredita ser uma produção escrita por um discípulo de Paulo e acreditamos que ela precede a carta aos Efésios, mas não devendo ter sido escrita muito tempo antes desta, podemos seguir Brown (2004) na hipótese de que Colossenses tenha sido escrita entre os anos 80 e 90 d.C.

Em Colossenses 2:8-15 há uma descrição do poder da morte de Jesus, que oferece perdão e produz um efeito sobrenatural sobre o mundo das trevas (Cl 2:8-15, "publicamente", *parrhesia*).

Brown (2004) levanta a hipótese (remota) de que 1Timóteo tenha sido escrita por Paulo, o que permitiria datá-la por volta do ano de 65 d.C., mas acredita ser isso pouco provável; pensa que a carta seria pseudônima, o que tem alta probabilidade, então poderia ser datada entre o fim do primeiro século (o que pensa ser mais provável) ou início do segundo d.C. (hipótese menos provável). Koester (2005) parece não ter dúvidas de que se trata de um escrito deuteropaulino e de que sua data mais provável esteja entre 120 e 160 d.C., o que nos parece um exagero cronológico. Novamente, adotamos a hipótese de Brown (2004) de que a carta teria sido escrita no final do primeiro século, indicando os anos compreendidos entre 90 e 100 d.C. como os mais prováveis para o escrito.

O trecho em que a palavra *parrhesia* aparece na carta está no terceiro capítulo, trecho em que o autor faz uma descrição das qualificações necessárias para o execício da liderança e conclui discorrendo acerca do diaconato (1Tm 3:1-13, "intrepidez", *parrhesia*).

Com essas menções, alcançamos o coração da pesquisa deste livro. Fizemos questão de não nos aprofundar agora na análise dos escritos paulinos porque na sequência vamos nos dedicar exclusivamente a esse conjunto literário.

5.2.4 Outros escritos

Brown (2004) aventa que a "carta" aos Hebreus foi escrita entre 60 e 80 d.C., acreditando que este último marco cronológico seja o mais provável. Por sua vez, Koester (2005) aponta apenas que o texto foi escrito bem antes do fim do século e Vouga (2009c) afirma que o documento foi escrito entre 60 e 80 d.C. Adotamos a década compreendida entre 70 e 80 d.C. como a mais provável porque está dentro do limiar aceitável para os autores citados: é bem antes do fim do século primeiro, como pensa Koester (2005), e está dentro da data mais provável indicada por Brown (2004).

As quatro incidências do termo *parrhesia* no texto parecem se enquadrar bem no sentido mais eminentemente religioso, o de uma confiança para apresentar-se diante de Deus (Hb 3:1-6, "ousadia", *parrhesia*; Hb 4:14-16, "confiadamente", *parrhesia*; Hebreus 10:19-25, "intrepidez", *parrhesia*; Hb 10:32-35, "confiança", *parrhesia*).

Para arrematar este capítulo, vamos apresentar uma síntese sobre tudo que vimos até agora e costurar algumas conclusões e hipóteses sobre o cristianismo primitivo.

Podemos começar relembrando a quantidade de incidências de *parrhesia* e *parrhesiazomai* por blocos literários do Novo Testamento: (1) há treze aparições na tradição sinótica e em *Atos dos apóstolos*; (2) também treze para a tradição joanina; (3) dez referências nos escritos de tradição paulina; e, por fim, (4) quatro menções nos demais escritos.

Passemos, agora, a uma análise sintética do significado das palavras *parrhesia* e *parrhesiazomai*. Faremos isso com base em dicionários e léxicos, logo depois da sua representação visual, que nos indica que aparecem (1) trinta e uma vezes o substantivo e (2) apenas nove a forma verbal.

Strong (2006) oferece três conjuntos de sentidos para o substantivo *parrhesia*:

> 1) liberdade em falar, franqueza na fala; abertamente, francamente, i.e., sem segredo; sem ambiguidade ou circunlocução; sem o uso de figuras e comparações; 2) confiança aberta e destemida, coragem entusiástica, audácia, segurança; 3) comportamento pelo qual alguém se faz conspícuo ou assegura publicidade.

Há também duas possibilidades de tradução para o verbo procedente da mesma raiz, *parrhesiazomai*: "1) usar a liberdade de falar, falar com franqueza; falar livremente; 2) tornar-se confiante, ter ousadia, mostrar segurança, assumir um comportamento corajoso" (Strong, 2006).

Rusconi (2005, p. 360) faz algo similar e apresenta as seguintes possibilidades de tradução da palavra, embora seja um pouco mais sintético: "1) Franqueza, liberdade no falar; 2) Coragem, confiança; 3) Abertamente; publicamente; livremente; claramente; com confiança; ser, tornar-se conhecido publicamente; com franqueza, com confiança".

Para o verbo *parrhesiazomai*, Rusconi (2005, p. 360) propõe os seguintes significados: "Exprimir-se, falar, dizer com coragem; falar com franqueza, livremente, abertamente; falar com confiança".

Vamos sintetizar também os significados que aparecem em W. D. Mounce (2013). Como se trata de um léxico, há muitas referências bíblicas, então vamos mencionar apenas as palavras que servem para traduzir *parrhesia* e *parrhesiazomai*. Para o primeiro termo, temos as seguintes opções: liberdade em falar, ousadia no discurso; como advérbio, abertamente, audaciosamente; licença, autoridade; confiança, segurança, sinceridade, franqueza; como advérbio, *abertamente, claramente, nitidamente, publicamente, diante de todos* (Mounce, 2013).

Para a forma verbal, Mounce (2013) traz o seguinte campo de sentidos: *falar claramente, abertamente, audaciosamente e com segurança*.

Considerando a forma como os termos *parrhesia* e *parrhesiazomai* são traduzidos nos diversos textos mencionados, vemo-nos diante de um universo semântico muito interessante. Retomemos os vários termos: *claramente, com toda clareza, ser conhecido em público, ser bem conhecido, abertamente, falando em público, francamente, com franqueza, publicamente, intrepidez, corajosamente, ousadamente, anunciar corajosamente, falar ousadamente, falar com mais coragem ainda, falar com coragem, dirigir-se com franqueza, com toda coragem, confiança, coragem, franqueza, ousadia no falar, ser corajoso, ter ousada confiança, coragem para anunciar, liberdade e confiadamente*. As duas ideias mais recorrentes são *coragem* e *confiança*, que tanto podem designar ousadia para se pronunciar diante de outra pessoa socialmente superior ou confiança para se colocar diante de Deus, que pode ser considerado como alguém superior do ponto de vista de um sujeito religioso.

Fizemos uma classificação das quarenta ocorrências de *parrhesia* e *parrhesiazomai* no Novo Testamento em quatro categorias e chegamos ao seguinte resultado: (1) em sete ocasiões os termos designam falar com clareza, sem rodeios, sem figuras, abertamente; (2) em apenas três situações as palavras podem designar o ato de alguém que deseja ser conhecido publicamente ou conhecido em público; (3) na maioria esmagadora das situações, vinte e três ocorrências, as palavras designam falar com coragem, com liberdade, livremente, referindo-se a uma pessoa que fala a outra que lhe é, do ponto de vista da hierarquia social e política, superior, expondo-se, assim, a um certo risco; e (4) em sete passagens os termos podem designar um sentimento de cunho religioso que conduz a pessoa a se colocar com ousadia diante de Deus.

Devemos destacar que os itens (1) e (2) indicam sentidos que não foram percebidos por Foucault em seus trabalhos, enquanto os tópicos (3) e (4) identificam os dois significados que o filósofo francês considerou em seus estudos, mas o fez em apenas alguns de seus textos.

Como tarefa final deste capítulo, vamos estabelecer correlações entre a frequência com que os termos aparecem no cânon com eventos históricos. Seria interessante pensar no sentido que poderia ter o cruzamento entre o número de vezes que as palavras *parrhesia* e *parrhesiazomai* incidem nos textos bíblicos e as possíveis datas dos documentos.

Nossa pesquisa nos mostra o seguinte: (1) cinco vezes na década de 50 a 60 d.C.; (2) apenas uma entre 60 e 70 d.C.; (3) quatro entre 70 e 80 d.C.; (4) uma elevação para treze entre 80 e 90 d.C.; (5) a manutenção do patamar de treze incidências entre 90 e 100 d.C.; e, por fim, (6) um declínio para apenas quatro aparições entre 100 e 110 d.C.

O que conseguimos perceber, inicialmente, é que há um sensível aumento da frequência dos termos à medida que nos aproximamos do fim do primeiro século d.C. Sabemos que a grande maioria dos documentos do Novo Testamento foi escrita ao longo do primeiro século. O declínio do uso das palavras investigadas a partir do início do segundo século se deve muito mais ao "fechamento" do cânon do que propriamente a uma diminuição da sua aparição. Se o cânon tivesse tantos textos no segundo século quanto tem no primeiro d.C., possivelmente teríamos outro quadro. Assim, parece-nos importante destacar este primeiro dado, o de que, especialmente a partir da década de 70 d.C., a incidência de *parrhesia* e *parrhesiazomai* disparam nas suas aparições.

O cristianismo tem uma conexão muito forte com o judaísmo. Hoje são duas religiões distintas, mas as coisas não foram sempre assim. O cristianismo nasceu do judaísmo, e saber quando esta separação se efetivou é um grande desafio para pesquisadoras de ambas as religiões. Talvez essa questão seja uma das mais instigantes e desafiadoras para a pesquisa acerca dos dois monoteísmos. É sempre bom lembrar que, certamente, as primeiras cristãs viam a si mesmas como judias que acreditavam que Jesus era o Messias anunciado e esperado pelas Escrituras ou, pelo menos, se viam como um tipo específico ou diferente de judias:

> Os primeiros cristãos não criam que pertenciam a uma nova religião. Eles eram judeus, e a principal diferença que os separava do restante do judaísmo era que criam que o Messias tinha vindo, enquanto os demais judeus ainda aguardavam o seu advento. Sua mensagem aos judeus não era, portanto, que tinham de deixar de ser judeus, mas, ao contrário, agora a idade messiânica havia sido inaugurada e, dessa forma, deviam ser melhores judeus. (González, 2011, p. 38)

Também é bastante plausível que os judeus que não acreditassem que Jesus fosse o Messias, vissem os que pensavam desta forma como membros de mais um dos muitos segmentos que existiam no interior de uma religião bastante plural:

> Do ponto de vista dos judeus não cristãos, a situação era a mesma. O cristianismo não era uma nova religião, mas uma seita herética dentro do judaísmo. Já vimos que o judaísmo do século I não era uma unidade monolítica, mas que havia diversas seitas e opiniões. Portanto, ao aparecer o cristianismo, os judeus não o viam senão como mais uma seita. (González, 2011, p. 38)

A separação entre judaísmo e cristianismo se deu de forma lenta, gradativa e diferenciada de região para região. Provavelmente, ambos começaram a seguir caminhos distintos a partir da segunda metade do primeiro século. Dois fatos ocorridos na década que vai de 60 a 70 d.C. podem ter contribuído para que a distinção começasse a ser processada: o incêndio de Roma em 64 d.C., que teria sido atribuído pelo imperador Nero aos cristãos; e a revolta judaica contra o domínio romano entre 66 e 70 d.C.

Sobre o incêndio de Roma, González (2011, p. 40) diz que principiou em uma noite de julho de 64 d.C. e daí decorreram os seguintes fatos:

> Ao que parece, Nero se encontrava, na ocasião, em sua residência de Antium, a uns 70 km de Roma, e assim que soube o que sucedia correu a Roma, onde tratou de organizar a luta contra o incêndio. Para os que haviam ficado sem refúgio, Nero fez abrir seus próprios jardins e vários outros edifícios públicos. Mas tudo isso não bastou para afastar as suspeitas que logo caíram sobre o imperador, a quem muitos já tinham por louco. [...] Nero fez todo o possível para afastar as suspeitas de sua pessoa. Mas todos os seus esforços seriam inúteis enquanto não fizesse recair a culpa sobre outro. Dois dos bairros que não tinham sido queimados eram as zonas da cidade em que havia mais judeus e cristãos. Portanto, o imperador pensou que seria mais fácil culpar os cristãos.

O conflito entre o cristianismo e o Império Romano, fato que resultaria em um longo ciclo de perseguições ao primeiro, empreendido pelo segundo, teria começado com o referido infortúnio. De início, as perseguições seriam localizadas e mais raras, mas chegaram a se tornar sistemáticas e generalizadas nos séculos seguintes. O importante agora é que, se o incêndio foi atribuído a um grupo pequeno e quase totalmente desconhecido na época, devemos ressaltar que uma distinção entre cristãos e judeus já poderia estar em seus primórdios.

Em ocasião muito próxima, 66 a 70 d.C., houve uma importante rebelião dos judeus contra o domínio romano na região da Palestina. A revolta levou a uma represália violenta por parte do Império, que promoveu a destruição de Jerusalém e do principal símbolo do judaísmo, o templo. A interpretação de R. A. Horsley (2010) é a de que a revolta foi uma reação dos judeus à opressão sem limites do Império Romano:

> A revolta judaica maciça de 66-70 estava profundamente enraizada na onipresente espiral de opressão, resistência e repressão. De forma mais imediata, surgiu da rápida escalada de uma particular espiral de violência no período que imediatamente precedeu sua irrupção. Nossa fonte principal, Josefo, parece até mesmo estar consciente da sequência "causal" de repressão e revolta. Podemos duvidar de sua possibilidade de saber das intenções efetivas do governador romano Floro (64-66E.C.), mas é claro que Josefo acredita que uma das causas principais da revolta de 66 foi a violência sem precedentes desencadeadas pelo arrogante governador romano Floro. (Horsley, 2010, p. 48)

A interpretação de Curtis, Lang e Petersen (2003, p. 20) dos mesmos acontecimentos privilegia a repercussão dos fatos para o cristianismo: "Uma vez que a nação judaica e seu Templo tinham sido destruídos, os cristãos não podiam mais confiar na proteção que o império dava ao judaísmo. Não havia mais onde se esconder da perseguição romana". Quando os autores falam da "proteção que o império dava ao judaísmo", provavelmente estão se referindo às negociações políticas realizadas entre as autoridades romanas e as lideranças judaicas, que permitiam aos descendentes de Abraão manter alguns de seus ritos e práticas.

Embora as palavras usadas pelos autores, como *proteger* e *dar*, não sejam muito adequadas, uma vez que os romanos não ofereciam, mas sim negociavam um tratamento distinto em relação à religião judaica, nem davam algo ao grupo, mas trocavam "favores" com eles, a ideia central parece ser razoável. O fato que consideramos importante ressaltar é que o cristianismo, como à época era um segmento do judaísmo, herdara os frutos da negociata com as autoridades do império.

Relembremos que, quando da ocupação romana da Palestina, um acordo foi feito entre as partes. Roma passou a defender seus interesses na região e, em troca, os judeus receberam alguns "privilégios", oriundos do processo de negociação entre as lideranças judaicas e os representantes do poder romano que mencionamos anteriormente. Depois que os judeus se rebelaram, o tratamento diferenciado ("proteção") que recebiam foi suspenso. Reafirmamos que, como o cristianismo inicialmente foi visto como uma seita do judaísmo, também aquele deixou de ter um tratamento especial por parte do Império. Poderia estar pesando agora sobre ambos, cristianismo e judaísmo – se é que nesse momento poderiam ser vistos como algo distinto – o estigma de fenômenos rebeldes.

Talvez existissem outros motivos para que o cristianismo começasse a se distinguir do judaísmo, assim como há diferentes razões para o enfrentamento do Império Romano por aquele. Mas o incêndio em Roma e as revoltas judaicas podem ser considerados tanto como marcos para o início de uma longa, complexa e multifacetada separação dos dois monoteísmos quanto para explicar a maneira pela qual o cristianismo começou uma longa história de embates com o Império, fato que duraria alguns séculos.

Uma vez que o que nos importa aqui é o cristianismo primitivo, cremos ser possível estabelecer uma conexão entre os primórdios da formação de uma identidade cristã autônoma, os embates com o Império Romano e o aumento significativo do uso dos termos *parrhesia* e *parrhesiazomai* no cânon do Novo Testamento. Se o principal sentido das palavras designa a coragem que uma pessoa deve ter para expressar o que acredita ante outras pessoas que podem condená-la à morte, temos, a partir de 64 d.C., o cenário ideal para que essa prática ocorresse. Saber se foi isso mesmo o que aconteceu ou não é outra questão que não temos como responder definitivamente, apenas conjecturar.

Perceba que nos referimos a crenças que instrumentalizam o modo de agir e vice-versa. Esperemos que o debate teórico e o exemplo retirado do cristianismo primitivo possam demonstrar como dogma e ética estão conectados de maneira inseparável. São como duas faces da mesma moeda. A prática da *parrhesia* nos coloca diante da dimensão pragmática da linguagem. Esta não é empregada para designar objetos existentes no mundo e, sim, para fazer coisas.

Síntese

Começamos o capítulo com a menção da situação política brasileira relativamente recente, onde o que é dito está, por vezes, desconectado do que é feito. Embora algumas pessoas afirmem ser honestas, grampos e denúncias demonstram que o que alegam e o que fazem está em desacordo.

Seguimos para um debate teórico, com base nas ideias do filósofo francês Michel Foucault, que, com o exemplo de uma prática cultural do mundo antigo, conhecida como *parrhesia*, demonstrou que, para os antigos, era necessário que o que alguém dissesse correspondesse ao que acreditava.

Parrhesia, de forma simples e direta, é a coragem da verdade. Acontece quando uma pessoa enuncia algo e, ao fazê-lo, diz exatamente o que está em sintonia com suas convicções. Isso é atestado pelo modo de vida do sujeito que profere suas sentenças. Para os antigos, no limite máximo, expor-se ao risco de vida era a maior demonstração de que alguém estava dizendo o que acreditava ser verdade. Dissemos, então, que a enunciação da verdade no mundo antigo era um problema ético, e não epistemológico, como passou a acontecer entre o fim da Idade Média e início da Moderna.

Finalizamos o capítulo explorando a prática da *parrhesia* no cristianismo primitivo. Usamos um conjunto documental bastante conhecido, o cânon do Novo Testamento. Vimos que nesse *corpus* há cerca de quarenta incidências dos termos *parrhesia* e *parrhesiazomai*. Vimos que muitos cristãos antigos praticavam a coragem da verdade, de forma bastante coerente com a cultura em que estavam inseridos. É possível que os martírios, que começaram a ocorrer de forma mais intensa em séculos posteriores à escrita do Novo Testamento, tenham sido inspirados pela prática do dizer verdadeiro.

Indicações culturais

BÍBLIA. Português. **Bíblia sagrada**. Tradução de João Ferreira de Almeida, revista e atualizada. Barueri: Sociedade Bíblica do Brasil, 2016. Disponível em: <https://www.bible.com/pt/bible/1608/GEN.1.ARA>. Acesso em: 13 nov. 2020.

É fundamental que você leia os textos bíblicos indicados ao longo do capítulo. Se tiver um texto impresso, melhor. Caso não tenha, sugerimos uma versão *on-line*. Indicamos a tradução de João Ferreira de Almeida apenas porque foi dela que usamos em nossas citações ao longo capítulo, mas, caso prefira, use outra versão.

FOUCAULT, M. **A hermenêutica do sujeito**: curso no Collège de France (1981-1982). Tradução de Márcio Alves da Fonseca e Salma Tannus Muchail. 3. ed. São Paulo: M. Fontes, 2010.

Os cursos de Foucault são os seus trabalhos mais acessíveis. Se você nunca leu nada desse filósofo, recomendamos começar pelos cursos, dentre os quais este é o melhor, mais acessível e interessante. Trata das diversas técnicas de si, já introduzindo uma delas, a *parrhesia*. Se não se apaixonar pelo autor com a leitura desse texto, dificilmente irá gostar de outros escritos dele.

FOUCAULT, M. **O governo de si e dos outros**: curso no Collège de France (1982-1983). Tradução de Eduardo Brandão. São Paulo: M. Fontes, 2010.

Curso que dá sequência ao indicado anteriormente. Está totalmente dedicado à questão da *parrhesia* no mundo antigo.

FOUCAULT, M. **A coragem da verdade**: curso no Collège de France (1983-1984). Tradução de Eduardo Brandão. São Paulo: M. Fontes, 2011.

Esse curso está em sintonia com os demais. Leia-o apenas depois de estudar os dois indicados anteriormente. Também dedicado inteiramente à questão da *parrhesia*, nele está a aula em que Foucault trata do tema com base em alguns textos bíblicos.

FOUCAULT, M. Discurso e verdade: seis conferências dadas por Michel Foucault, em Berkeley, entre outubro e novembro de 1983, sobre a parrhesia. **Prometeus: Filosofia em Revista**, ano 5, n. 13, 2013. Disponível em: <https://seer.ufs.br/index.php/prometeus/issue/view/157>. Acesso em: 13 nov. 2020.

Se optar por não comprar livros, as seis conferências de Foucault sobre o tema da *parrhesia* proferidas na Universidade de Berkeley e traduzidas para o português podem ser baixadas no *link* indicado. Trata-se de um conjunto de artigos fundamental para quem está interessado especificamente no tema da *parrhesia*. Texto fácil e acessível.

OLIVA, A. S. Algumas considerações sobre 1Timóteo 4,1-16 a partir da ética do cuidado de si de Michel Foucault. **Revista Pistis & Praxis**, v. 3, n. 1, 2011. Disponível em: <http://www2.pucpr.br/reol/pb/index.php/pistis?-dd1=4569&dd99=view&dd98=pb>. Acesso em: 13 nov. 2020.

Texto de nossa autoria publicado em uma revista impressa e também *on-line*. Tratamos do tema das técnicas de si, um preâmbulo ao tema da *parrhesia*. Usamos a carta deuteropaulina como documento para exemplificar o debate foucaultiano.

OLIVA, A. S. Um exemplo de superação do medo: a parrhesia do apóstolo Pedro na tradição Lucas-Atos. **Estudos Bíblicos**, v. 29, p. 20-30, 2012.

Outro texto de nossa autoria, mas com versão impressa apenas. A Revista Estudos Bíblicos, da Editora Vozes, já circula há algumas décadas e tem sido um dos principais periódicos de difusão de pesquisa acadêmica sobre literatura bíblica. Nesse artigo, tratamos do tema da *parrhesia* tomando Pedro como personagem tal como é representado na tradição de Lucas e *Atos dos apóstolos*.

Atividades de autoavaliação

1. Indique se as seguintes afirmações sobre o debate acerca da questão da *parrhesia* na filosofia de Michel Foucault são verdadeiras (V) ou falsas (F).

   [ ] *Parrhesia* pode ser traduzido do grego como "coragem da verdade".

   [ ] *Parrhesiazomai* é a forma verbal derivada do substantivo *parrhesia*.

   [ ] *Libertas* é a forma latina do termo grego *parrhesia*.

   [ ] A prática da *parrhesia* é atestada tanto na cultura grega antiga quanto na romana da Antiguidade.

   [ ] Não encontramos o termo *parrhesia* no cristianismo antigo.

   Agora, assinale a alternativa que corresponde à sequência correta:

   A) V, V, V, V, V.
   B) V, F, V, F, V.
   C) F, V, V, V, V.
   D) V, V, F, V, V.
   E) V, V, V, V, F.

2. Qual das alternativas a seguir apresenta apenas afirmações corretas sobre as técnicas de si debatidas e analisadas por Michel Foucault?

   A] São ações empreendidas apenas por poderes externos, que agem sobre o sujeito com vistas a transformá-lo em algo diferente do que é; há muitas técnicas de si, e a *parrhesia* é um exemplo desse tipo de prática.

   B] São ações empreendidas por poderes que atuam sobre o sujeito com vistas a transformá-lo em algo diferente do que é; há muitas técnicas de si, mas a *parrhesia* não é um exemplo desse tipo de prática.

   C] São ações empreendidas por um sujeito sobre si mesmo com vistas a se transformar em algo diferente do que é; há muitas técnicas de si, e a *parrhesia* é um exemplo desse tipo de prática.

   D] São ações empreendidas por um sujeito sobre si mesmo com vistas a se transformar em algo diferente do que é; há muitas técnicas de si, mas a *parrhesia* não é um exemplo desse tipo de prática.

   E] São ações empreendidas exclusivamente por poderes externos ao sujeito, agindo sobre ele diretamente, com vistas a mantê-lo submisso; há muitas técnicas de si, e a *parrhesia* é um exemplo desse tipo de prática.

3. Assinale a alternativa que apresenta apenas afirmações corretas sobre o tema da verdade em Michel Foucault:

   A] A verdade era um problema epistemológico no mundo antigo e medieval e, em algum momento entre o fim da Idade Média e início da Idade Moderna, foi se transformando em uma questão ética; a prática da *parrhesia* é um exemplo da situação em que a expressão da verdade assume sua dimensão ética;

para os cristãos antigos, a prática da *parrhesia* era levada muito a sério, de acordo com documentos disponíveis.

B] A verdade era um problema ético no mundo antigo e medieval e, em algum momento entre o fim da Idade Média e início da Idade Moderna, foi se transformando em uma questão epistemológica; a prática da *parrhesia* não é um exemplo da situação em que a expressão da verdade assume sua dimensão ética; para os cristãos antigos, a prática da *parrhesia* era levada muito a sério, de acordo com documentos disponíveis.

C] A verdade era um problema ético no mundo antigo e medieval e, em algum momento entre o fim da Idade Média e início da Idade Moderna, foi se transformando em uma questão epistemológica; a prática da *parrhesia* é um exemplo da situação em que a expressão da verdade assume sua dimensão ética; para os cristãos antigos, a prática da *parrhesia* não era levada muito a sério, de acordo com documentos disponíveis.

D] A verdade era um problema ético no mundo antigo e medieval e, em algum momento entre o fim da Idade Média e início da Idade Moderna, foi se transformando em uma questão epistemológica; a prática da *parrhesia* é um exemplo da situação em que a expressão da verdade assume sua dimensão ética; para os cristãos antigos, a prática da *parrhesia* era levada muito a sério, de acordo com documentos disponíveis.

E] A verdade era um problema ético no mundo antigo e medieval e, em algum momento entre o fim da Idade Média e início da Idade Moderna, foi se transformando em uma questão epistemológica; a prática da *parrhesia* é um exemplo da situação em que a expressão da verdade assume sua dimensão epistemológica; para os cristãos antigos, a prática da *parrhesia* não era levada muito a sério, de acordo com documentos disponíveis.

4. Assinale a alternativa **incorreta** acerca do Novo Testamento:
   A] É o cânon dos cristãos desde o mundo antigo até a atualidade.
   B] É um texto canônico também para os judeus desde o mundo antigo até a atualidade.
   C] Foi utilizado como fonte histórica no decorrer do presente capítulo.
   D] Atesta muitos casos em que aparecem as palavras *parrhesia* (substantivo) e *parrhesiazomai* (verbo).
   E] Indica que os cristãos antigos levavam muito a sério aquilo em que acreditavam, a ponto de se exporem ao risco de morte para defender suas crenças.

5. Indique se as afirmações a seguir sobre a prática da *parrhesia* no Cristianismo Primitivo são verdadeiras (V) ou falsas (F).
   [ ] As palavras *parrhesia* e *parrhesiazomai* aparecem em todos os livros do Novo Testamento.
   [ ] O apóstolo Pedro não foi retratado como um praticante da *parrhesia*.
   [ ] O apóstolo Paulo não foi retratado como um praticante da *parrhesia*.
   [ ] Jesus não foi retratado como um praticante da *parrhesia*.
   [ ] O autor do Evangelho de Lucas foi retratado como um praticante da *parrhesia*.

   Agora, assinale a alternativa que corresponde à sequência correta:
   A] F, F, F, F, F.
   B] V, F, V, V, V.
   C] F, V, V, V, F.

d] V, F, F, F, V.
e] V, V, V, V, V.

Atividades de aprendizagem

Questões para reflexão

1. Qual é o seu ponto de vista a respeito da incoerência humana entre o que um indivíduo crê e aquilo que ele faz? Suas ações são coerentes com aquilo em que você acredita? Você trata a incoerência dos outros do mesmo modo que trata a sua?
2. Como sua religião, ou ausência de religião, lida com a sintonia entre crenças e modos de ação? O que você pensa dos sujeitos religiosos hipócritas, no sentido de que, muitas vezes não agem de acordo com aquilo que dizem serem suas crenças? O que podemos aprender com o exemplo da prática da *parrhesia* do mundo antigo?

Atividades aplicadas: prática

1. Visite um templo religioso e observe a articulação entre as crenças e os modos de ação nas cerimônias ou cultos públicos. Depois, entreviste as pessoas para aprofundar sua percepção. Anote suas conclusões em um arquivo eletrônico.
2. Uma alternativa ao exercício anterior é observar o que as pessoas conhecidas dizem nas redes sociais e o que elas fazem no dia a dia. Você pode fazer isso com você mesmo. Não faça a atividade com a atitude de alguém que especula a vida alheia e quer apontar suas incoerências, mas como quem quer perceber se o ser humano é coerente ou não e se é possível ver continuidade entre dogma e ética.

LINGUAGEM DO FENÔMENO RELIGIOSO E A ARTE

O rótulo que circula em nossa cultura é o de que os artistas são pessoas muito estranhas e diferentes. Via de regra, são considerados mais sensíveis e excêntricos que a maior parte das pessoas. Têm hábitos estranhos e se vestem de forma alternativa. Vincent van Gogh (1853-1890) é reconhecido como um dos mais criativos artistas da história e também como uma pessoa muito diferente de todas as demais. Sabemos que ele passou um longo período em um asilo em função do que acreditavam ser uma série de acessos de loucura – e talvez ele mesmo acreditasse nisso.

Cremos haver um exagero nos rótulos descritos no parágrafo anterior e também em qualquer outro que alguma pessoa ainda queira acrescentar. Um artista é uma pessoa como outra qualquer, exceto pelo fato de que, com mais frequência que os demais, é alguém que dá vazão à sua criatividade. E, conforme já tivemos oportunidade de debater desde o primeiro capítulo deste livro, criatividade é uma função proeminente do inconsciente. Ou, de outra forma, um artista é alguém que aprendeu a falar bem o idioma do inconsciente. Assim, se queremos dizer que ele tem algo diferente, talvez possamos afirmar que ele aprendeu há mais tempo a falar a linguagem do inconsciente.

Pelo que estudamos de Jung até o momento, sabemos que também a religião é um idioma que se adequa melhor ao universo simbólico do inconsciente. Se os artistas são pessoas diferentes, também os religiosos o são, e, talvez, pela mesma razão: aprenderam mais cedo, ou há mais tempo, a decifrar os símbolos do inconsciente e a expressar em sua linguagem cotidiana o impacto que tal fato teve sobre eles.

O presente capítulo vai explorar com mais detalhes as ideias anunciadas até aqui. Vamos começar com a visão de Carl Gustav Jung sobre a arte. Em seguida, vamos explorar o universo de um dos artistas mais interessantes de que já tivemos notícia: Vincent van Gogh.

Esperamos que, tendo nos acompanhado desde o início deste livro até aqui, você tenha percebido que os escritos e as ideias de Jung são muito importantes para nós. As razões para isso são muitas, mas podemos destacar algumas: trata-se de um pensador muito original; suas ideias são relevantes tanto para a pesquisa acadêmica quanto para o crescimento pessoal de quem o lê; foi um pensador que valorizou a religião e ajudou a elucidar muitos aspectos sobre seus modos de ser e de funcionar; e, não menos importante, sua teoria sobre a existência e o funcionamento do inconsciente contribui bastante para a compreensão da alma humana, da religião e de alguns outros domínios, como é o caso das artes.

Se podemos já estar convencidos da importância de Jung para nosso estudo, talvez ainda precisemos justificar a escolha do artista que vamos abordar na segunda parte deste capítulo. Partiremos do mais óbvio: van Gogh produziu muitas obras interessantes e que expressam muita originalidade. Talvez o que a maioria, todavia, não saiba é que há alguns fatos tidos como certos acerca dele que são considerados discutíveis por pesquisadores da atualidade: sua pobreza, sua loucura e seu suicídio. Provavelmente, nenhum dos três fatos mencionados podem ser aceitos como verdades absolutas. Certamente ele não foi pobre, nem viveu em estado de extrema precariedade; não foi louco, ao menos no sentido que podemos identificar alguém como insano na atualidade; e, para dizer o mínimo, os fatos acerca de como e onde morreu são bastante obscuros. É bem provável que ele não tenha se suicidado.

Se quisermos sair do campo das polêmicas e desembocar nos fatos mais seguros sobre sua biografia, reiteramos o fato de que foi um dos artistas mais criativos e originais da história da pintura e que pagou um preço alto por isso. Outra particularidade sobre ele é que praticou desenho desde a infância, mas começou a aprender a pintar apenas por volta dos 27 anos de idade. Considerando que ele morreu com apenas 37 anos de vida e que levou algo em torno de cinco anos para começar a pintar suas telas mais exuberantes, ele teve aproximadamente cinco anos para produzir suas pinturas. Uma verdadeira façanha para quem deixou mais de 800 telas – considerando ainda que tantas outras parecem ter sido destruídas ou perdidas.

Outra particularidade que chama a atenção sobre van Gogh é que, assim como pintou compulsivamente, também fez outras coisas com o mesmo ímpeto: lia muitos romances, sobretudo os franceses e os ingleses, e escrevia muitas cartas. Esse último fato faz de van Gogh um dos artistas que mais deixou informações sobre si. Graças às cartas, sabemos muito sobre sua vida pessoal e amorosa, tanto quanto sobre sua visão acerca da arte. Além do mais, as pessoas, em geral, não sabem que o artista foi alguém bastante religioso durante toda a sua vida. Primeiramente, foi religioso no sentido mais convencional: era filho de um pastor protestante, teve uma formação religiosa na infância, frequentou a igreja até sua adolescência e chegou a ser missionário no início da juventude. Mas também foi religioso de uma forma um pouco menos convencional: incorporou valores sobrenaturais em suas telas e encontrou nessa forma de expressão a sua plenitude.

> **Exemplo prático**
>
> Vamos deixar mais detalhes sobre a vida de van Gogh para o desenrolar do capítulo. Agora, basta dizer que admiro o pintor holandês de maneira profunda e que amo suas cartas e pinturas. Há pouco mais de dois anos, estive em diversos museus, inclusive o que leva seu nome, na capital da Holanda com o propósito de observar suas telas. Também tive a oportunidade de visitar a cidade onde ele viveu seus últimos dias de vida, a bela e pequena cidade de Auves-sur-Oise. Visitei a igreja que foi pintada por ele, Notre-Dame-de-l'Assomption d'Auvers-sur-Oise, o campo que foi cenário da sua tela *Campo de trigo com corvos*, seu túmulo no cemitério da referida cidade, a pensão em que morava e onde está o quarto onde morreu, o Albergue Ravoux, o prédio da prefeitura da cidade, também retratado por ele e, por fim, a casa do doutor Paul Gachet, o médico que fez o laudo da sua morte. Essas informações têm a intenção de evidenciar minha experiência de pesquisa sobre van Gogh, como também minha admiração e algum conhecimento empírico sobre sua vida. Espero que você se torne um admirador do renomado pintor tanto quanto o sou.

Os objetivos deste capítulo são: analisar os conceitos da teoria de Jung que expliquem e compreendam a arte; exemplificar, por meio da arte e da escrita de van Gogh, os conceitos de Jung sobre a arte; e demonstrar, com o caso empírico da vida e da arte de van Gogh, como a arte e a religião se expressam por meio de uma linguagem que está ancorada no inconsciente.

Deixamos algumas perguntas para que você comece a pensar no assunto do capítulo: 1) Que proximidades existem entre religião e arte? 2) Você é artista e/ou religioso? Como esses dois aspectos atuam na sua vida? 3) O que podemos aprender com Jung sobre a relação entre arte e religião? 4) Quem foi Vincent van Gogh? O que você sabe sobre ele? Que obras dele você gosta? Como ele viveu e morreu? 5) Qual você acha que foi o fator preponderante para que ele fosse um dos artistas mais originais da história da pintura?

6.1 Arte com base em Carl Gustav Jung

Se compreendemos adequadamente o modo como Jung analisava a arte, podemos dizer que ele pensava esse domínio de um ponto de vista que colocava o sujeito como principal foco. Explicamos melhor: diferentemente da psicanálise freudiana, que procurava avaliar a arte de um ponto de vista psicológico, Jung dava mais atenção à subjetividade do artista. Parece que ele estava preocupado com problemas do tipo: Que fatores intrapsíquicos estariam em funcionamento durante o processo de criação artística? Que funções psíquicas estão em proeminência quando um sujeito-artista está criando?

> Na relação entre a arte e a psicologia, Jung pede novamente que abandonemos uma abordagem analítica reducionista ao trabalho criativo e abordemos a obra de arte em seus próprios termos, em vez de procurar as causas psicológicas de qualquer obra de arte. Além disso, Jung separa a psicologia do artista individual da validade do trabalho criativo daquele artista, que, na opinião de Jung, permanece vivo ou é esquecido pelos méritos de suas próprias conquistas, em vez de ser criticado pela sanidade ou pela neurose do artista e criador. Essas duas posições são, em certos aspectos, reações não muito dissimuladas às incursões na crítica de arte feitas por Freud e seus seguidores, e Jung parece muito confortável com a conclusão de que os grandes artistas são quase sempre indivíduos excepcionais para os quais as categorias psicológicas normais não se aplicam. Dada a própria produção criativa abundante de Jung durante a sua vida toda, a questão da

criatividade artística, de seu custo psicológico, e de valor para a vida individual e coletiva havia claramente sido vivenciada na pele por ele durante muitos e muitos anos. (Hopcke, 2012, p. 174-175)

Há muitos aspectos interessantes no fragmento citado: 1) Jung procurava abandonar a visão reducionista da psicanálise freudiana sobre a arte; se tomarmos a religião como comparação para entender a afirmação, a visão de Freud procurava reduzir a religião a um único fator que a originaria e manteria viva como fenômeno cultural (um tabu ou uma neurose, não estamos muito certos); 2) na sua abordagem, o psiquiatra suíço procurava separar a vida psicológica do produto final da sua criatividade; 3) os grandes artistas foram e são pessoas excepcionais, o que significa que sua vida interior é muito diferente das demais pessoas; 4) o próprio Jung tinha muita autoridade para falar do ato de produzir arte, pois foi um artista, embora amador, bastante talentoso.

O segundo aspecto que indicamos merece destaque, pois parece se legitimar em afirmações do próprio Jung, como podemos ver a seguir:

> *Apenas aquele aspecto da arte que existe no processo de criação artística pode ser objeto da psicologia, não aquele que constitui o próprio ser da arte. Nesta segunda parte, ou seja, a pergunta sobre o que é a arte em si, não pode ser objeto de considerações psicológicas, mas apenas estético-artísticas.* (Jung, 2013, p. 65, grifo do original)

Podemos dizer que o autor está colocando as coisas nos seus devidos lugares. É possível que um psicólogo fale sobre arte, mas apenas do ponto de vista de sua disciplina. Não nos parece algo razoável que um especialista em psicologia faça avaliações sobre a qualidade estética de uma obra de arte, ao mesmo tempo em que soa algo sensato se analisa e debate o processo intrapsíquico da criação de uma obra de arte – embora Jung estivesse em uma situação bastante privilegiada para falar de arte, pois, mesmo sendo amador, foi um grande artista e produziu uma quantidade razoável de obras artísticas das formas mais variadas (Jung, 2014). Claro, a pergunta que surge, então, é a seguinte: O que Jung dizia sobre a arte de um ponto de vista psicológico? Responder a essa questão irá nos colocar em contato com o ponto em que arte e religião entram em sintonia, pois, nas duas situações, nosso inconsciente está em primeiro plano. Em outros termos, a criação, de qualquer natureza, acontece quando a função inconsciente está colocada em destaque, assim como acontece com a religião. Não estamos dizendo que a função consciente e racional não atue ou interfira na criatividade, mas, sim, que essa é uma atividade, primariamente, do inconsciente. Um trecho de Jung certamente nos ajudará a compreender a questão:

> Enquanto seu inconsciente está perplexo e vazio diante do fenômeno, ele é inundado por uma torrente de pensamentos e imagens que jamais pensou em criar e que sua própria vontade jamais quis trazer à tona. Mesmo contra sua vontade tem que reconhecer que nisso tudo é sempre o seu "si-mesmo" que fala, que é a sua natureza mais íntima que se revela por si mesma anunciando abertamente aquilo que ele nunca teria coragem de falar. Ele apenas pode obedecer e seguir esse impulso aparentemente estranho; sente que sua obra é maior de que ele e exerce um domínio tal que ele nada lhe pode impor. Ele não se identifica com a realização criadora; ele tem consciência de estar submetido à sua obra ou, pelo menos, ao lado, como uma segunda pessoa que tivesse entrado na esfera de um querer estranho. (Jung, 2013, p. 73-74)

Cremos que se tomarmos a palavra *inspiração* como foco de nossa análise, compreenderemos facilmente o que Jung está dizendo. Inspiração é percebida e experimentada pelos artistas como algo que vem de fora de si. Talvez alguns digam que é de origem sobrenatural. De um ponto de vista junguiano, a inspiração vem do inconsciente e, como quase tudo que vem dele, experimentamos como se fosse algo externo a nós. Como o inconsciente diz respeito ao que desconhecemos sobre nós mesmos, seja porque não sabemos mais, seja porque ainda ignoramos, o que provém dele é visto como algo de um além (sobrenatural, estranho, desconhecido, divino etc.). No entanto, sabemos que, quando criamos, um arsenal de conhecimento começa a emergir das nossas profundezas inconscientes e nos surpreendem.

> A análise prática dos artistas mostra sempre de novo quão forte é o impulso criativo que brota do inconsciente, e também quão caprichoso e arbitrário. Quantas biografias de grandes artistas já demonstraram que o seu ímpeto criativo era tão grande que se apoderava de tudo que era humano, colocando-o a serviço da obra, mesmo à custa da saúde e da simples felicidade humana! A obra inédita na alma do artista é uma força da natureza que se impõe, ou com tirânica violência ou com aquela astúcia sutil da finalidade natural, sem se incomodar com o bem-estar pessoal do ser humano que é o veículo da criatividade. O anseio criativo vive e cresce dentro do homem como uma árvore no solo do qual extrai seu alimento. (Jung, 2013, p. 75-76)

A inspiração artística pode ser tão arrebatadora que, muitas vezes, pode ser comparada à experiência religiosa do espiritismo denominada *psicografia*, uma ação excelsa em que um espírito dirige a mão do médium. Todos nós, escritores, independentemente do tipo de texto que nos dediquemos a produzir, somos artistas das palavras. Sabemos que há momentos em que escrevemos de forma compulsiva e caótica, mas, em um segundo momento, temos de configurar nossa produção em algumas regras de gramática, de comunicação, de formatação científica etc., inclusive de bom senso. Parece que é isso que Jung está dizendo que acontece conosco quando o inconsciente cria: ele se apodera de nós de tal forma que passamos a nos sentir como se um álter nos tivesse possuído, quando o que está acontecendo é que apenas desconhecemos o que se passa no nosso interior.

> Quero lembrar que denominei a obra *in statu nascendi* como um complexo autônomo. Este conceito abrange quase todas as formações psíquicas que se desenvolvem em primeiro lugar bem inconscientemente e só a partir do momento em que atingem o valor limiar da consciência, também irrompe na consciência. A associação que então se dá com a consciência não significa uma assimilação, mas uma percepção. Isto significa que o complexo autônomo é resguardado; não pode ser submetido ao controle consciente, nem à inibição nem a uma reprodução arbitrária. É nisto precisamente que o complexo se manifesta como autônomo, aparecendo ou desaparecendo de acordo com a tendência que lhe é inerente. É independente do arbítrio da consciência. O complexo criativo compartilha esta peculiaridade com todos os outros complexos autônomos. (Jung, 2013, p. 79)

Observe bem as palavras de Jung no trecho citado. Ele está falando de *complexo* para se referir ao processo criativo dos poetas. *Complexos* são formações afetivas relativamente densas e estão relacionadas às experiências que um sujeito tem ao longo de sua vida. Eles "habitam" o inconsciente pessoal e atuam de forma autônoma. Os analistas junguianos usam o verbo *constelar* para designar a ação autônoma. Quando determinado complexo está constelando, isso significa que o comportamento e as emoções de um sujeito estão sendo dominados por ele, de modo a parecer que ele está possesso. Nossas expressões populares ajudam a dar um nome a situações assim. Quando as pessoas dizem que "Fulano estava possesso hoje", estão querendo afirmar que a pessoa estava fora de sua maneira convencional de se comportar, e isso aconteceu porque ela estava possessa por alguma coisa. Em linguagem junguiana, o que assumia o controle da pessoa, temporariamente, era um complexo. Essa possessão, que também é uma experiência muito presente na religião, é o que pode acontecer com o artista quando está criando.

Acontece que essa experiência pode se realizar no nível do inconsciente pessoal, pela ativação de um complexo, ou ser ainda mais profunda e atingir as camadas do inconsciente coletivo, despertando os arquétipos. Vejamos isso nas palavras de Jung (2013, p. 83-84):

> Este é o segredo da ação da arte. O processo criativo consiste (até onde nos é dado segui-lo) numa ativação inconsciente do arquétipo e numa elaboração e formalização na obra acabada. De certo modo a formação da imagem primordial é uma transcrição para a linguagem do presente pelo artista, dando novamente a cada um a possibilidade de encontrar o acesso às fontes mais profundas da vida que, de outro modo, lhe seria negado. É aí que está o significado social da obra de arte: ela trabalha continuamente na educação do espírito da época, pois traz à tona aquelas formas das quais a época mais necessita. Partindo da insatisfação do presente, a ânsia do artista recua até encontrar no inconsciente aquela imagem primordial adequada para compensar de modo mais efetivo a carência e unilateralidade do espírito da época. Essa ânsia se apossa daquela imagem e, enquanto a extrai da camada mais profunda do inconsciente, fazendo com que se aproxime do consciente, ela modifica sua forma até que esta possa ser compreendida por seus contemporâneos. O gênero da obra de arte nos permite uma conclusão sobre a característica da época na qual ela se originou. O que significa para a sua época o realismo, o naturalismo e o romantismo? E o helenismo? São tendências da arte que trazem à tona aquilo de que a respectiva atmosfera espiritual mais necessitava. Sobre o tema – o artista

como educador de sua época – poderíamos hoje em dia dissertar mais longamente ainda.

Que trecho interessantíssimo! Jung está dizendo que um artista é alguém tão conectado ao inconsciente coletivo que pode chegar ao ponto de captar imagens que não somente expressam os anseios de sua psique, mas de uma coletividade de uma forma muito ampla. Quando um artista atinge, com sua poesia, pintura ou escrita ficcional, os arquétipos do inconsciente coletivo, ele consegue encontrar imagens que vão expressar anseios e necessidades de muitas pessoas de sua geração.

> **EXEMPLO PRÁTICO**
>
> Tenho uma experiência pessoal para ilustrar o que estou dizendo aqui. Há alguns anos, fui ao Masp (Museu de Arte de São Paulo) para ver uma exposição de obras do pintor brasileiro Cândido Portinari. Estava maravilhado diante do que via, pois amo ver pinturas. Mas algo arrebatador aconteceu quando parei diante do painel *Criança morta*: ao olhar por uns dois ou três minutos para a tela, comecei a chorar compulsivamente. Não conseguia saber por que isso estava acontecendo. Talvez a emoção de estar frente a frente com um quadro famoso de Portinari, que tinha visto apenas em reproduções nos livros didáticos, ou o impacto do tamanho da obra sobre mim (o painel tem 180 × 190 cm), ou ainda a impressão causada pela destreza artística do pintor, quiçá o impacto da cena retratada (uma família de retirantes chorando a morte de uma criança esquelética). Hoje, penso que tive uma experiência com o inconsciente: a criação de Portinari conseguiu se comunicar com as profundezas arquetípicas do meu ser.

Para finalizar o tópico sobre a arte com base em Jung, podemos observar um pouco sua análise de um artista bastante conhecido da história da pintura: Pablo Picasso (1881-1973). Com a abordagem do pintor, podemos ilustrar o que vimos anteriormente sobre a expressão arquetípica de imagens utilizando o exemplo das artes plásticas. Sabemos que Picasso pintou algumas vezes uma figura arquetípica muito conhecida: o Arlequim.

> Em geral, o inconsciente apresenta-se ao homem na forma da "obscuridade", de um *Kundry*, de uma feiura antediluviana, horripilantemente grotesca ou de uma beleza infernal, quando o atingido por um tal destino pertence ao grupo dos neuróticos. Correspondendo às quatro figuras femininas do mundo inferior gnóstico: Eva, Helena, Maria e Sofia, encontramos, na metamorfose de Fausto, Gretchen, Helena, Maria e o abstrato "Eterno-Feminino". Assim como Fausto está enredado em acontecimentos homicidas e reaparece, na segunda parte, sob forma modificada, assim também Picasso se transforma e aparece sob a forma submundana do trágico *Arlequim*, motivo esse que se manifesta em vários quadros. A propósito, *Arlequim* é um velho Deus ctônico. (Jung, 2013, p. 142, grifo do original)

Se você procurar na internet, em mecanismos de busca, por "Picasso Arlequim", encontrará uma infinidade de imagens do pintor e conseguirá entender melhor o que estamos dizendo. No cinema contemporâneo, temos duas figuras similares ao Arlequim, uma masculina e outra feminina: o Coringa e a Arlequina. Ambos são personagens complexos e representam o caos, o incontrolável e o imprevisível. Vejamos: Jung está dizendo que o Arlequim, expressão um pouco mais antiga que o Coringa e a Arlequina do cinema atual, é uma representação arquetípica do inconsciente. Certamente, Picasso, por ser um artista, era alguém bastante treinado para expressar imagens do inconsciente e conseguiu dar uma forma estética para o arquétipo que pode representar o inconsciente na sua totalidade ou sua expressão sombria.

> A figura do Arlequim reveste uma dualidade trágica, embora suas vestes ostentem os símbolos dos próximos estágios de desenvolvimento, visíveis para os iniciados. É ele o herói que deverá atravessar os perigos do Hades; mas, conseguirá? É uma pergunta a que não sei responder. Arlequim é um personagem lúgubre. Lembra-me demais aquele "rapaz todo colorido, bastante parecido com um palhaço", no *Zaratustra* de Nietzsche, que salta por cima do saltimbanco (equivalente ao palhaço) que de nada suspeita, causando com isto a sua morte. (Jung, 2013, p. 144)

Com essas considerações sobre a visão de Jung, tentamos demonstrar como arte e religião têm uma linguagem comum, cujo alicerce é o inconsciente. A seguir, vamos exemplificar com mais detalhes a vida e a obra de Vincent van Gogh, um artista impetuoso e que foi profundamente religioso em diversos sentidos. Demonstraremos como van Gogh foi uma pessoa muito sensível à linguagem do inconsciente e, por isso, um artista bastante talentoso e igualmente religioso.

6.2 A espiritualidade de Vincent van Gogh

Como ressaltamos no início do capítulo, van Gogh deixou muita informação sobre si não apenas em suas telas, mas também em suas cartas. Por isso, vamos explorar ao máximo suas ideias e demonstrar o que estamos afirmando por citações diretas dele mesmo, com base em sua correspondência. Nossa sugestão é a de que, sempre que um quadro ou desenho de van Gogh for citado, você busque na internet a imagem correspondente à obra para que possa acompanhar o argumento.

Uma boa forma de começar é definir o que entendemos por *espiritualidade*, pois usamos o termo de uma forma bastante ampla.

Podemos entender por *espiritualidade* uma visão sobrenatural ou mística do mundo. Muitas vezes, ela está presente de forma consciente e explícita, mas, em outras, sua manifestação pode ser inconsciente ou indireta. Alguma forma de espiritualidade se manifesta na vida e na obra de van Gogh. Por vezes, ela é evidente e intencional, mas, em outras, bastante indireta. Quase sempre essa dimensão se manifesta na escrita ou nos desenhos e pinturas do artista.

Ilustramos esse aspecto em uma carta que ele escreveu a seu irmão, Theodoor van Gogh (1857-1891), conhecido com *Theo*. Ele foi o destinatário da maior parte das cartas de Vincent e seu mantenedor financeiro quando passou a viver exclusivamente para pintar. Por isso, a edição brasileira intitula o conjunto da correspondência do pintor de *Cartas a Theo*, embora o volume tenha muito mais que cartas de Vincent a Theo.

> Ora, da mesma forma tudo o que é verdadeiramente bom e belo, de beleza interior moral, espiritual e sublime nos homens e em suas obras, acredito que vem de Deus, e tudo o que há de ruim e de mau nas obras dos homens e nos homens, não é de Deus, e Deus também não o acha bom. (Gogh, 2015, p. 50)

Algo similar vemos em uma carta que escreveu a um amigo que também era pintor, Émile Bernard (1868-1941):

> Seria para mim um imenso prazer poder passar uma manhã com você na Galeria dos Pintores Holandeses. Dificilmente se pode descrever tudo aquilo, mas, com os quadros diante de nós, eu poderia mostrar-lhe maravilhas e milagres, razão por que os primitivos não merecem em absoluto minha admiração. O que você poderia esperar? – Eu não sou assim tão excêntrico; uma estátua grega, um camponês de Millet, um retrato holandês, um nu de Courbet ou de Degas, essas obras perfeitas e serenamente modeladas fazem com que uma porção de coisas – tanto os

primitivos como os japoneses – me pareçam somente *habilidade técnica*. Tudo isso me interessa enormemente, mas algo completo, perfeito, faz com que o infinito se torne tangível para nós; e o gozo de uma coisa bela é como o orgasmo, um momento de infinitude. (Gogh, 2015, p. 556)

Há momentos em que a religião pode ser percebida de forma explícita. O pai de van Gogh era pastor protestante, por isso, podemos supor que o pintor tenha recebido uma educação religiosa nos moldes protestantes em casa. Além disso, sabemos que ele frequentou as igrejas em que seu genitor atuou enquanto era criança e adolescente.

Isso está expresso nas versões que pintou e descreveu da parábola do semeador: "Trabalhei ontem e hoje no Semeador, que está completamente modificado. O céu é amarelo e verde, o solo violeta e laranja. Certamente um quadro como esse, utilizando este magnífico tema, está por ser feito, e espero que algum dia alguém faça, seja eu mesmo, seja um outro" (Gogh, 2015, p. 207).

Ou em momentos em que falou abertamente da Bíblia com Émile Bernard:

> Acho uma coisa muito boa que você leia a Bíblia. Começo esta carta com esta observação porque sempre quis lhe recomendar essa leitura e até me controlei para não induzi-lo a ela. Sempre eu leio as numerosas observações de Moisés, São Lucas etc., não posso deixar de pensar comigo mesmo: **"Olhe, esta é a única coisa que está fazendo falta ao Bernard, principalmente agora que ele está sofrendo um ataque... de neurose artística"**. Isto acontece porque o estudo de Cristo inevitavelmente causa essa perturbação, especialmente no meu caso, em que é agravado pela mancha negra de inumeráveis cachimbadas. A Bíblia é Cristo, pois todo o Velho Testamento conduz a esse ponto culminante. São Paulo e os Evangelistas habitam na escarpa oposta, na descida

da montanha sagrada. Como a história anterior é mesquinha! Meu Deus, pense um pouco: só existem judeus no mundo, que, desde o começo, vão logo declarando impuro tudo o que não lhes pertence. Por que os outros povos sob o grande sol dessas partes do mundo – egípcios, hindus, etíopes, Babilônia, Nínive –, por que eles não têm igualmente seus anais, escritos com o mesmo cuidado? Mas o estudo deles é lindo apesar disso, e ser capaz de ler tudo seria a mesma coisa que não poder ler nada. Mas a consolação dessa triste Bíblia, que desperta nosso desespero e nossa indignação – que nos magoa acima de tudo porque nos sentimos ultrajados por sua mesquinharia e loucura contagiosa –, a consolação que está contida nela, como uma amêndoa dentro de uma casca dura, uma polpa agridoce, é Cristo. [...] Todos os demais me provocam um meio-sorriso, todo o resto dessa pintura religiosa – do ponto de vista religioso, não do ponto de vista da pintura propriamente dita. E os primitivos italianos – Botticelli; ou, digamos, os primitivos flamengos – Van Eyck; alemães – Cranach – não são nada mais que pagãos que me interessam somente da mesma forma que os gregos, do mesmo jeito que Velázquez e tantos outros naturalistas. Somente Cristo – dentro todos os filósofos, magos etc. – afirmou, como sua principal certeza, a vida eterna, a infinitude do tempo, a insignificação da morte, a necessidade e a razão de ser da serenidade e da devoção. Ele viveu serenamente, **como um artista maior que todos os demais**, desprezando tanto o mármore como a argila, do mesmo modo que as cores, porém trabalhando com carne viva. Isso quer dizer que este artista sem par, dificilmente concebível pelo instrumento obtuso de nossos cérebros modernos, nervosos e estupidificados, não fez nem estátuas, nem quadros, nem livros: ele proclamou em alto e bom som que fez... com que **os homens vivos** se tornassem imortais. (Gogh, 2015, p. 542-544, grifo do original)

Ainda se dirigindo a Émile Bernard, mais uma vez fala abertamente de sua admiração pela pessoa de Cristo:

> Não posso deixar de pensar que você deve ter ficado muito surpreendido ao ver como eu gosto pouco da Bíblia, embora muitas vezes eu tenha tentado estudá-la. Há somente o âmago, Cristo que me parece superior sob um ponto de vista artístico ou, pelo menos, muito diferente da antiguidade grega, hindu, egípcia, ou persa, mesmo que eles fossem tão avançados. Mas Cristo, repito, é mais artista que os próprios artistas; ele trabalha com o espírito vivo e com carne viva, ele esculpe **homens** em vez de estátuas. E depois... eu me sinto extremamente bem ao ver que sou um boi – sendo pintor – eu, que admiro o touro, a águia, o Homem, com uma veneração que me impedirá de ser ambicioso. (Gogh, 2015, p. 549-550, grifo do original)

Van Gogh tentou atuar profissionalmente em algumas áreas, inclusive começou o preparo para ingressar no curso de Teologia com vistas a se tornar pastor protestante, como seu pai. Ele passou cerca de um ano tendo aulas particulares que visavam a seu ingresso na graduação em Teologia, critério fundamental para que viesse a ser ordenado pastor.

> Avançamos portanto em nossa estrada *indefessi favente Deo*. No que me diz respeito, devo tornar-me um bom pregador que tenha algo bom a dizer a que possa ser útil no mundo, e talvez fosse melhor eu conhecer um tempo relativamente longo de preparação, e estar solidamente confirmado numa firme convicção, antes de ser chamado a falar aos outros... A partir do momento em que nos esforcemos em viver sinceramente, tudo irá bem, mesmo que tenhamos inevitavelmente que passar por aflições sinceras e verdadeiras desilusões; cometeremos provavelmente também pesados erros e cumpriremos más ações, mas é verdade que é preferível ter o espírito ardente, por mais que tenhamos que

cometer mais erros, do que ser mesquinho e demasiado prudente. (Gogh, 2015, p. 32-33)

Quando percebeu que a formação teológica seria muito dura e longa, decidiu por algo mais acessível à sua mentalidade prática. Assim, ele conseguiu apoio de uma igreja para passar a atuar como missionário protestante na região do Borinage, na Bélgica. Sua prática missionária se deu junto aos trabalhadores das minas de carvão. Seu envolvimento com os mineiros foi tão intenso que a igreja que lhe dava suporte não quis prolongar seu vínculo porque ele seria muito "fanático". Além disso, muitos de seus desenhos e pinturas abordavam temas bíblicos, como a parábola do semeador, a ressurreição de Lázaro e Jesus sendo amparado por Maria.

> Visitamos a escola flamenga de formação; ela mantém um curso de três anos enquanto que, como você sabe, no caso mais favorável os estudos na Holanda ainda tomam seis anos. E nesta escola não se exige nem mesmo ter terminado os estudos para poder disputar um lugar de missionário. O que se exige é o dom de poder dar facilmente conferências cordiais e populares ou poder dirigir-se ao povo preferivelmente de maneira breve e forte, que sábia e longa. Desta forma dão menos importância ao reconhecimento profundo das línguas antigas e aos longos estudos teológicos (ainda que tudo que se conheça neste campo constitua uma viva recomendação), mas levam mais em consideração o caráter apropriado ao trabalho prático e até natural. Mas ainda não chegamos nisso; primeiro, não é de repente, mas somente após muitos exercícios, que se adquire o dom de dirigir-se ao povo com gravidade e sentimento, e sem violência e afetação, pois as palavras a dizer devem ter um significado e uma intenção moral e devem conseguir incitar os ouvintes a se esforçarem para que suas inclinações tomem raízes na verdade. Em uma palavra, é preciso ser um pregador popular para ali ter chances de êxito. (Gogh, 2015, p. 34)

Também temos notícias de sua atuação como pregador por meio de uma carta a seu irmão em que descreve temas que pretendia pregar para seus fiéis:

> Bem que eu gostaria de começar a fazer alguns croquis grosseiros das inúmeras coisas que se encontram pela estrada, mas como tudo isso me distrairia de meu próprio trabalho, é melhor não começar. Desde minha volta para casa, comecei um sermão sobre "a figueira estéril", Lucas, XIII, 6-9. Este pequeno desenho *Au Charbonnage* na verdade não é muito extraordinário, mas a razão pela qual eu fiz tão maquinalmente é que aqui se vê tanta gente que trabalha nas minas e é um povo bem característico. Esta casinha fica perto do caminho de sirga à beira do rio; na verdade é um pequeno botequim contíguo a uma grande oficina, onde os operários vêm comer seu pão e beber um copo de cerveja na hora do rancho. Na época eu havia solicitado na Inglaterra um lugar de missionário entre os mineiros, nas minas de carvão; recusaram então minha solicitação dizendo-lhe que eu deveria ter pelo menos vinte e cinco anos. Você bem sabe que uma das raízes ou verdades fundamentais não somente do Evangelho, mas de toda Bíblia é: "A luz que resplandece nas trevas'". **Das trevas para a luz**. Ora, quem são os que mais carecem disso, quem são os que saberão escutá-lo? A experiência ensina que quem trabalha nas trevas, no coração da terra, como os mineiros nas minas de carvão, sensibiliza-se muito com a palavra do Evangelho, e nela tem fé. Ora, há no sul da Bélgica, no Hainaut, entre os arredores de Mons e a fronteira francesa, e mesmo um pouco além, uma religião chamada Borinage, onde vive uma curiosa população de operários trabalhando em inúmeras minas de carvão. Eis o que se encontra num pequeno manual de geografia sobre eles: "Os borins (habitantes de Borinage, região a oeste de Mons) ocupam-se exclusivamente da extração do carvão. É imponente o espetáculo destas minas de

hulha abertas a trezentos metros sob a terra, e onde desce diariamente uma população de operários digna de nossa consideração e de nossa simpatia. O mineiro é um tipo peculiar no Borinage; para ele o dia não existe, e, salvo aos domingos, ele praticamente não desfruta dos raios de sol. Ele trabalha arduamente sob a luz de uma lanterna cuja claridade é pálida e alvacenta, numa galeria estreita, o corpo dobrado em dois, às vezes obrigado a rastejar; trabalha para arrancar das entranhas da terra esta substância mineral cuja grande utilidade conhecemos; ele trabalha, enfim, em meio a mil perigos incessantemente renovados; mas o mineiro belga tem um caráter alegre, está acostumado a esse tipo de vida, e quando entra na caverna, com seu chapéu munido de uma lâmpada destinada a guiá-lo nas trevas, ele se confia a seu Deus, que vê seu trabalho e que o protege, assim como a sua mulher e suas crianças". (Gogh, 2015, p. 38-39, grifo do original)

Há um outro trecho que evidencia a empatia de van Gogh pelos trabalhadores das minas de carvão da região do Borinage. Na ocasião, ele comenta com seu irmão a mensagem bíblica que havia anunciado aos trabalhadores, baseada em Atos 16:9.

Durante uma reunião esta semana, comentei o texto Atos XVI:9: "À noite, sobreveio a Paulo uma visão, na qual um varão macedônio estava em pé e lhe rogava, dizendo: Passa à Macedônia e ajuda-nos". E foi com atenção que me escutaram, quando eu tentei descrever o aspecto deste macedônio sedento pelo consolo do Evangelho e pelo conhecimento de único Deus verdadeiro. E sobre como deveríamos imaginá-lo como sendo um operário com feições de dor, de sofrimento e de fadiga, sem nenhuma aparência de beleza, mas com uma alma imortal ávida de alimento que não perece, especialmente a palavra de Deus. E sobre como Jesus Cristo é o mestre, que pode fortalecer, consolar e aliviar um operário que tem a vida dura, porque ele próprio é o grande homem da dor, que conhece nossas enfermidades, que foi chamado e próprio de filho do carpinteiro, embora fosse o Filho de Deus, que trabalhou trinta anos numa humilde oficina de carpintaria para cumprir a vontade de Deus, e Deus quer que, imitando Cristo, o homem leve uma vida humilde sobre a Terra, não aspirando coisas elevadas, mas dobrando-se à humildade, aprendendo no Evangelho a ser doce e humilde de coração. (Gogh, 2015, p. 41)

Mesmo depois, quando deixou de frequentar uma igreja local, van Gogh continuou a viver a religião de forma implícita. Isso pode ser percebido pelo fato de que ele vivia sob impacto da ética e da disciplina protestantes do trabalho, conforme o livro *O capital de van Gogh*, de Wouter van der Veen (2018). Mas o que parece ter sido o mais evidente em sua espiritualidade talvez tenha sido a incorporação de valores cristãos no cotidiano, como a solidariedade, a compaixão, o amor, a fraternidade e sua devoção à natureza.

Isso está expresso em sua definição bastante peculiar de arte: "Não conheço melhor definição da palavra arte que esta: 'A arte é o homem acrescentando à natureza'; à natureza, à realidade, à verdade, mas com um significado, com uma concepção, com um caráter, que o artista ressalta, e aos quais dá expressão, "resgata", distingue, libera, ilumina" (Gogh, 2015, p. 42).

Também está presente na forma como admirava a natureza:

Nestes últimos tempos eu não conversei mais com pintores. E não fiquei muito mal. Não é tanto a língua dos pintores, mas a língua da natureza à qual é preciso dar ouvidos. Compreendo melhor agora do que há um ano atrás por que Mauve me dizia: "Não me fale tanto de Dupré, fale-me antes desta margem de fosso ou de algo análogo". Isto parece brutal, e no entanto é totalmente correto. Sentir as coisas em si mesmas, a realidade, é mais importante que sentir os quadros; em todo caso é mais fecundo e mais vivificante. (Gogh, 2015, p. 78)

Van Gogh pintou muitas paisagens e colocou em prática o que expressou no trecho citado. Vejamos um testemunho escrito sobre uma de suas mais belas pinturas e que retrata uma paisagem: *Ameixeiras em flor*.

> Nesta manhã trabalhei num pomar de ameixeiras em flor; de repente começou a soprar um vento formidável, um efeito que eu nunca tinha visto aqui, e que voltava de tempos em tempos. Entrementes o sol, que fazia resplandecer todas as florzinhas brancas. Era tão belo! Meu amigo dinamarquês veio me encontrar, e sob o risco de a qualquer instante ver toda a tralha cair por terra, continuei a pintar – há neste efeito branco muito de amarelo com azul e lilás, o céu é branco e azul. Mas o que dirão de execução dessas coisas que fazemos assim, ao ar livre? Enfim, veremos.
> (Gogh, 2015, p. 185)

Sua sensibilidade e solidariedade pelos trabalhadores das minas de carvão pôde ser observada em trechos que citamos anteriormente, mas também podemos perceber o mesmo sentimento expresso em carta, acerca de uma das suas telas mais famosas do que se convencionou chamar de *fase holandesa*[1] de sua pintura, os *Comedores de batata*:

> No que diz respeito aos comedores de batata, é um quadro que ficaria bem cercado de ouro, tenho certeza. Ficaria igualmente bem numa parede coberta por um papel que tivesse o tom profundo de trigo maduro. Caso ele não seja destacado do resto desta maneira, ele simplesmente nem deve ser visto. Ele não mostra seu valor num mundo escuro, e menos ainda num mundo baço. Pois é um interior muito cinza. Aliás, na realidade, ele também se

---

[1] A *fase holandesa* se refere às pinturas iniciais de van Gogh, nas quais predominam as cores em tons pastéis, imitando o que faziam os artistas clássicos dos Países Baixos. As cores da paleta holandesa contrastam com as de sua obra tardia, quando ganham destaque os tons mais coloridos e alegres.

encontra numa moldura dourada, se assim podemos dizer, pois o espectador veria um forno e o reflexo das chamas nas paredes brancas que foram, é verdade, excluídas do quadro, mas que, na realidade, encerram todo o conjunto. Ainda uma vez, portanto, é preciso separá-lo do resto emoldurando-o com qualquer coisa num tom dourado ou de cobre. Pense nisto, por favor, se quiser vê-lo como ele deve ser visto. Esta proximidade com um tom dourado, ao mesmo tempo, ilumina certas manchas em lugares que você não imaginaria, e suprime o aspecto marmóreo que ele teria caso fosse colocado, por infelicidade, sobre um fundo baço ou preto. As sombras foram pintadas com azul e uma cor dourada produz efeito sobre isto. Ontem eu o levei a Eindhoven na casa de um amigo que também pinta. Daqui a três ou quatro dias eu o terminarei lá, com um pouco de clara de ovo, e trabalharei ainda em certos detalhes... Como este amigo também trabalha a partir de modelos, ele também vê muito bem o que se existe numa cabeça ou numa mão de camponês e, falando em mãos, ele me disse ter chegado a uma noção totalmente diferente de como fazê-las. (Gogh, 2015, p. 132-133)

A religiosidade implícita de van Gogh também pode ser percebida em sua solidariedade e preocupação com um pintor com quem ainda tinha uma amizade bastante frágil: Paul Gauguin. Os dois artistas chegaram a morar juntos por algumas semanas na cidade de Arles, no Sul da França – breve período de habitação comum e convívio que terminou em um acesso de ira de Vincent, ocasião em cortou um pedaço de uma de suas orelhas.

> Recebi aqui uma carta de Gauguin, que diz ter estado doente e de cama durante quinze dias. Que está a seco, pois tinha dívidas prementes a pagar. Que deseja saber se você vendeu alguma coisa dele, mas que não quer lhe escrever com medo de incomodar. Que está precisando tanto ganhar algum dinheiro, que estaria

resolvido a baixar ainda mais os preços de seus quadros... (Gogh, 2015, p. 176)

A preocupação com a situação financeira de Gauguin acabou redundando em planos para que fosse morar com ele e, assim, saciar sua necessidade de convívio e solucionar os problemas monetários do seu amigo. A ideia era começar com Gauguin, mas parece que Vincent planejava criar algo mais amplo e formar uma comunidade de pintores. Estaria ele se inspirando nos relatos do Novo Testamento em que os primeiros cristãos tinham tudo em comum (At 2:43-45)?

> Pensei em Gauguin e veja – se Gauguin quer vir para cá, temos a viagem de Gauguin e as duas camas ou os dois colchões que então teremos que comprar de qualquer forma. Mas, depois, como Gauguin é um marinheiro, é possível que consigamos fazer essa comida em casa. E com o mesmo dinheiro que eu gasto sozinho, poderemos viver a dois. Você sabe que eu sempre achei idiota os pintores viverem sós etc. Sempre se perde quando se está isolado. Enfim, é uma resposta a seu desejo de tirá-lo de lá. Você não pode enviar-lhe de que viver na Bretanha e enviar-me de que viver na Provence. Mas você pode achar bom que nos juntemos, e fixar uma quantia de, digamos, 250 por mês, se todo mês além de meu trabalho você receber um Gauguin. Não é verdade que desde que não excedamos a quantia seria até vantajoso? Aliás, esta é a minha ideia de associar-me a outros. Portanto, aí está rascunho de carta para Gauguin, que eu escreverei, se você aprovar, com as mudanças que sem dúvida terão que ser feitas no estilo. (Gogh, 2015, p. 198)

Um episódio curioso demonstra até onde poderia chegar o senso de solidariedade de Vincent: ele viveu por quase dois anos com uma mulher que ele encontrou nas ruas grávida, em estado de saúde precário e passando por muitas necessidades materiais.

Trata-se de sua companheira Clasina Maria Hoornik (1850-1904), conhecida como Sien, que vivia de prostituição e já tinha uma filha pequena quando conheceu van Gogh. Essa foi a única relação mais estável e extensa que viveu em sua curta vida. Temos razões para crer que, embora solitário e muito desejoso de afeto, Vincent também agiu por solidariedade para com Sien e passou a compartilhar os poucos recursos materiais que recebia na forma de uma mesada que seu irmão mandava.

> Neste inverno eu encontrei uma mulher grávida, abandonada pelo homem cujo filho ela carregava no corpo. Uma mulher grávida, que no inverno, vagava pelas ruas, que devia ganhar seu pão você bem sabe como. Tomei esta mulher como modelo e trabalhei com ela durante todo o inverno. Não pude pagar-lhe o salário completo de uma modelo, mas isto não impede que eu lhe tenha pago suas horas de pose, e que, graças a Deus, eu tenha podido salvá-la, ela e sua criança, da fome e do frio, repartindo com ela meu próprio pão. Quando encontrei esta mulher, fiquei impressionado por seu aspecto doentio. Eu a fiz tomar banhos, dei-lhe fortificantes tanto quanto pude, ela ficou bem mais saudável. Fui com ela a Layde, onde há um instituto para mulheres grávidas que lá podem dar à luz. (Não era de se espantar que ela estivesse doentia, a criança estava em má posição, ela teve que sofrer uma operação, tiveram que virar a criança especialmente com ajuda do fórceps. Entretanto, há grandes possibilidades de que ela escape desta. Ela deve dar à luz em junho.) Parece-me que qualquer homem que valha o couro de seus sapatos, achando-se frente a um caso semelhante, teria agido da mesma forma. (Gogh, 2015, p. 73)

Ainda falando da sua companheira, Sien, ele descreve o seu afeto por ela a seu irmão e mantenedor:

> Pouco a pouco e lentamente nasceu entre ela e eu alguma coisa diferente: **uma necessidade manifesta de um pelo o outro**, tanto

que ela e eu não podemos mais nos separar, e nos insinuamos cada vez mais em nossas vidas recíprocas, e então foi o **amor**. O que existe entre Sien e eu é *real*, não é um sonho, é a realidade. Considero uma grande benção que meus pensamentos e que minha atividade tenham encontrado um ponto fixo, uma direção determinada. É possível que eu tenha tido por K. mais *paixão*, e que sob certos pontos de vista ela também fosse mais bonita que Sien; mas que o amor por Sien seja menos sincero, certamente não, pois as circunstâncias são muito graves, e o que importa é agir, e assim foi desde o início de nosso encontro. (Gogh, 2015, p. 76, grifo do original)

Em uma ocasião, ele retratou sua companheira, cuja tristeza e sofrimento, de forma estranha, encantavam van Gogh. Ele produziu um desenho de Sien, cujo título é *Sorrow*, e também fez a pintura de um homem à qual deu o mesmo título. Em ambas as situações ele demonstra muita solidariedade e empatia pelas pessoas que sofrem, tal como já observamos na situação dos trabalhadores das minas de carvão ou no caso da tela dos *Comedores de batata*.

É preciso entender bem como eu considero a arte. Para chegar à verdade, é preciso trabalhar longamente e muito. O que eu quero dizer e o que eu aspiro é tremendamente difícil, e no entanto não acredito estar aspirando alto demais. [...] Quero fazer desenhos que **impressionem** certas pessoas. Sorrow é um pequeno começo, é possível que uma pequena paisagem como a Laan van Meerdervoort, as campinas de Rijswijk, o secadouro de pescado também sejam um pequeno começo. Pelo menos eles contêm algo que vem diretamente do meu coração. (Gogh, 2015, p. 77, grifo do original)

Outro aspecto a ser destacado é a intensa e profunda relação por correspondência que manteve com seu irmão ao longo de sua vida de adulto. Muitos trechos das cartas trocadas entre eles revela uma cumplicidade profunda, o que fica evidente pelo fato de Theo ter tido um colapso mental apenas três meses após a morte do irmão e vindo a morrer seis meses depois. Hoje ambos estão lado a lado no cemitério da cidade de Auvers-sur-Oise, fazendo jus ao companheirismo que desfrutaram durante toda a vida. Sabemos que Theo morreu na Holanda e que apenas alguns anos depois sua esposa mandou enterrar os restos mortais de seu marido ao lado do irmão. Uma história com um final triste pela morte prematura de ambos, mas lindo quando falamos do quanto a amizade pode se tornar profunda entre irmãos de sangue.

Síntese

Neste capítulo, estudamos a visão de Jung sobre a arte. Exploramos o ponto de vista de que arte e religião são, sobretudo, expressões do inconsciente e, por isso, manifestam-se por meio de uma linguagem muito parecida.

A linguagem da religião está presente na arte e vice-versa. O inconsciente pessoal dá vazão aos complexos e o inconsciente coletivo aos arquétipos. Citamos o exemplo de Pablo Picasso, que pintou muitos exemplares do Arlequim, uma figura arquetípica que pode representar o inconsciente de uma forma global ou o arquétipo da sombra.

Por fim, abordamos a vida de Vincent van Gogh, pintor holandês do século XIX. Vimos que ele foi uma pessoa muito religiosa, no sentido comum do termo, assim como de uma forma um tanto quanto peculiar. Mesmo depois que se desconectou de uma relação institucional com a religião, continuou a expressar a dimensão sobrenatural em suas obras. Nossa hipótese é a de que isso ocorreu porque, como artista, ele continuou a se manter conectado ao inconsciente, tanto pessoal como coletivo.

Indicações culturais

JUNG, C. G. **O espírito na arte e na ciência**. Tradução de Maria de Moraes Barros. 8. ed. Petrópolis: Vozes, 2013. (Coleção Obra Completa, v. 15).

Volume da coleção de obras completas do psiquiatra suíço dedicada às artes. Fundamental para compreendermos a visão de Jung sobre o tema.

GOGH, V. van. **Cartas a Theo**: biografia de Vincent van Gogh por sua cunhada Jo van Gogh-Bonger. Tradução de Pierre Ruprecht e William Lagos. Porto Alegre: L&PM, 2015.

Edição longa, mas, ainda assim, muito limitada das cartas de Vincent van Gogh. Seleciona trechos de algumas cartas do pintor a seu irmão Theo, além de um número pequeno de missivas de seu irmão remetidas para ele, uma biografia de sua cunhada, esposa de Theo, e outras correspondências de Vincent a outro pintor, Émile Bernard. Apesar das limitações, é a melhor opção para a leitura desses documentos em português, embora existam edições melhores em outras línguas.

VAN GOGH Museum. Search the Collection, 2020. Disponível em: <https://vangoghmuseum.nl/en/search/collection?q=&artist=Vincent%20van%20Gogh>. Acesso em: 13 nov. 2020.

Acesse a coleção do museu com maior acervo do mundo sobre van Gogh, instituição que leva o nome do pintor e que foi criada por meio da doação de quadros e objetos do sobrinho de van Gogh, filho de Theo. No *site*, é possível acessar as imagens em tamanho grande.

FELL, D. **As mulheres de van Gogh**: seus amores e sua loucura. Tradução de Antonio de Padua Danesi. Campinas: Verus, 2007.

Um livro interessante sobre a vida amorosa de van Gogh. Defende a ideia de que o pintor nunca se sentiu amado de verdade por ninguém, exceto, talvez por seu irmão, com quem trocou longa correspondência e foi seu mantenedor, principalmente quando decidiu se tornar artista.

VEEN, W. van der. **O capital de van Gogh**: ou como os irmãos van Gogh foram mais espertos que Warren Buffet. Tradução de Júlia Rosa Simões. Porto Alegre: L&PM, 2018.

Livro que defende a tese de que os irmãos van Gogh, Vincent e Theo, entendiam de arte e de como fazer para que suas obras fossem valorizadas. O sucesso financeiro dos quadros de van Gogh na atualidade não seria mero acaso, mas fruto de uma aposta bem calculada por ele e seu irmão.

NAIFEH, S.; SMITH, G. W. **Van Gogh**: a vida. Tradução de Denise Bottmann. São Paulo: Companhia das Letras, 2012.

A maior e melhor biografia do pintor holandês disponível em português, com mais de mil páginas. Trata-se de um livro que esmiúça cada detalhe da vida de van Gogh.

COM AMOR, van Gogh. Direção: Dorota Kobiela e Hugh Welchman. Barueri: Europa Filmes, 2018. 94 min.

Primeiro filme de animação feito inteiramente com base em pinturas a óleo. É uma viagem pelas obras de van Gogh, pois os cenários e personagens são todos provenientes das suas pinturas. Na maior parte do tempo a animação é ambientada na cidade onde o pintor morreu: Auvers-sur-Oise. O protagonista é Armand Roulin, filho do carteiro e amigo de van Gogh durante o tempo em que morou em Arles, no Sul da França. Imperdível.

Atividades de autoavaliação

1. Quais questões sobre a vida de van Gogh pareciam certas no passado, mas que estão sendo questionadas por pesquisadores do presente?
   a] Sua genialidade e sua compulsão por cartas e livros.
   b] Sua timidez e sua compulsão por livros e quadros.
   c] Sua pobreza, sua loucura e seu suicídio.
   d] Seu fracasso no amor, sua timidez e sua compulsão por bebidas alcoólicas.
   e] Sua amizade com o irmão e sua compulsão por livros e cartas.

2. Indique se as afirmações a seguir sobre o debate acerca da confluência entre a linguagem da arte e da religião são verdadeiras (V) ou falsas (F).
   [ ] Ambas estão conectadas ao inconsciente.
   [ ] Ambas exploram os complexos.
   [ ] Ambas dão expressão aos arquétipos.
   [ ] Ambas colocam seu foco apenas em questões sobrenaturais.
   [ ] Ambas colocam seu foco apenas em questões seculares.

   Agora, assinale a alternativa que corresponde à sequência correta:
   a] V, F, V, V, V.
   b] V, F, V, F, V.
   c] F, V, F, V, V.
   d] V, V, F, V, V.
   e] V, V, V, F, F.

3. Assinale a alternativa que está totalmente correta sobre os quadros que representam Arlequins:
   a] Pablo Picasso pintou muitos deles e Jung os considerava representações do arquétipo da sombra.
   b] De acordo com Jung, podem representar o arquétipo do si-mesmo.

c] Van Gogh pintou muitos quadros com esse tema.
d] Vincent van Gogh pintou muitos deles e Jung os considerava representações do arquétipo da sombra.
e] Pablo Picasso pintou muitos deles e Jung os considerava representações do arquétipo do si-mesmo.

4. Indique se as seguintes afirmações sobre a vida de van Gogh são verdadeiras (V) ou falsas (F).
   [ ] Ele escreveu muitas cartas, pintou muitos quadros e gostava muito de ler romances ingleses e franceses.
   [ ] Passou os últimos dias de vida na cidade de Arles, no Sul da França.
   [ ] Produziu algumas de suas obras-primas na cidade de Auvers-sur-Oise.
   [ ] Ele teve muitas dificuldades nos relacionamentos afetivos.
   [ ] É considerado um dos artistas mais originais na história da pintura.

   Agora, assinale a alternativa que corresponde à sequência correta:
   a] V, V, V, V, V.
   b] V, F, V, V, V.
   c] F, V, V, V, V.
   d] V, V, F, V, V.
   e] V, V, V, V, F.

5. Assinale a alternativa que apresenta apenas afirmações corretas sobre a espiritualidade de van Gogh:
   a] Ele foi religioso no sentido não convencional do termo, o que significa que frequentou uma instituição religiosa e algumas de suas pinturas são sobre temas bíblicos. Foi religioso em um sentido não convencional, o que implicava no fato de ter uma visão artística que valorizava a natureza e

expressava valores religiosos, como solidariedade e anseio pela infinitude.

B] Ele foi religioso no sentido convencional do termo, o que significa que frequentou uma instituição religiosa e algumas de suas pinturas são sobre temas judaicos. Foi religioso em um sentido não convencional, o que implicava no fato de ter uma visão artística que valorizava a natureza e expressava valores religiosos, como solidariedade e anseio pela infinitude.

C] Ele foi religioso no sentido convencional do termo, o que significa que frequentou uma instituição religiosa e algumas de suas pinturas são sobre temas budistas. Foi religioso em um sentido não convencional, o que implicava no fato de ter uma visão artística que valorizava a natureza e expressava valores religiosos, como solidariedade e anseio pela infinitude.

D] Ele foi religioso no sentido convencional do termo, o que significa que frequentou uma instituição religiosa e algumas de suas pinturas são sobre temas bíblicos. Foi religioso em um sentido não convencional, o que implicava no fato de ter uma visão artística que valorizava a natureza e expressava valores religiosos, como solidariedade e anseio pela infinitude.

E] Ele foi religioso no sentido convencional do termo, o que significa que frequentou uma instituição religiosa e algumas de suas pinturas são sobre temas bíblicos. Foi religioso em um sentido não convencional, o que implicava no fato de ser alguém muito excêntrico.

Atividades de aprendizagem

Questões para reflexão

1. Você gosta de arte? Que tipo de arte você aprecia? O que você sente quando está diante de uma obra de arte?
2. Você conhece arte sacra? Que tipo de arte sacra você aprecia? De que forma a arte sacra ajuda ou atrapalha na experiência religiosa?

Atividades aplicadas: prática

1. Dedique algumas horas do seu dia para ouvir as peças sacras de Mozart, Bach ou Haendel. Faça uma pesquisa na internet ou use um aplicativo de músicas que permita que você identifique quais são as obras sacras de cada compositor. Enquanto estiver ouvindo as peças, preste atenção aos seus próprios sentimentos e, ao final da experiência, anote em um caderno suas impressões e emoções.
2. Compre uma tela para pintura e alguns potes ou bisnagas de tinta a óleo ou acrílica. Espalhe e misture cores aleatoriamente na sua tela. Se achar melhor, use pincéis para isso. Se se sentir confortável, faça isso com os dedos, como fazem as crianças. Fique atento aos seus sentimentos. Tente se lembrar da situação em que experimentou um êxtase religioso e compare os sentimentos: São iguais ou diferentes? Não esqueça de colocar seu quadro na parede como uma evidência de que você também é um artista.

CONSIDERAÇÕES FINAIS

A sobrecapa do livro de Julien Ries, *Mito e rito: as constantes do sagrado* (2020), sobre antropologia religiosa contém as seguintes palavras: "O símbolo, o mito e o rito, constantes do sagrado, formam a segunda vertente da nossa antropologia religiosa. Fornecem ao *homo religiosus* os instrumentos necessários para fazer a experiência do sagrado".

Podemos considerar essas palavras uma síntese interessante dos pilares que sustentam a linguagem da experiência religiosa: símbolo, mito e rito. Ao longo deste livro, exploramos juntos esses três aspectos. Mais que isso, dediquei um capítulo para cada um deles, os quais, em conjunto com os outros três capítulos, configuraram meu ponto de vista a respeito do "idioma" que está presente no dia a dia das pessoas religiosas.

Vamos recapitular, brevemente, nosso percurso. Começamos com um capítulo que apresentou, em termos gerais, a teoria de Carl Gustav Jung. Escolhi iniciar com o pensamento do psiquiatra suíço porque sabia que isso seria necessário não apenas para que a compreensão de sua visão da psique humana, mas também porque esse conhecimento seria necessário para o estudo proposto nos capítulos seguintes, que também foram baseados no autor. Talvez esta tenha sido a principal marca deste livro, no que concerne à linguagem e ao fenômeno religioso: sustento que a religião "fala o idioma" do inconsciente, e Jung é o melhor autor para elucidar a relação entre os dois aspectos. Embora este livro não tenha sido escrito apenas com base nele, creio ter ficando evidente que ele é o nosso principal interlocutor.

Por isso, depois de expor a teoria de Jung, seguimos com capítulos dedicados à tríade indicada por Julien Ries. Abordamos símbolos, mitos e ritos. Para os símbolos, confrontamos a visão de Jung com a de Clifford Geertz. Para os mitos e os ritos, complementamos a perspectiva do psiquiatra suíço com a do próprio Ries.

Para estender nossa compreensão da linguagem religiosa, propusemos ainda mais dois capítulos. Em um destes, abordamos a visão do filósofo francês Michel Foucault, que nos ajudou a entender como a linguagem não serve apenas para designar objetos existentes no mundo, mas para fazer coisas. Por isso, discutimos a prática linguística da coragem da verdade no cristianismo primitivo, ponto de confluência entre dogma (aquilo que se crê) e ética (aquilo que se faz em função do que se crê).

Finalizo o livro com um capítulo sobre a linguagem artística do fenômeno religioso. Embora seja protestante e, por isso, herdeiro de uma tradição iconoclasta, tenho muita consciência da importância das imagens, esculturais ou plásticas, para a experiência religiosa. Propositalmente, escolhi um pintor famoso na história da pintura, de formação também protestante, mas que valorizava igualmente a experiência religiosa e a estética. Com essa estratégia argumentativa, demonstramos como o mundo das imagens, sejam artísticas, sejam mentais, estão em sintonia com o campo religioso.

Com esse seis capítulos, espero ter conseguido cercar os aspectos mais relevantes para o tema, que busca o entrecruzamento entre linguagem e fenômeno religioso. Desse modo, ampliei a tríade de Ries, símbolo, mito e rito, acrescentando o dogma, a ética e a arte. Talvez alguém possa, com razão, identificar algum aspecto que eu tenha deixado de fora, mesmo que tenha explorado o que seria mais óbvio para o debate. No entanto, também sei que os livros são finitos, enquanto as possibilidades para realizá-los, não. Julguei, então, que seria necessário deixar minha marca no livro. Como admiro muito Jung e Foucault como teóricos, estudei há bastante tempo o cristianismo primitivo, além de ser admirador confesso de van Gogh, tentei reunir tudo isso em um só texto. Escrever sobre teóricos e temas pelos quais sou apaixonado foi fundamental para a fluência da nossa análise, assim como para que a alegria pudesse transparecer em nosso texto. Espero, então, que você tenha captado tudo isso.

Diferente preocupação que tenho está ligada a uma outra paixão: recentemente, descobri o escritor japonês Haruki Murakami, que narra suas histórias de forma deliciosa. Ele tem, inclusive, um livro sobre sua experiência como autor de ficção (Murakami, 2017), no qual nos dá algumas dicas de como escrever bem. Tenho procurado incorporar e exercitar suas lições sobre redação. Espero que você tenha percebido isso também, pois não quero apenas entregar a você um livro com um debate acadêmico relevante, mas que você possa compreendê-lo e apreciá-lo.

Por fim, gostaria de registrar que finalizei a redação deste livro na primeira semana de confinamento que o novo coronavírus impôs ao nosso país e ao mundo inteiro, algo que considero um fato histórico. Confesso que senti certo alívio, inicialmente, com a parada, mas também há muito temor em meu coração. Creio que o que podemos fazer, em tempos tão difíceis como este, é assimilar e compartilhar a mensagem de esperança e encorajamento do literato japonês:

> É claro que ter problemas não é nada divertido, e a pessoa, dependendo da própria personalidade, pode ficar tão arrasada que não conseguirá mais se recuperar. Entretanto, se você se encontra em uma situação difícil agora e está passando por um grande sofrimento, quero dizer o seguinte: deve estar sendo difícil agora, mas essa experiência poderá render bons frutos no futuro.
> (Murakami, 2017, p. 23)

Com muita emoção, desejo que cada um de nós possa aprender a rever as nossas prioridades e a dar valor apenas àquilo que, de fato, deveríamos dar. Se não podemos nos livrar de tamanha dificuldade, que, ao menos aprendamos algo com ela, e aguardemos ansiosamente os frutos que ela está produzindo agora e que ainda não podemos ver. Opa! Parece que vi em algum lugar que "a fé é a certeza de coisas que se esperam, a convicção de fatos que se não veem (Hb 11:1)"!

REFERÊNCIAS

ANAZ, S. A. L.; CERETTA, F. M. Remitologização contemporânea: a (re)conciliação da ciência e da magia em "Guerra nas Estrelas". **Galáxia**, São Paulo, n. 31, p. 130-143, abr. 2016. Disponível em: <http://www.scielo.br/pdf/gal/n31/1982-2553-gal-31-0130.pdf>. Acesso em: 13 nov. 2020.

BARROS, M. **Poesia completa**. São Paulo: Leya, 2013.

BÍBLIA. Português. **Bíblia sagrada**. Tradução de João Ferreira de Almeida, revista e atualizada. Barueri: Sociedade Bíblica do Brasil, 2016. Disponível em: <https://www.bible.com/pt/bible/1608/GEN.1.ARA>. Acesso em: 13 nov. 2020.

BLAKE, W. **Milton**. Tradução de Manuel Portela. São Paulo: Nova Alexandria, 2014.

BLAKE, W. **O casamento do céu e do inferno**. Tradução de Ivo Barroso. 2. ed. São Paulo: Hedra, 2010.

BRANDÃO, J. de S. **Dicionário mítico-etimológico da mitologia grega**. Petrópolis: Vozes, 2014.

BROWN, R. **Introdução ao Novo Testamento**. Tradução de Paulo F. Valério. São Paulo: Paulinas, 2004. (Coleção Bíblia e História; Série Maior).

CARMONA, A. R. Obra de Lucas (Lucas-Atos). In: MONASTERIO, R. A.; CARMONA, A. R. **Evangelhos sinóticos e Atos dos apóstolos**. Tradução de Alceu Luiz Orso. 4. ed. São Paulo: Ave Maria, 2006. p. 263-366. (Introdução ao Estudo do Novo Testamento, v. 6).

COMBET-GALLAND, C. O Evangelho Segundo Marcos. In: MARGUERAT, D. (Org.). **Novo Testamento**: história, escritura e teologia. Tradução de Margarida Oliva. São Paulo: Loyola, 2009. p. 45-80.

CURTIS, A. K.; LANG, J. S.; PETERSEN, R. **Os 100 acontecimentos mais importantes da história do cristianismo**: do incêndio de Roma ao crescimento da igreja na China. Tradução de Emirson Justino. São Paulo: Vida, 2003.

DETTWILER, A. A Epístola aos Colossenses. In: MARGUERAT, D. (Org.). **Novo Testamento**: história, escritura e teologia. Tradução de Margarida Oliva. São Paulo: Loyola, 2009a. p. 339-355.

DETTWILER, A. A Epístola aos Efésios. In: MARGUERAT, D. (Org.). **Novo Testamento**: história, escritura e teologia. Tradução de Margarida Oliva. São Paulo: Loyola, 2009b. p. 357-375.

FELL, D. **As mulheres de van Gogh**: seus amores e sua loucura. Tradução de Antonio de Padua Danesi. Campinas: Verus, 2007.

FERREIRA, A. C.; SILVEIRA, L. H. L. Do Círculo de Eranos à construção do simbólico, em Carl Gustav Jung. **Psicologia USP**, v. 26, n. 2, p. 259-268, ago. 2015. Disponível em: <http://www.scielo.br/pdf/pusp/v26n2/0103-6564-pusp-26-02-00259.pdf>. Acesso em: 13 nov. 2020.

FOUCAULT, M. **A coragem da verdade**: curso no Collège de France (1983-1984). Tradução de Eduardo Brandão. São Paulo: M. Fontes, 2011.

FOUCAULT, M. A escrita de si. In: MOTTA, M. B. da (Org.). **Michel Foucault**: ética, sexualidade, política. Tradução de Elisa Monteiro. 2. ed. Rio de Janeiro: Forense Universitária, 2004a. p. 144-162. (Coleção Ditos e Escritos, V).

FOUCAULT, M. **A hermenêutica do sujeito**: curso no Collège de France (1981-1982). Tradução de Márcio Alves da Fonseca e Salma Tannus Muchail. 3. ed. São Paulo: M. Fontes, 2010a.

FOUCAULT, M. **Discours et vérité précédé de La parrêsia**. Paris: Vrin, 2016.

FOUCAULT, M. Discurso e verdade: seis conferências dadas por Michel Foucault, em Berkeley, entre outubro e novembro de 1983, sobre a *parrhesia*. **Prometeus: Filosofia em Revista**, ano 5, n. 13, 2013. Disponível em: <https://seer.ufs.br/index.php/prometeus/issue/view/157>. Acesso em: 13 nov. 2020.

FOUCAULT, M. **O governo de si e dos outros**: curso no Collège de France (1982-1983). Tradução de Eduardo Brandão. São Paulo: M. Fontes, 2010b.

FOUCAULT, M. O sujeito e o poder. In: RABINOW, P.; DREYFUS, H. **Michel Foucault, uma trajetória filosófica**: para além do estruturalismo e da hermenêutica. Tradução de Vera Porto Carrero. Rio de Janeiro: Forense Universitária, 1995. p. 231-249.

FOUCAULT, M. Verdade, poder e si mesmo. In: MOTTA, M. B. da (Org.). **Michel Foucault**: ética, sexualidade, política. Tradução de Elisa Monteiro. 2. ed. Rio de Janeiro: Forense Universitária, 2004b. p. 294-300. (Coleção Ditos e Escritos, V).

FOUCAULT, M. **Vigiar e punir**: nascimento da prisão. Tradução de Raquel Ramalhete. 33. ed. Petrópolis: Vozes, 2007.

FREUD, S. **A interpretação dos sonhos**. Tradução de Paulo César de Souza. São Paulo: Companhia das Letras, 2019. (Coleção Obras Completas, v. 4).

GEERTZ, C. **A interpretação das culturas**. Rio de Janeiro: LTC, 2008.

GEERTZ, C. Os usos da diversidade. **Horizontes Antropológicos**, Porto Alegre, v. 5, n. 10, p. 13-34, maio 1999. Disponível em: <http://www.scielo.br/pdf/ha/v5n10/0104-7183-ha-5-10-0013.pdf>. Acesso em: 13 nov. 2020.

GENNEP, A. van. **Os ritos de passagem**: estudo sistemático dos ritos da porta e da soleira, da hospitalidade, gravidez e parto, nascimento, infância, puberdade, iniciação, ordenação, coroação, noivado, casamento, funerais, estações etc. Tradução de Mariano Ferreira. 3. ed. Petrópolis: Vozes, 2011. (Coleção Antropologia).

GOGH, V. **Cartas a Theo**: biografia de Vincent van Gogh por sua cunhada Jo van Gogh-Bonger. Tradução de Pierre Ruprecht e William Lagos. Porto Alegre: L&PM, 2015.

GONZÁLEZ, J. L. **História ilustrada do cristianismo**: a era dos mártires até a era dos sonhos frustrados. Tradução de Key Yuasa. São Paulo: Vida Nova, 2011. v. 1.

GUGGENBÜHL-CRAIG, A. **O abuso de poder na psicoterapia e na medicina, serviço social, sacerdócio e magistério**. Tradução de Roberto Gambini. São Paulo: Paulus, 2018.

HOPCKE, R. H. **Guia para a obra completa de C. G. Jung**. Tradução de Edgard Orth e Reinaldo Orth. 3. ed. Petrópolis: Vozes, 2012.

HORSLEY, R. **Jesus e a espiral da violência**: resistência judaica popular na Palestina Romana. Tradução de Monika Ottermann. São Paulo: Paulus, 2010. (Coleção Bíblia e Sociologia).

JUNG, C. G. **Aion**: estudo sobre o simbolismo do si-mesmo. Tradução de Mateus Ramalho Rocha. 8. ed. Petrópolis: Vozes, 2011a. (Coleção Obra Completa, v. 9/2).

JUNG, C. G. **A natureza da psique**. Tradução de Mateus Ramalho Rocha. 8. ed. Petrópolis: Vozes, 2011b. (Coleção Obra Completa, v. 8/2).

JUNG, C. G. **A vida simbólica**. Tradução de Araceli Elman e Edgar Orth. 5. ed. Petrópolis: Vozes, 2011c. (Coleção Obra Completa, v. 18/1).

JUNG, C. G. **A vida simbólica**. Tradução de Edgar Orth. 3. ed. Petrópolis: Vozes, 2011d. (Coleção Obra Completa, v. 18/2).

JUNG, C. G. **Cartas**: 1905-1945. Tradução de Edgar Orth. Petrópolis: Vozes, 2018a. v. 1.

JUNG, C. G. **Cartas**: 1946-1955. Tradução de Edgar Orth. Petrópolis: Vozes, 2018b. v. 2.

JUNG, C. G. **Cartas**: 1956-1961. Tradução de Edgar Orth. Petrópolis: Vozes, 2018c. v. 3.

JUNG, C. G. **Freud e a psicanálise**. Tradução de Lúcia Mathilde Endlich Orth. 5. ed. Petrópolis: Vozes, 2011e. (Coleção Obra Completa, v. 4).

JUNG, C. G. **Interpretação psicológica do dogma da Trindade**. Tradução de Mateus Ramalho Rocha. 9. ed. Petrópolis: Vozes, 2012a. (Coleção Obra Completa, v. 11/2).

JUNG, C. G. **Memórias, sonhos, reflexões**. Tradução de Dora Ferreira da Silva. 30. ed. Rio de Janeiro: Nova Fronteira, 2016.

JUNG, C. G. **O espírito na arte e na ciência**. Tradução de Maria de Moraes Barros. 8. ed. Petrópolis: Vozes, 2013. (Coleção Obra Completa, v. 15).

JUNG, C. G. **O homem e seus símbolos**. Tradução de Maria Lúcia Pinho. 2. ed. Rio de Janeiro: Nova Fronteira, 2008.

JUNG, C. G. **O livro vermelho**: liber novus. Tradução de Edgar Orth, Gentil A. Titton e Gustavo Barcellos. Petrópolis: Vozes, 2014.

JUNG, C. G. **Psicologia do inconsciente.** Tradução de Maria Luiza Appy. 22. ed. Petrópolis: Vozes, 2012b. (Coleção Obra Completa, v. 7/1).

JUNG, C. G. **Tipos psicológicos.** Tradução de Lúcia Mathilde Endlich Orth. Petrópolis: Vozes, 2012c. (Coleção Obra Completa, v. 6).

KOESTER, H. **Introdução ao Novo Testamento**: história e literatura do cristianismo primitivo. Tradução de Euclides Luiz Calloni. São Paulo: Paulus, 2005. v. 2.

LÉVY-BRUHL, L. **A mentalidade primitiva.** Tradução de Ivo Storniolo. São Paulo: Paulus, 2008.

MARGUERAT, D. Os Atos dos Apóstolos. In: MARGUERAT, D. (Org.). **Novo Testamento**: história, escritura e teologia. Tradução de Margarida Oliva. São Paulo: Loyola, 2009. p. 137-167.

MARGUERAT, D.; REBELL, W. Os Atos de Paulo: um retrato inabitual do apóstolo. In: KAESTLI, J. D.; MARGUERAT, D. (Org.). **O mistério apócrifo**: introdução a uma literatura desconhecida. Tradução de Lara Christina de Malimpensa. São Paulo: Loyola, 2012. p. 125-141. (Coleção Bíblica Loyola).

MOUNCE, W. D. **Léxico analítico do Novo Testamento grego.** Tradução de Daniel de Oliveira. São Paulo: Vida Nova, 2013.

MURAKAMI, H. **O assassinato do comendador**: o surgimento da IDEA. Tradução de Rita Kohl. São Paulo: Alfaguara, 2018. v. 1.

MURAKAMI, H. **Romancista como vocação.** Tradução de Eunice Suenaga. São Paulo: Alfaguara, 2017.

NAIFEH, S.; SMITH, G. W. **Van Gogh**: a vida. Tradução de Denise Bottmann. São Paulo: Companhia das Letras, 2012.

OLIVA, A. S. Algumas considerações sobre 1Timóteo 4,1-16 a partir da ética do cuidado de si de Michel Foucault. **Revista Pistis & Praxis**, v. 3, n. 1, 2011. Disponível em: <http://www2.pucpr.br/reol/pb/index.php/pistis?-dd1=4569&dd99=view&dd98=pb>. Acesso em: 13 nov. 2020.

OLIVA, A. S. **Antropologia e sociologia da religião.** Curitiba: InterSaberes, 2020. (Série Panorama das Ciências da Religião).

OLIVA, A. S. O grotesco nos Atos Apócrifos de Paulo. **Ribla: Revista de Interpretação Bíblica Latino-Americana**, n. 73, p. 135-160, 2016. Disponível em: <https://www.metodista.br/revistas/revistas-metodista/index.php/Ribla/article/view/7249/5554>. Acesso em: 13 nov. 2020.

OLIVA, A. S. Sexualidades nos Atos Apócrifos dos Apóstolos a partir de Foucault. **Revista Antíteses**, v. 10, n. 20. p. 1017-1040, jun./dez. 2017. Disponível em: <http://www.uel.br/revistas/uel/index.php/antiteses/article/view/31789/23139>. Acesso em: 7 jun. 2020.

OLIVA, A. S. Um exemplo de superação do medo: a parrhesia do apóstolo Pedro na tradição Lucas-Atos. **Estudos Bíblicos**, v. 29, p. 20-30, 2012.

OVÍDIO. **Metamorfoses**. Tradução de Domingos Lucas Dias. Edição bilíngue. São Paulo: Ed. 34, 2017.

PALS, D. L. **Nove teorias da religião**. Tradução de Caesar Souza. Petrópolis: Vozes, 2019. (Coleção Antropologia).

PEIRANO, M. **A teoria vivida**: e outros ensaios de antropologia. Rio de Janeiro: J. Zahar, 2006. (Coleção Antropologia Social).

PIÑERO, A.; CERRO, G. **Hechos apócrifos de los apóstoles I**: hechos de Andrés, Juan y Pedro. Madrid: Biblioteca de Autores Cristianos, 2004.

PIÑERO, A.; CERRO, G. **Hechos apócrifos de los apóstoles II**: hechos de Pablo y Tomás. Madrid: Biblioteca de Autores Cristianos, 2005.

PRANDI, R. **Mitologia dos orixás**. São Paulo: Companhia das Letras, 2019.

QUEIROZ, R. S. O herói-trapaceiro: reflexões sobre a figura do *trickster*. **Tempo Social**, v. 3, n. 1-2, p. 93-107, dez. 1991. Disponível em: <http://www.scielo.br/pdf/ts/v3n1-2/0103-2070-ts-03-02-0093.pdf>. Acesso em: 13 nov. 2020.

RAFFAELLI, R. Imagem e self em Plotino e Jung: confluências. **Estudos de Psicologia**, Campinas, v. 19, n. 1, p. 23-36, jan./abr. 2002. Disponível em: <http://www.scielo.br/pdf/estpsi/v19n1/a03.pdf>. Acesso em: 13 nov. 2020.

RAFFAELLI, R. Jung, mandala e arquitetura Islâmica. **Psicologia USP**, São Paulo, v. 20, n. 1, p. 47-66, jan./mar. 2009. Disponível em: <https://www.scielo.br/pdf/pusp/v20n1/v20n1a04.pdf>. Acesso em: 13 nov. 2020.

RIES, J. **Mito e rito**: as constantes do sagrado. Tradução de Silvana Cobucci Leite. Petrópolis: Vozes, 2020.

ROTH, W. **Introdução à psicologia de C. G. Jung**. Tradução de Edgar Orth e Enio Paulo Giachini. 2. ed. Petrópolis: Vozes, 2016.

RUSCONI, C. **Dicionário do grego do Novo Testamento**. Tradução de Irineu Rabuske. 2. ed. São Paulo: Paulus, 2005.

STEVENS, A. **Jung**. Tradução de Rogério Bettoni. Porto Alegre: L&PM, 2012.

STRONG, J. Léxico hebraico, aramaico e grego de Strong. In: **Biblioteca Digital da Bíblia**. Barueri: SBB, 2006. 1 CD-ROM.

TAMBIAH, S. J. **Cultura, pensamento e ação social**: uma perspectiva antropológica. Tradução de Lilia Loman. Petrópolis: Vozes, 2018. (Coleção Antropologia).

TREVIJANO, R. **A Bíblia no cristianismo antigo**: pré-nicenos, gnósticos, apócrifos. Tradução de Alceu Luiz Orso. São Paulo: Ave Maria, 2009. (Coleção Introdução aos Estudos da Bíblia, v. 10).

VEEN, W. van der. **O capital de van Gogh**: ou como os irmãos van Gogh foram mais espertos que Warren Buffet. Tradução de Júlia Rosa Simões. Porto Alegre: L&PM, 2018.

VOUGA, F. A epístola a Filêmon. In: MARGUERAT, D. (Org.). **Novo Testamento**: história, escritura e teologia. Tradução de Margarida Oliva. São Paulo: Loyola, 2009a. p. 329-336.

VOUGA, F. A Epístola aos Filipenses. In: MARGUERAT, D. (Org.). **Novo Testamento**: história, escritura e teologia. Tradução de Margarida Oliva. São Paulo: Loyola, 2009b. p. 297-314.

VOUGA, F. A Epístola aos Hebreus. In: MARGUERAT, D. (Org.). **Novo Testamento**: história, escritura e teologia. Tradução de Margarida Oliva. São Paulo: Loyola, 2009c. p. 419-434.

VOUGA, F. A Primeira Epístola aos Tessalonicenses. In: MARGUERAT, D. (Org.). **Novo Testamento**: história, escritura e teologia. Tradução de Margarida Oliva. São Paulo: Loyola, 2009d. p. 315-328.

VOUGA, F. A Segunda Epístola aos Coríntios. In: MARGUERAT, D. (Org.). **Novo Testamento**: história, escritura e teologia. Tradução de Margarida Oliva. São Paulo: Loyola, 2009e. p. 259-275.

WELLAUSEN, S. **A parrhésia em Michel Foucault**: um enunciado político e ético. São Paulo: LiberArs, 2011.

ZUMSTEIN, J. As Epístolas Joaninas. In: MARGUERAT, D. (Org.). **Novo Testamento**: história, escritura e teologia. Tradução de Margarida Oliva. São Paulo: Loyola, 2009a. p. 471-492.

ZUMSTEIN, J. O Evangelho Segundo João. In: MARGUERAT, D. (Org.). **Novo Testamento**: história, escritura e teologia. Tradução de Margarida Oliva. São Paulo: Loyola, 2009b. p. 437-470.

BIBLIOGRAFIA COMENTADA

BRANDÃO, J. de S. **Dicionário mítico-etimológico da mitologia grega**. Petrópolis: Vozes, 2014.
Livro muito interessante de um autor brasileiro e especialista em estudos clássicos. Texto fundamental para pesquisas sobre mitos.

BROWN, R. **Introdução ao Novo Testamento**. Tradução de Paulo F. Valério. São Paulo: Paulinas, 2004. (Coleção Bíblia e História; Série Maior).
Um dos melhores e mais completos livros de cunho introdutório ao Novo Testamento. Há muitas informações sobre data e circunstâncias de composição de todos os livros da segunda parte do cânon cristão.

FOUCAULT, M. **Vigiar e punir**: nascimento da prisão. Tradução de Raquel Ramalhete. 33. ed. Petrópolis: Vozes, 2007.
Um clássico de Foucault muito interessante sobre duas tecnologias de poder: o poder soberania e o poder disciplinar. Livro relativamente acessível de Foucault, o que não é muito comum.

FREUD, S. **A interpretação dos sonhos**. Tradução de Paulo César de Souza. São Paulo: Companhia das Letras, 2019. (Coleção Obras Completas, v. 4).
Um clássico fundamental para a história da psicologia. Muito original e instigante. Fundamental para uma compreensão do inconsciente.

GUGGENBÜHL-CRAIG, A. **O abuso de poder na psicoterapia e na medicina, serviço social, sacerdócio e magistério.** Tradução de Roberto Gambini. São Paulo: Paulus, 2018.
Texto de um médico e terapeuta junguiano que aborda um tema espinhoso: as motivações inconscientes das profissões de cuidado para com os outros.

HORSLEY, R. **Jesus e a espiral da violência**: resistência judaica popular na Palestina Romana. Tradução de Monika Ottermann. São Paulo: Paulus, 2010. (Coleção Bíblia e Sociologia).
Livro muito interessante sobre a questão dos conflitos entre os judeus e o Império Romano. Ajuda muito a compreender o Jesus histórico de forma contextual.

JUNG, C. G. **O homem e seus símbolos.** Tradução de Maria Lúcia Pinho. 2. ed. Rio de Janeiro: Nova Fronteira, 2008.
Uma das últimas contribuições escritas de Jung. Há textos dele e de outros junguianos muito próximos a ele. Boa opção como texto introdutório à psicologia de Jung.

JUNG, C. G. **Memórias, sonhos, reflexões.** Tradução de Dora Ferreira da Silva. 30. ed. Rio de Janeiro: Nova Fronteira, 2016.
Uma das melhores obras de Jung e a melhor maneira de ser introduzido ao pensamento do autor. Um texto delicioso e estimulante.

KOESTER, H. **Introdução ao Novo Testamento**: história e literatura do cristianismo primitivo. Tradução de Euclides Luiz Calloni. São Paulo: Paulus, 2005. v. 2.
Outra excelente introdução ao Novo Testamento. Não há muitas informações pontuais sobre os livros do cânon, mas muitos subsídios técnicos de cunho literário e histórico.

LÉVY-BRUHL, L. **A mentalidade primitiva**. Tradução de Ivo Storniolo. São Paulo: Paulus, 2008.
Um livro antigo e que merece ser lido sob o prisma da psicologia de Jung. Os chamados *primitivos* eram e são povos que sabem decifrar os símbolos do inconsciente muito melhor que os demais. Livro acessível e curioso.

PRANDI, R. **Mitologia dos orixás**. São Paulo: Companhia das Letras, 2019.
Narrativa dos mais importantes mitos das religiões afro-brasileiras descritos por um antropólogo bastante respeitado no Brasil.

ROTH, W. **Introdução à psicologia de C. G. Jung**. Tradução de Edgar Orth e Enio Paulo Giachini. 2. ed. Petrópolis: Vozes, 2016.
Um bom texto de cunho introdutório sobre a vida e a obra de Jung. Quando não estamos acostumados ao pensamento de autores complexos como Jung, é fundamental fazer leituras introdutórias para começarmos a nos familiarizar com suas ideias.

WELLAUSEN, S. **A parrhésia em Michel Foucault**: um enunciado político e ético. São Paulo: LiberArs, 2011.
Um dos poucos textos existentes especificamente sobre a questão da *parrhesia* em Foucault. Texto muito interessante e dirigido a quem gosta, de fato, de filosofia.

RESPOSTAS

Capítulo 1

ATIVIDADES DE
AUTOAVALIAÇÃO
1. e
2. b
3. c
4. d
5. a

Capítulo 2

ATIVIDADES DE
AUTOAVALIAÇÃO
1. a
2. b
3. e
4. c
5. d

Capítulo 3

ATIVIDADES DE
AUTOAVALIAÇÃO
1. b
2. c
3. a
4. e
5. d

Capítulo 4

ATIVIDADES DE
AUTOAVALIAÇÃO
1. a
2. d
3. c
4. e
5. b

Capítulo 5

ATIVIDADES DE AUTOAVALIAÇÃO
1. e
2. c
3. d
4. b
5. a

Capítulo 6

ATIVIDADES DE AUTOAVALIAÇÃO
1. c
2. e
3. a
4. b
5. d

SOBRE O AUTOR

Alfredo dos Santos Oliva é pós-doutor em Ciências da Religião (2017) pela Universidade Metodista de São Paulo (Umesp); doutor em História (2005) pela Universidade Estadual Paulista (Unesp), com tese que abordou o discurso sobre o diabo na Igreja Universal do Reino de Deus em perspectiva foucaultiana; mestre em Sociologia (2001) pela Universidade Federal do Ceará (UFC), com pesquisa realizada sobre a Igreja Universal do Reino de Deus e seus demônios numa abordagem antropológica; e mestre em Teologia (1999) pelo Seminário Teológico Batista do Norte do Brasil (STBNB), com dissertação sobre o papel da *Torah* no período medo-persa. Graduado em História (1993) pela Universidade Estadual de Londrina (UEL), na qual trabalha desde 2007, e em Teologia (1991) pelo Seminário Teológico de Londrina, cujo trabalho final constitui uma exegese do livro do Gênesis. Foi professor de Ensino Religioso em turmas do ensino fundamental e médio em escola particular de Londrina e lecionou História para o ensino fundamental e também para graduação em Teologia no Seminário Teológico de Londrina. Especialista no estudo da Bíblia (biblista), mais especificamente no Antigo Testamento. Como professor do Departamento de História da UEL, foi professor de Teoria da História. Desde 2015 frequenta um seminário de pesquisa de um grupo chamado *Oracula*, que analisa os Atos apócrifos dos Apóstolos.

Os papéis utilizados neste livro, certificados por instituições ambientais competentes, são recicláveis, provenientes de fontes renováveis e, portanto, um meio sustentável e natural de informação e conhecimento.

FSC
www.fsc.org
MISTO
Papel produzido
a partir de
fontes responsáveis
FSC® C057341

Impressão: Log&Print Gráfica & Logística S.A.
Abril/2021